*Über dieses Buch*

Mit diesem sehr persönlichen Buch versucht die Autorin, das Dunkel über dem weitgehend anonym gebliebenen tausendfachen Leid von Kindern aufzuhellen. Die Darstellung umfaßt den Zeitraum vom 16. Jahrhundert bis zur Gegenwart.

Biographien, Bilder und Berichte geben Einblicke in unmenschliche Lebens- und Arbeitsbedingungen, unter denen jegliche Lebensfreude erstickte, Spiel, Tanz und Muße verteufelt wurde. Ganze Kindergenerationen wurden ökonomischen Zwängen geopfert, irreparabel geschädigt und deformiert, ja um jede Lebenshoffnung betrogen.

Die Bilder von den ausgeschlossenen, den »Verhältnissen« preisgegebenen Kindern des »niederen Volkes« führen bis ins 20. Jahrhundert hinein; sie erscheinen hintergründig – wenn auch im Umkehrverhältnis – als Spiegelung einer Bedrohung der gegenwärtig heranwachsenden Generation.

In Gegenbildern wird die später verallgemeinerte »Welt des Kindes« aufgezeigt, die sich zur gleichen Zeit in der sich ausprägenden bürgerlichen Familie entwickelte: mit Spiel und Buch, Unterricht und Erziehung im eigens abgeschützten Lebensraum. Freilich hatten auch diese Kinder einen hohen Preis zu bezahlen.

Das Buch soll dem Leser nicht nur die Leidensgeschichte von Kindergenerationen vorführen, um damit das allzu gern vergoldete Bild von der idyllischen Kindheit zertrümmern zu helfen, sondern ihm eindringlich bewußt machen, daß er die Verantwortung für die Kinder in der Welt von heute zu tragen und bessere Lebensbedingungen zu schaffen hat.

*Die Autorin*

Erna Maria Johansen wurde 1911 in Mecklenburg geboren. Ihre Eltern waren Arbeiter. Mit achtzehn Jahren trat sie als Heimerzieherin der Sozialistischen Arbeiterjugend bei. Zwanzigjährig kam sie nach Berlin. Ihre Sozialausbildung erhielt sie bei Anna von Gierke. Gleichzeitig nahm sie an Diskussionsgruppen um Professor Karl Korsch und Dr. Heinz Langerhans teil. In den Jahren 1933 bis 1945 wurde es ihr aus politischen Gründen verwehrt, ihren Beruf als Jugendfürsorgerin auszuüben. Nach dem Kriege war sie jahrelang in der Elternarbeit und journalistisch tätig, bevor sie hauptberuflich in der Berliner Bezirksfürsorge, im dortigen Landesjugendamt und beim Senator für Familie, Jugend und Sport arbeitete. Sie ist Mutter von fünf Kindern.

Frau Johansen hat zahlreiche Artikel in Tages- und Wochenzeitungen, Zeitschriften und Fachorganen veröffentlicht.

Erna M. Johansen

# Betrogene Kinder

## Eine Sozialgeschichte der Kindheit

Fischer
Taschenbuch
Verlag

31.–36. Tausend: Oktober 1984

Originalausgabe (durchgesehen und ergänzt Jan. 80)
Veröffentlicht im Fischer Taschenbuch Verlag GmbH,
Frankfurt am Main, August 1978


Umschlagentwurf: Jan Buchholz / Reni Hinsch
unter Verwendung von je einer Abbildung
des Verlages Volk und Wissen, Volkseigener Verlag, Berlin / DDR
und des Bildarchives Preußischer Kulturbesitz, Berlin
Satzherstellung: Hanseatische Druckanstalt GmbH, Hamburg
Druck und Bindung: Clausen & Bosse, Leck
Printed in Germany
980-ISBN-3-596-26622-X

# Inhalt

# Einführung

Kindsein ist eine biologische Tatsache für Kinder aller Schichten und Klassen. Aber ihr soziales Kindsein: Das unterscheidet sie. Kinder wachsen in der Stadt oder auf dem Lande auf, mit vielen Geschwistern oder nur mit wenigen; ihre Eltern können Arbeiter, Beamte oder Unternehmer, Bauern oder Tagelöhner sein; sie können auskömmlich leben, darben, hungern oder verschwenderisch sein dürfen. Um so unsicherer das Einkommen, um so unzulänglicher die materiellen Verhältnisse, desto mehr wird das Kind um sein Kindsein betrogen, denn äußere Einschränkungen versagen ihm viele Wünsche. Die ökonomisch unsichere Lage der Eltern läßt früh die Aufmerksamkeit der Kinder auf die Arbeitswelt richten und auf einen zeitigen Eintritt in das Erwerbsleben. Zwar erleben die Kinder wohlhabender Familien, in denen der intellektuellen und sozialen Förderung der Heranwachsenden größere Sorgfalt gewidmet wird, ebenfalls Versagungen und Enttäuschung. Ihre Erziehung und Ausbildung läßt sie jedoch viel mehr auf spätere Erfüllung hoffen. Kinder der unteren Bevölkerungsschichten lernen Träume und Sehnsüchte bald verachten. Wenn sie sich ihnen überhaupt je hingeben durften, dann sind sie sogar die doppelt Betrogenen.

## Ein Rückblick in die Geschichte

Das Kind wurde noch zu Beginn der Neuzeit von unseren Vorfahren nicht als ein besonderes menschliches Wesen angesehen, sondern eher wie ein voraussetzungsloses Zubehör zum Leben und etwas, das man nicht selbst bestimmen konnte. Kinder wurden von Gott gemacht, der im Beischlaf mächtig wurde; darum hatten frühe Kirchenväter gelehrt, es sei sündhaft, dabei Lust zu empfinden. Gott gab die Kinder, und er nahm sie – manchmal sehr bald; man durfte sein Herz gar nicht an sie hängen. Auf ihr Seelenheil mußte man bedacht sein; sie mußten getauft sein, bevor sie starben – und wenn es eine Nottaufe durch die Hebamme war –, damit die Kinderseele in den Himmel kommen konnte.

Erst als die scheinbar unveränderliche Welt des Mittelalters ihre Selbstverständlichkeit zu verlieren begann, ein anderes Gewicht und Gesicht für die Menschen bekam, als immer mehr Menschen entdeckten, daß sie verändernd tätig werden konnten und nicht mehr auf Schutz und Hilfe von ›oben‹ warten mußten (Bild 1), in dieser veränderten Situation wurde auch das Kind nach und nach mit anderen Augen gesehen: nicht als ein im Keim schon fertiger Erwachsener, der nur erst klein an Größe war, sondern als eine Besonderheit, die verändert, also erzogen werden konnte. Es wurde gleichsam von Mensch zu Mensch angesprochen: Du bist ein Kind. Was nun das Kind und wie seine Erziehbarkeit beschaffen sei, das sollte bestimmt und ergründet werden.

Auf der Grundlage sich neu herausformender Wirtschafts-, Arbeits- und Lebensbedingungen begann sich ein Bewußtsein von pädagogischer Verantwortlichkeit herauszubilden. Im Laufe des 16., 17. und 18. Jahrhunderts entstand eine Erziehungs- und Unterrichtswelt mit vielfältigen und mit widerstreitenden Lehr- und Erziehungsmeinungen: Alt-klassische Unterrichtsstoffe und Theorien, scholastische und moderne Methoden, nationalsprachlicher Unterricht neben dem lateinischen, auch die Vermittlung naturwissenschaftlicher Kenntnisse – alles ging ein in die große europäische Diskussion der Philosophen und Wissenschaftler, der Kirchen- und Schulmänner, der Pädagogen, Moralisten und Aufklärer.

Seit in den europäischen Gesellschaften ›die Kindheit‹ als ein Lebensabschnitt der Erziehungs- und Schutzbedürftigkeit entdeckt worden ist, hat sich das Los von Kindern und Jugendlichen durch das mehr oder weniger rigoros gehandhabte Erziehenwollen – am deutlichsten in den Schulen sichtbar – mehr und mehr in das von Abhängigen verwandelt. Gleichwohl müssen die individuelle Erziehung in der Familie, die Aufmerksamkeit für die Pflege des kleinen Kindes und die Beschäftigung mit ihm eine Bereicherung des kindlichen Lebens gebracht haben. Aus vielen Anstands-, Zucht- und Erziehungsbüchlein ist beides bestätigend abzulesen.

Abgewandelt und vielfältig differenziert, reichen die pädagogischen Bewegungen und beispielgebenden Projekte der Frühen Neuzeit mit ihren Einflüssen bis in unsere Gegenwart hinein. Eine breite Diskussion hat sich entsponnen über strittig gewordene

BILD 1 Friedrich Schramm: *Schutzmantelmadonna* (um 1480).

Fragen in Erziehung, Bildung und Erwerbsbefähigung, über die Situation von kleinen Kindern, Schülern und heranwachsenden jungen Menschen. Argumente aus früheren Jahrhunderten tauchen wieder auf.
Aus historischen Dokumenten über die Erziehungs- und Lebenssituation von Kindern läßt sich nicht nur der Kampf um das wohlzuerziehende Kind ablesen. Ein weiteres wird in ihnen deutlich: die Diskrepanz zwischen den erzieherischen Idealen und Theorien von

allseitiger Menschenbildung und der – an heutigen Maßstäben gemessen – äußerst repressiv gestalteten Erziehungswirklichkeit. Vor allem aber zeigt sich in den historischen Quellen die Kluft zwischen der Situation des Kindes in der bürgerlichen, materiell gesicherten Familie und einer demgegenüber meist nur negativ beschriebenen Situation der armen Kinder ländlicher und städtischer Unterschichten (Bilder 2, 3). Diese machten in der vorindustriellen Gesellschaft nicht selten bis zu zwei Drittel der Bevölkerung aus. Daß es Arme und Reiche geben müsse, wurde als gottgegeben angenommen: Armut war ein ›von oben‹ auferlegtes Schicksal –, wie die Leiden HIOBS; es war ein Glücksfall – im Hinblick auf die krassen sozialen Unterschiede – als Kind einer wohlhabenden Familie geboren zu werden.
Bei der Rückschau auf die erbarmungslosen Zustände, in denen die Mehrzahl der Kinder Europas noch im 19. Jahrhundert lebte, muß erschrecken, wie sich die Bilder unseres historischen und die des gegenwärtigen Elends in der Dritten Welt ähneln. Und noch mehr: In einer Welt, in der täglich Zehntausende von Kindern Hungers

BILD 2 Tizian: *Bildnis der Clarissa Strozzi im Alter von zwei Jahren* (1542).

BILD 3 Pieter Brueghel d. Ä.: *Klein-(Findel-)Kinder-Übergabe vor Klosterspital* (16. Jht.).

sterben, ist es ebenso wie ein glücklicher Zufall von ehedem anzusehen, in einer reichen Nation wie der der Bundesrepublik geboren worden zu sein. Darüber hinaus kann sich das Bewußtsein der Menschen in den fortgeschrittenen Industriegesellschaften nicht der Erkenntnis verschließen, daß sie den eigenen Kindern auch nicht die Gerechtigkeit widerfahren läßt, auf die sie sozial und pädagogisch einen Anspruch haben. Einer der wesentlichen Gründe dafür mag sein, daß die Einstellung der älteren zu den heranwachsenden jungen Menschen noch immer mit Erziehungsvorstellungen aus Zeiten verknüpft ist, deren gesellschaftliche Verhältnisse längst nicht mehr die unserer Gegenwart sind.

## Themen des Buches

Die Geschichte des betrogenen Kindes setzt beim Übergang von mittelalterlichen zu modernen Arbeits-, Lebens- und Wirtschaftsformen ein; die gesamtgesellschaftlichen Verhältnisse, die für breite Bevölkerungsschichten lange, bedrückende Armutszeiten mit sich brachten, förderten nur für wenige materielle Sicherheit. Auf diesem Hintergrund kann nicht von ›den‹ Kindern die Rede sein; sie unterschieden sich schon in Spiel und frühem Lernen. Aus diesem Grunde sind ausführlich Lebens-, Arbeits- und Bildungsbedingungen aufzuzeigen, unter denen Bauern- und Bettelkinder, Armen- und Arbeiterkinder aufgewachsen sind. Für sie wurde zu einer verödenden menschlichen Landschaft, was für Kinder wohlhabenderer Eltern bereichernd wirkte, und zwar in sozialer, wirtschaftlicher und persönlichkeitsbildender Hinsicht. Von der Soziallage her war auch bestimmt, wie lange ein Kind ohne die vollen Verpflichtungen der Erwachsenenwelt blieb. Diese Zeit wurde für alle Heranwachsenden verlängert, als Schule und geregelte Ausbildung immer mehr für ein gesellschaftliches Erfordernis gehalten wurden. In unserem Jahrhundert wurden die Vierzehn- bis Achtzehnjährigen als Jugendliche mit eigenen Rechten ausgestattet. Von diesen soll im folgenden weniger die Rede sein als von den Lebenslagen derer, die – mit dem Kindsein noch eng verbunden – der Erwachsenenwelt noch nicht angehören.

Die Abhängigkeit der Spiel-, Erziehungs- und Lebensbasis des Kindes von gesamtgesellschaftlichen Verhältnissen und materiellen Bedingungen wird sowohl in der sozialen Ausschließung als auch in der sich verändernden Position des Heranwachsenden dargestellt. Die solcherart hier versuchte Sozialgeschichte des Kindes bedient sich zeitgeschichtlicher Bezüge, biographischer Berichte sowie der Feststellungen, die in der neueren historischen Familienforschung erarbeitet worden sind. Zu schriftlichen Quellen, Bildern und wissenschaftlichen Aussagen kommen für das 20. Jahrhundert persönliche Erinnerungen hinzu.

Das Buch gliedert sich in acht Kapitel, die nicht nach der scheinbaren Ordnung der Chronologie, sondern nach thematischen Schwerpunkten gegliedert sind. In ihnen wird nicht Vollständigkeit angestrebt, d. h., nicht jedes Geschehen, nicht jede Persönlichkeit, die eigentlich für eine Sozialgeschichte der Kindheit von Belang wäre, wird umfänglich geschildert oder überhaupt behandelt. Auch berühmte Namen von Pädagogen oder Erziehungsphilosophen sind durchaus mit Absicht fortgelassen worden, um den Blick auf wesentliche konkrete Bezüge einer Sozialgeschichte der Kindheit zu konzentrieren. Allgemeine Zeithintergründe der jüngsten Vergangenheit und auch des vorigen Jahrhunderts sind sehr viel kürzer angesprochen worden als die fernerliegenden des 16. bis 18. Jahrhunderts; denn die Frühe Neuzeit ist durch die Industrialisierung

Europas zu einer fremden Vergangenheit geworden, verdient aber im Interesse einer wirklich geschichtlichen Betrachtung der gegenwärtigen Kindheit vielfältige Aufmerksamkeit.
Die Themenstellung zielt nicht darauf ab, sozioökonomische Strukturen, gesellschaftliche Machtverhältnisse, Klassen- oder Profitinteressen zu analysieren. Vielmehr soll im konzentrierten Blick auf die Kind-Situation gefragt und an den dargestellten Fakten aufgezeigt werden, wodurch und von wem, warum und wie die betroffenen Kinder betrogen wurden.
Die ersten drei Kapitel behandeln die materiellen Grundlagen vor allem in der Frühen Neuzeit: Essen, Kleidung, Wohnen der Masse der Bevölkerung und deren Elend; die Geburt vieler Kinder und die vielen kleinen Kindergräber; schließlich die bis in das 20. Jahrhundert übliche Arbeit von Kindern. Das nächste Kapitel versucht, die sehr viel weniger konkret faßbare Einstellung zum Kind herauszuarbeiten. Ebenfalls schwer greifbar sind das schon in der Frühen Neuzeit bemerkbare systematische Eingreifen in den Prozeß des Aufwachsens und die später stark zunehmende Verschulung. Schließlich werden Verführung und Vernichtung von Kindern in der NS-Zeit sowie Benachteiligungen in der heutigen Situation von Kindern in der Bundesrepublik dargestellt.
Dem Spiel, dem Lesehunger und dem Kinderbuch als Spiel- und Bildungsmittel sind zwei Kapitel gewidmet, und diese dürfen keineswegs als bloßer Exkurs mißverstanden werden: Spiel ist ein unentbehrliches Entwicklungselement für die Bildung der kindlichen Persönlichkeit, kein isoliertes Phänomen. Es muß im Gesamtzusammenhang der gesellschaftlichen Verhältnisse betrachtet werden, von denen aus die Situation des Kindes bestimmt wird, d. h., einerseits in der Abhängigkeit von Produktions- und Versorgungsverhältnissen, andererseits in Abhängigkeit von Wertungen, Einsichten und Erkenntnissen einer Zeit. In der Spielsituation des Kindes finden sich vorherrschende Interessen wieder, Bedürfnisse und Ordnungsprinzipien, das kulturelle und technische Potential sowie die Bildungstendenzen.
So augenscheinlich das Spiel in der modernen Gesellschaft zu einem hochbewerteten Faktor geworden ist, so unverhüllt tritt ein Widerspruch hervor zu der Nutzanwendung von Spielpraktiken und -theorien und der Einengung des freien Kinderspiels. Der Wunsch nach Spielzeug und Spielmitteln wird didaktisch zu Bildungs-, Erziehungs- und Lernzwecken ausgewertet, durch Konsum befriedigt. Verdrängt wird das Wissen oder die Folgerung daraus, daß Kinderspiel und -bewegungen Freiräume in einer Erwachsenenge-

sellschaft brauchen, in der Kinder willkommen sind, sich ungeniert bewegen, fragen und offenen Umgang finden können. An diesem Anspruch gemessen, kann in der Gesellschaft der Bundesrepublik, zumindest ihrer täglichen Praxis nach, nicht auf ein ausgeprägtes Bewußtsein geschlossen werden, das der Lage des Kindes und der Anerkennung seiner Bedürfnisse und Rechte Rechnung trägt. Dabei erlaubten die materiellen Bedingungen dieser Gesellschaft, das Recht auf ein offenes und freies Kindsein zu verwirklichen – mehr zu verwirklichen als jemals zuvor.
Dazu ein wenig beizutragen, soll auch der breite Rückblick in die Geschichte der Kindheit dienen. Denn Vergleich und Gegenüberstellung, Erschrecken über etwas, was weit zurückliegt und zugleich als Gegenwärtiges auffällt – das könnte den Blick dafür schärfen, inwieweit das Heutige, d. h., das geschichtlich Gewordene, auch gewollt und veränderbar ist.

## Einige persönliche Notizen

Ich habe noch die kaiserlichen Uniformen, in denen so viele Väter umgekommen sind, mit eigenen Augen gesehen; ich kenne aus persönlicher Betroffenheit die sich immer rascher und von Jahrzehnt zu Jahrzehnt widersprüchlicher vollziehenden Veränderungen der Arbeits- und Kulturwelt, der sozialen Verhältnisse, der Wirtschafts- und Produktionsverfahren.
Innerhalb eines halben Jahrhunderts erscheinen auch alltägliche Lebensformen total verändert. Noch bis vor 20 Jahren etwa galten sparsamer Verbrauch, Erhalten und Bewahren von Sachen und Gütern, Stopfen und Flicken als löbliche Eigenschaften; bald gerieten die lange hochgehaltenen Erziehungsgrundsätze in Gegensatz zum Charakter der ›Wegwerf‹-Gesellschaft und der vermeintlichen Notwendigkeit gesteigerten Konsums. Es handelt sich indes nicht immer um Gegensätze. Die Erinnerung registriert merkwürdige Verwerfungen und Verschiebungen in tagtäglichen Problemen seit den ersten Jahrzehnten des Jahrhunderts. Wenn man sich der armen Mütter erinnert, die sich bei Garten-, Feld- und Kleintierwirtschaft und an den Waschbottichen für fremde und eigene Leute aufreiben mußten, dann hebt sich als heutige Entsprechung die erwerbstätige Frau ab, die allen materiellen Erleichterungen zum Trotz in Lebens-, Arbeits- und Berufswelt von aufreibenden Belastungen nicht befreit wurde. Als beiden Bildern gemeinsamer Eindruck bleibt zurück, daß, wie früher, hergebrachte Normen den

arbeitenden Menschen anempfohlen, aufgedrängt und in ihrer Mentalität neu verankert werden. Scharfe Krisen des 20. Jahrhunderts – Arbeitslosigkeiten, Kriege, Flüchtlingselend – erschütterten jedoch die gewünschten Sicherheiten immer wieder.
Solcherart persönliche Erfahrungen – die zugleich ein Stück eigener proletarischer Lebensstrecke nachvollziehen – führten auch als Beweggründe auf die Suche nach Spuren der anonymen Geschichte des Kindes, die in den folgenden Kapiteln nachgezeichnet werden. Vor allem von der Schattenseite, von dem Jammer- und Elendsdasein in langen Reihen von Kindergenerationen ein Bild zu vermitteln, soll mit dem hier vorgelegten Material versucht werden.
Meine Erfahrungen in Familie und Beruf und mein Umgang mit der Geschichte haben mich gelehrt, daß in Krisenzeiten die Kinder als die schwächste Gruppe der Gesellschaft immer zu den ersten gehörten, die geopfert, ausgesetzt, preisgegeben wurden und verloren waren. Sie hatten weder Rechte noch Kräfte noch Übung darin, sich dagegen zu wehren. Es bleibt zu hoffen, daß die aufgespürten Bilder, Daten und Berichte dazu beitragen, daß sich die Erwachsenen heute den jungen Menschen intensiver zuwenden, ihnen verständnisvollere Begleiter werden und solidarisch Beistand anbieten wie ein Wanderer dem anderen auf Wegen in unbekannter Landschaft.

Zu Dank verpflichtet bin ich für fachliche Ergänzungen, Literaturbeschaffung und kritische Lektüre des Manuskriptes meinem Sohn Angelus H. Johansen, M. A. und Frau Dr. Marion Klewitz (Pädagogische Hochschule Berlin); für bestätigenden Zuspruch und technische Beratung meinem Lektor Dr. Walter Pehle.

# 1. Essen, Wohnen – Überleben

> Horch, horch, die Hunde bellen!
> Die Bettler kommen zur Stadt,
> sie kommen mit dem Bettelsack,
> und keiner ist noch satt.

Über eine lange Folge immer wiederkehrender Scharen von Kindern, die in jeder Generation mit ihren Sehnsüchten und Hoffnungen in diese Welt traten, sind wir Heutigen durch die Jahrhunderte hinweg mit der Vergangenheit persönlich verbunden. Gehen wir etwa 20 Generationen zurück, dann sind wir zu Beginn der Frühen Neuzeit angelangt. Wer aber von uns, der aus den damals breiten Kreisen der Kätner, Pächter, Tagelöhner, der Handlanger, der Arbeiter und kleinen Handwerker in Städten und Dörfern stammt, weiß schon etwas über diese ferne Vergangenheit der eigenen Familie.

Wie wuchsen Kinder in solchem proletarischen Milieu damals auf: fröhlich und glücklich oder verängstigt? Wer waren diese Kinder, denn es gab ja nicht schlechthin ›die Kinder‹? Unsere Quellen sind sehr unterschiedliche Berichte, die uns immer wieder zweifeln lassen, was verallgemeinert werden darf. Jeder Lebensbericht enthält absonderliche Einzelheiten dicht neben repräsentativen Fakten: Je weiter eine Biographie zeitlich zurückliegt, desto schwieriger ist der Zusammenhang zwischen jeweiliger Soziallage und dem Einzelschicksal aufzuklären.

Die veränderte Lebensstimmung zu Beginn der Frühen Neuzeit stellt uns vor erste Interpretationsprobleme. – Lesen wir uns etwas ein in die Autobiographie eines Bauernsohnes, der 1499 in der Schweiz geboren wurde:

> »Als die Mutter meiner genesen war, haben ihr die Brüste weh getan, daß sie mich nicht hat können säugen, habe auch sonst nie keine Frauenmilch gesogen ... Das war meines Elends ein Anfang. Habe also durch ein Hörnlein, wie im Land der Brauch ist, wenn man die Kinder entwöhnt, müssen Kuhmilch saugen; ...«[1*]

* Die Anmerkungen finden sich am Ende des Bandes.

So klagte Thomas PLATTER als alter Mann seinem Sohn, dem gradum doctoratus Felix Platerus. Sein Vater sei ihm so früh gestorben, daß er sich nicht an ihn erinnern könne. Danach »mannete die Mutter wieder«; dreimal war sie Witwe geworden. Die Kinder seien alle von ihr gewesen, wurden also nicht von den anderen Männern in die Familie gebracht:

> »... ich weiß nicht eigentlich, wieviel deren gewesen sind ... denn die Wucherer hatten unsern Vater ins Verderben gebracht, daß meine Geschwister fast alle, sobald sie haben können, dienen mußten. Und dieweil ich das jüngste war, haben mich meine Bäslein, des Vaters Schwestern, jegliche eine Weile bei sich gehabt. ... Als ich nun bei sechs Jahre alt war, hat man mich zu den Eisten getan ... dem mußte ich das erste Jahr die Geißen bei dem Haus hüten ... bei 80 Geißen, deren mußte ich das 7. und 8. Jahr hüten.«[2]

Wenn der kleine Thomas die Geißen über die Brücke trieb, liefen schon die ersten in die Kornäcker, und während er sie daraus vertrieb, liefen die anderen hinein, und der Kleine weinte und schrie, weil er des Abends dafür seine Streiche bekommen würde. Oft war er in Gefahr, wenn die Geißen auf die »hohen und grausamen Berge« gebracht werden mußten. Manches Mal blieb er im Schnee stecken, »daß ich kaum draus mocht kommen, und mir oft die Schühlein dahinten blieben und ich barfuß zitternd heim kam«.[3]

Auch erinnert er sich an die Ängste vor den Abgründen, wenn er sich verstiegen hatte, vor dem Steinschlag und vor den großen Geiern, die dem ländlichen Aberglauben zufolge kleine Kinder und junge Tiere wegtragen, und daran, wie er sich Fleischfetzen und große Schrunden gerissen hatte und oft übel gefallen, einige Male fast in den Tod gestürzt war. Der kleine Thomas kam aus einem alten Bauerngeschlecht, aus dem »Haus an der Platten«, in einem ansehnlichen Dorf gelegen. Dort schlief man auf einer Streu in der Stube. Das Haus war zusammengeflochten »aus zusammengelegten Lärchenbäumen wie ein Holderschlag«. So waren alle Häuser dort oben gebaut; gewöhnlich brauchte man wohl sechs starke Stämme für einen Bau.

Thomas PLATTER berichtet, daß er zu seiner Mutter, die ihn nicht hatte säugen und nicht bei sich behalten können, immer wieder zurückkehrte, auch wenn er keine Bleibe bei ihr fand; sie war ja eingebunden in das Haus, in die Wirtschaft des Mannes, mit dem sie jeweils verheiratet war, dem sie neue Kinder gebar. Thomas skizziert das typische Bild einer armen kinderreichen Bäuerin des frühen sechzehnten Jahrhunderts:

»Auf den Frühling danach zog ich mit zweien Brüdern wieder aus dem Land. Als wir der Mutter wollten Lebewohl sagen, da weinte sie und sprach: Daß Gott müsse erbarmen, daß ich da drei Söhne muß sehen in das Elend gehen! Sonst habe ich meine Mutter nie gesehen weinen, denn sie war ein tapfer mannlich Weib, aber rauh. Dann, als ihr auch der dritte Mann starb, blieb sie eine Witwe, und tat alle Arbeit wie ein Mann, daß sie die letzten Kinder, die sie von dem Mann bekommen, desto besser könnte erziehen; sie heuete, drasch und tat andere Arbeiten, die mehr den Mannen zugehörten als den Weibern. Sie hat auch derselben Kinder drei selber begraben, als sie in einer gar großen Pestilenz gestorben waren, denn in der Pestilenz mit dem Totengräber begraben, kostet gar viel. Sie war auch gegen uns erste Kinder gar rauh, darum wir denn selten zu ihr ins Haus kamen.... sonst war sie ein ehrlich, redlich, fromm Weib, das hat jedermann von ihr gesagt und sie gelobt.«[4]

Thomas muß doch mehr gesucht und erwartet haben, als sie ihm gefühlsmäßig geben konnte, denn er betonte: »Noch viel andere Stückchen von ihrer Räuhe« könnte er erzählen. Was er als Kind nicht bekommen hatte, konnte er wohl auch später kaum erhoffen.

Thomas blieb nicht in dem Bauerndorf. Wie nicht wenige damalige Zeitgenossen wurde er aus einem ›tumben Narren‹, aus einem armen unwissenden Kind des Bauernvolkes, zu einem wissenden Menschen. Gleich mit dem Weggang aus seinem Dorf begann das Wundern über Fremdes:

»Als wir über den Berg... kamen, hatte ich nie keinen Kachelofen gesehen, und es schien der Mond in die Kacheln; da wähnte ich, es wäre so ein großes Kalb, denn ich sah nur zwei Kacheln widerscheinen, das meinte ich seien die Augen. Morgens sah ich dann Gänse, deren ich nie keine gesehen hatte; da meinte ich, wie sie mich anpfiffen, es wäre der Teufel und wollte mich fressen, floh und schrie. Zu Luzern ... da verwunderte ich mich ob der roten Dächer.«[5]

Was sollte ein Mensch in einem engen Lebenskreis, der zudem durch den nächsten großen Wald oder Berg von der Umwelt abgeschlossen war, auch kennengelernt haben: Über die täglichen Bedürfnisse und die Furcht vor möglichen Strafen des Himmels ging sein Denken und Fühlen selten hinaus. Was er wissen und tun mußte, das erfuhr er bei der bäuerlichen oder handwerklichen

Arbeit, die ihm im eigenen oder im fremden Hause von klein auf vertraut geworden war.

Thomas PLATTER zog fünf Jahre lang als ›Schütze‹ – also eigentlich als Schützling – eines großen Bacchanten durch Deutschland nach Ulm, Münster, Dresden, Breslau und anderen Orten »den Schulen nach«. Doch er lernte nichts, mußte für seinen Bacchanten und dessen Gesellen für den täglichen Lebensunterhalt betteln, singen, stehlen. Er und die anderen Schützen mußten hungern und nachts in der Schule auf der Erde schlafen, während sich die großen Burschen in ihren Kammern ausruhen konnten. Mit 18 Jahren konnte Thomas zwar noch nicht einmal richtig lesen, aber er hatte sich von dem herumziehenden Scholaren befreit, der den Jungen nicht freigeben wollte, weil er durch dessen Bettelei so gut versorgt war.

Thomas entschloß sich, die humanistischen Wissenschaften zu studieren, von denen damals überall geredet wurde. Der Entschluß war nicht so absonderlich, wie er heute klingen mag. Die Verdrängung der armen Stände von den Hochschulen und Universitäten, überhaupt ihr weitgehendes Fernhalten vom Zugang zu höherer Bildung, ist erst eine ›Errungenschaft‹ der beiden letzten Jahrhunderte, vornehmlich seit Ende des 18. Jahrhunderts; zu der Zeit PLATTERS und davor kam das Gros der Studenten aus vielfach sehr armen bäuerlichen und städtischen Schichten: In der Kölner und Leipziger Universität z. B. wurden 16–28% der Studierenden wegen Armut sogar sämtliche Gebühren erlassen.[6] – Thomas gesellte sich zu den Söhnen von reich und arm, von Bauern, Bürgern und Adligen, die durch die Lande auf die Hohen Schulen zogen oder auch die kleinen Schulen, wenn sie erst einmal »die Schrift lernen« wollten. Jung und alt saßen da nebeneinander: »... setzte mich unter die kleinen Kinder, und war eben wie eine Gluckin unter den Hühnlein«, schreibt Thomas.[7]

Später versuchte er sich im Handwerk als Seiler. Dann wurde er Kustos und Lehrer, erwarb in Basel eine Druckerei, ein Haus und einige Güter. Schließlich treffen wir ihn als Vorsteher der Gelehrten Schule in Basel. Mit 73 Jahren heiratete er noch einmal und zeugte mit 80 Jahren das sechste Kind in dieser Ehe.

In Thomas PLATTERS Lebensgeschichte sieht man wie in einem Panorama die in Bewegung geratene Zeit der Reformation, den Aufbruch der Menschen in ein neues Bewußtsein, in andere soziale Schichten. Sein Lebensweg darf indessen keineswegs als typisch interpretiert werden: Sein sozialer Aufstieg war zweifellos etwas Seltenes, wenngleich im 16. häufiger als im 17. Jahrhundert. Der

Zugang zur Universität war für armer Leute Kinder im 16. Jahrhundert wesentlich einfacher als im 19. – insofern mag dieser Zug als repräsentativ gelten.
Viele einzelne Fragen müssen offen bleiben; Lebenslagen, -gewohnheiten, -einstellungen können für die Frühe Neuzeit noch viel weniger als für die Gegenwart statistisch eindeutig belegt werden. Sehr oft müssen wir uns mit persönlich gefärbten Einblicken, mit Auskünften über örtliche Besonderheiten zufrieden geben.
Der Ausblick auf die Biographie deutet bereits die wichtigen Themen der nächsten Kapitel an: Nahrung und Wohnen vor allem der Armen, d. h. der Mehrheit der frühen Bevölkerungen; Geburt der Kinder und früher Tod; übliche Kinderarbeit; sich verändernde Gewohnheiten gegenüber der Erziehung.

## Wohnraum – Raum zum Leben

Je niedriger der soziale Stand, je dürftiger die wirtschaftliche Basis, desto enger und primitiver lebten die Familien in ihren Behausungen zusammen. Die Familien der vorindustriellen Zeit waren Haushalts- und Arbeitseinheiten aus dem Haushaltsvorstand – meist der Ehemann, oft auch Witwen –, der Frau, einigen Kindern – eigenen oder fremden – sowie häufig noch ein oder zwei weiteren fremden Dienstkräften. Weitere deshalb, weil auch die Kinder, wie wir bereits aus dem Lebenslauf von Thomas PLATTER erfahren haben, mit sechs, sieben Jahren zur regelmäßigen Arbeit herangezogen und schon in diesem Alter notfalls ›in die Fremde‹ zu anderen Familien als Arbeitskräfte gegeben wurden.[8]
Die Hütten der Bauernfamilien bestanden aus Lehm und Holz, hatten statt der Fenster glaslose kleine Löcher mit Holzladen und Strohdächer; sie ragten nur wenig über den Erdboden hinaus. Zum Mobiliar gehörten Tisch und Bänke, ein Schrein zum Aufbewahren von Kleidern und ›Kostbarkeiten‹, eine Bett-Stelle mit Strohsack, Polster und Kissen und einer Decke. Geschlafen wurde nackt. Bettwäsche gab es nicht.[9] Noch im 18. Jahrhundert hieß es von einer Bergmannsfamilie im Oberharz:

> »Einige irdene Töpfe und Teller sind der ganze Hausrat, der Kleidervorrat besteht aus einer einzigen Puffjacke. Betten kennt er nicht; er liegt auf Stroh, deckt sich mit der Puffjacke zu.«[10]

Sehr häufig lebten die Bewohner in einem einzigen gemeinsamen Aufenthalts-, Arbeits-, Wirtschafts- und Schlafraum, oftmals unter einem Dach mit dem Vieh. Dieses gemeinsame Wohnen begründete anscheinend eine Gleichsetzung von niederem Stand und niederer Moral; jedenfalls häuften sich in Quellen des 16. bis 18. Jahrhunderts Vermerke über »Lügen der Leute, die auf Stroh schlafen ... ohne Bett und ohne Möbel ... vom Schwein nur durch einen Schlüssel getrennt«.[11]

Nur erwähnt sei, daß sich das uns heute vertraute Bett erst langsam ›einbürgerte‹. Im 18. Jahrhundert findet sich in vielen Städten auch in den Haushalten der Ärmeren das Bett auf vier Beinen, mit einer Zudecke, einem Kopfkissen und Kopfkeil; mitunter war sogar eine Überdecke vorhanden.

In den Städten lösten sich selbst ärmere Bewohner zu Beginn der Frühen Neuzeit nach und nach aus dem jahrhundertelangen Miteinander in den Stuben und begannen ihre Häuser auszubauen: Räume, Erker und Dachwinkel wurden ›angeklebt‹. Das ›ärmere Haus‹, das bis ins 17. Jahrhundert die Regel war, hatte zwei Zimmer: eins nach vorne, eins nach hinten. Die größeren Häuser der Städte des 18. Jahrhunderts haben meist je zwei Zimmer in einer oberen und einer unteren Etage. Wohlhabendere Handwerksmeister ließen sich oft noch mehr Etagen ausbauen, um ihre meist auch größere ›Familie‹ unterzubringen, die neben den Eltern und Kindern die Dienstboten und die Lehrlinge umfaßte. Wohin man auch sieht – die Armen wohnen in den flacheren, niedrigen Häusern, und sie sind in Hinterzimmern untergebracht.[12] Denn eine große Zahl der städtischen Einwohner besaßen keine ›Stelle‹, das bedeutete kein Haus. Diese Armen drängten sich mit ihrer ganzen ›Familie‹ meist in einem Raum zusammen – nach heutigem Sprachgebrauch: zur Untermiete. Wenn Kinder da waren, schliefen sie mit im Lager oder Bett der Eltern oder mit deren Gästen. In den engen Wohn- und Arbeitsräumen war wenig Gelegenheit zum Spielen der Kinder, zumal sie dort oft für Hilfsarbeiten herangezogen wurden. Wenn sie darüber hinaus noch Gelegenheit zum freien Zeitvertreib hatten, boten sich dafür Plätze und Gassen an und die Krautgärten hinter den schmalen, langgestreckten Häusern.

Nicht nur nach Bauart und Größe, auch nach der örtlichen Wohnlage unterschieden sich die Häuser der Armen, der in einfachen Diensten und Handwerken Arbeitenden von denen der Reicheren und der Stadt- und Grundherren. Die Lage der ärmeren Viertel ist – vornehmlich in den Städten – immer die schlechtere, die ›andere Seite‹ gewesen (wie im Berliner Osten und Norden) – dort, wo die vorherrschende Windrichtung den Schmutz hinweht, wo der Lärm

BILD 4 Gerard Dou: *Die junge Mutter* (Mitte 17. Jht.).

entsteht, wo später die Fabriken hochwachsen und ihren Qualm ausstoßen sollten.

In den Dörfern gab es je nach Siedlungsart entweder hinter dem Rund der Bauernhäuser den Kreis der Kleinhäusler oder die Katen am Ende der Straße oder den ›Abbau‹ in einiger Entfernung vom Ort und – in grundherrschaftlichen Bereichen – die Armseligkeit der Insthäuser.

Überblicken wir die Wohnverhältnisse in der Frühen Neuzeit, so

BILD 5 Gabriel Metsu: *Bildnis einer Patrizierfamilie* (Repräsentation) 17. Jht.).

BILD 6 Isaak van Ostade: *Inneres eines Bauernhauses* (1545).

BILD 7 Gerhard Terborch: *Die Familie des Schleifers* (Verfallener Hof; die Mutter entlaust ihr Kind) (17. Jht.).

fällt die Gemeinsamkeit aller Haushaltsmitglieder auf, anders gesprochen: der mangelnde Raum für persönliche Privatheit oder Intimität. Kinder und Erwachsene konnten gar nicht getrennt untergebracht werden. Es bestand auch lange Zeit kein Bedürfnis danach[13]; bis zur Wende vom 17. zum 18. Jahrhundert war es selbst in ›großen‹ Häusern von reichen Bürgern und Adligen nicht allgemein vorhanden. Dort gab es so etwas wie eine Verwandlungsbühne: Klapptische, -tafeln, -betten, die bei Bedarf von der Dienerschaft herbeigerollt und aufgestellt wurden; auch Bettnischen, Alkoven, Vorhänge, Baldachins und Himmelbetten wurden üblich. Im 17. Jahrhundert zeigten sich in Barockhäusern wohl auch schon reichere Ausstattungen wie auf dem Gemälde von Gerard DOU

BILD 8 Antoine Watteau: *Der Tanz* (Rokoko-Mädchen am Waldrand vor Kindern) (um 1719).

(Bild 4) im Zimmer der Mutter, die ihr Baby stillen will. Langsam steigerten sich die Ansprüche an das Wohnen bis hin zu dem entschiedenen Luxus des 18. Jahrhunderts (Bild 5).
Die Wohnräume, die vorher offen ineinander übergingen, werden durch einen Flur getrennt; die Wohnung wird eingeteilt: auf einer Seite das ›Logis‹, der Platz, an dem man ißt, wo man schläft, wo sich die Kinder aufhalten, wo die Frau ihre Rolle als Haushälterin ausübt, wo sich die Fülle der Dienerschaft aufhält; auf der anderen Seite das Haus, in dem man ›arbeitet‹, das Büro für Besprechungen. Bis in das 18. Jahrhundert hatte es ein ungeteiltes Regime gegeben, häusliches Leben und berufliche Tätigkeit waren eng verbunden.
Zur gleichen Zeit lebten noch Bauern in Stall-Wohnräumen, Handwerker in verfallenden Höfen (Bilder 6, 7), Kinder in umherziehenden oder seßhaften Bettlergruppen, in Bretterverschlägen und Wohnlöchern. Verlassene, verstoßene, verwaiste, hungernde und sterbende Kinder weinten, wimmerten oder gurgelten in Straßen und Gräben, auf Latrinen, Misthaufen und in Rinnsteinen, als seien sie an einem sozialen Niemandsort (vgl. Bild 24, S. 132).
So bestanden allein schon von Wohnmilieu und Unterkunft her

BILD 9 J. Dumont: *Mutter mit Kind im Tragekasten* (Armut auf dem Lande: »Zarte Geschöpfchen, eurer Mutter Bürde, einst werden eure Hände ihre Armut lindern, während die Herrin in ihrer Würde um ihr Erbe zittert vor ihren Kindern.« (18. Jht.).

klaffende Gegensätze in der Erziehungssituation der Kinder. Im 18. Jahrhundert sind die Widersprüche noch immer gleich schreiend. Während sich Kinder der oberen Schichten elegant bei Rokokotanz und Musik bewegen (Bild 8), müssen sich fronarbeitende Mütter auf dem Lande mit ihren Kindern – die kleinsten in hölzernen Tragen unter dem Arm – aufs Feld schleppen (Bild 9). In den Großstädten ziehen Mütter, die weder Obdach noch Nahrung haben, mit ihren Kindern ins öffentliche Arbeits-Armenhaus ein (Bild 10).

## Das tägliche Leben erkämpfen

Von Handwerkszünften und Patriziern, von Kaufleuten und Frühkapitalisten wie den Fuggern und Welsern ist im Zusammenhang mit der Frühen Neuzeit oft die Rede. Von ihnen wird hier nicht berichtet.

Rund 90% der Bevölkerung im damaligen Deutschland lebten in ländlichen Verhältnissen.[14]

Die Lebenshaltung der Familien war äußerst einfach. Die Ernährung bestand hauptsächlich aus Getreide: Gerste, Roggenbrei, Brot; dazu Gemüse, Käse, Eier, Speck und – als Fastenspeise – zweimal wöchentlich gesalzene Fische. Fleisch gab es nur noch an Feiertagen – im Unterschied zum späten Mittelalter.[15]

Da hockt dann die arme Familie an einem kleinen Tisch (Bild 11), auf dem eine einzige Schüssel steht. Die Eltern haben für sich Stühle, der kleine Junge muß stehen, das noch kleinere Kind sitzt auf Mutters Schoß. Im Hintergrund ist die offene Feuerstelle, d. h. der Rauchfang zu sehen. Eine Leiter, die als Treppe dient, ist an einen kleinen Verschlag gelehnt; über sie erreichbar ist wohl das Schlaflager.

Das Getreide, das der bäuerliche Haushalt aus Kostengründen vornehmlich verwenden mußte, war häufig gar nicht backfähig, so daß daraus eine Art dicker Suppe, ein Brotbrei, angerührt und dann aus der gemeinsamen Schüssel gelöffelt wurde. Noch zu Beginn des 18. Jahrhunderts ernährte sich gut die Hälfte der ländlichen Bevölkerung von nicht backfähigem Getreide und von Roggen[16]; das Mehl war ein Gemisch verschiedener Zutaten, und das ›Mengkorn‹ für die Armen enthielt viel Kleie. Gebackenes Brot war für die Mehrheit der Bevölkerung eine Rarität, so daß es im Vaterunser eigentlich hätte heißen müssen: Unseren täglichen Brei oder Fladen gib uns heute. Weißbrot gar, aus Weizenmehl gebacken, war ein Luxus – auch in Frankreich, dem klassischen Land des Weizenanbaus.[17]

Zum Ausgleich für den kargen Alltag wurde bei Festen – nach Möglichkeit! – fast unmäßig viel gegessen, manchmal ging es auch an die knappen Vorräte. Familienfeiern – außer den Hochzeiten vor allem die Kindtaufen – waren Großveranstaltungen mit Tanz,

BILD 10 Unbekannt: *Mutter mit ihren Kindern im Zuchthaus zu London* (1811).

BILD 11 Adriaen van Ostade: *Das Tischgebet* (Breimahlzeit einer holländischen Bauernfamilie, *ein* Löffel) (1653).

Ar. Ostade
1653

Musik, Spiel und viel Essen, wie es etwa auf Bildern des ›Bauern‹ BREUGHEL zu sehen ist. Von den Beteiligten wurden die verschwenderischen und tagelang andauernden Gastmähler als »Inbegriff der irdischen und himmlischen Freuden« gewertet[18] – ähnlich wie während der ›Freßwelle‹ zu Beginn der 1950er Jahre in der Bundesrepublik.

Die Bauern wurden schon gegen 1530 als der »vierte Stand« bezeichnet (nach den Bürgern, Geistlichen, Edelleuten) und das »mühselige Volk« genannt[19]: Mühselig war die schwere Arbeit der Frauen, Männer und Kinder. Sie war nicht nur körperlich anstrengend, sondern auch immer wieder deprimierend. Kam doch nur der kleinere Teil der Erträge den Bauern selbst zugute! Von ihnen heißt es deshalb 1520:

> »Ihre Lage ist ziemlich bedauernswert und hart ... jederzeit ohne Ruhe, arbeitsam, unsauber ... Aber am härtesten ist es für die Leute, daß der größte Teil der Güter, die sie besitzen, nicht ihnen, sondern den Herren gehört, und daß sie sich durch einen bestimmten Teil der Ernte jedes Jahr von ihnen loskaufen müssen.«[20]

In manchen Gegenden blieben den Bauern nur etwa 30% der Bodenerträge. Das übrige ging als Abgabe, Steuer oder Kirchen-Zehnt an Grundherren, Vögte und die Kirche.[21]

Der Abgabezwang lastete auf den einzelnen Teilen der Bauernschaft verschieden schwer, so daß die Großbauern durchaus ihr gutes Auskommen haben mochten. Sie waren es wohl auch, über die in Predigten geklagt wurde, wie etwa:

> »Die Pauren wellen nicht vertragen,
> Daß die Ritter und ire Kind
> Anders den si geklaidet sind ...
> Die Paurschaft hoch steiget,
> Und Ritterschaft nider seiget (sinkt).«[22]

Die Masse der bäuerlichen Kinder dürfte aber froh gewesen sein, überhaupt etwas zum Anziehen besessen zu haben. Die große Zahl der Bauern mit kleinem Besitz, der Pächter und bäuerlichen Lohnarbeiter wird kaum an einen Aufstieg zum Ritter gedacht haben: Sie hatte ihre Arbeitskraft und die ihrer Frauen und Kinder in die Landarbeit zu stecken und oft sogar noch im dörflichen Gewerbe zu verkaufen.[23]

In der Stadtbevölkerung waren die Vermögensunterschiede noch krasser als auf dem Lande. In vielen deutschen Städten betrug die Zahl der gänzlich Armen, die nicht zur Steuer herangezogen wurden, $1/5$, $2/5$, ja sogar $2/3$ der Bevölkerung.[24] Unter ihnen fanden sich die vielen Arbeitslosen, die selbst als Tagelöhner, Handlanger in Verkehr, Transport und Gewerbe und als Saisonarbeiter auf dem Bauernland der städtischen Besitzer und in der ländlichen Umgebung keine Beschäftigung bekamen.

Mit der anwachsenden Bevölkerung verschärfte sich die Massenarmut seit der zweiten Hälfte des 16. Jahrhunderts. In Kursachsen, über das uns Berechnungen vorliegen, hat die Unterschicht 30% der Bevölkerung ausgemacht.[25] Wieder müssen wir uns vor allem die Auswirkungen auf dem Lande ansehen. Wie suchten die Familien ihren Lebensunterhalt zu sichern, wenn sie die Landwirtschaft allein hungern ließ und gelegentliche gewerbliche Nebentätigkeiten auch nicht mehr ausreichten?

Danach wurden in nahezu jedem Haushalt Kleidung, Bettzeug, Decken, oft auch Schuhe selbst hergestellt; Textilarbeiten waren die verbreitetste Form der handwerklichen Hausarbeit, besonders der Frauen. Aus der Hausarbeit wurde Heimarbeit. So schrieb Thomas PLATTER allgemein zutreffend von seiner Walliser Heimat:

> »Denn wie es im Land der Brauch ist, daß fast alle Weiber weben wie auch nähen können, gehen die Männer vor dem Winter aus dem Land ... Wolle zu kaufen, die spinnen dann die Weiber und machen Landtuch draus zu Röcken und Hosen dem Bauersvolk.«[26]

Mit dem Aufkommen eines größeren Bedarfs an Waren für entfernter gelegene Märkte und besonderer Lieferungsaufträge für Fürstenhöfe und Militärversorgung bildeten sich seit dem 16. Jahrhundert, verstärkt im 18. Jahrhundert, Heimarbeitszentren in ländlichen Gegenden heraus, wo die einschränkenden Zunftbestimmungen der Städte nicht wirksam waren oder umgangen werden konnten. So erarbeiteten sich die Familien durch Spinnen und Weben, im 17. und 18. Jahrhundert auch vielfach mit Stricken, Wirken, Klöppeln, ein karges Zubrot, das auch neue Lebensbedingungen für Eltern und Kinder mit sich brachte.[27]

Arbeit wurde also ins Haus der Heimarbeiterfamilie ›verlegt‹. Dort wurde der vom auftraggebenden Händler oder Handwerksmeister beschaffte Rohstoff bearbeitet. Der Auftraggeber behielt sich den Verkauf der Produktion auf dem Markt vor. Produktion und Absatz wurden also zu getrennten Vorgängen. Der produzierende – meist mittellose – Heimarbeiter geriet dadurch in direkte Abhängigkeit vom Verleger und in die indirekte vom Markt, und zwar desto mehr, je weniger er die Familie durch die Erträge aus einem Garten, von einem Stück Feld, durch das Halten von Hühnern, Ziegen und Schweinen ernähren konnte. Als im 18. Jahrhundert das Bevöl-

kerungswachstum rapide anstieg, verschärfte sich allgemein die soziale Lage der vom Lohn Abhängigen. Auf dem Lande wie in der Stadt nahm die Not den Charakter steigender Massenverarmung an – im 19. Jahrhundert als Pauperismus bezeichnet.[28]
Unter dem Druck der Nahrungssorgen wurden immer mehr Kinder den ganzen Tag über in engen Stuben an der Heimarbeit beteiligt. Zwar war schon lange die Hilfe von Kindern bei Haus- und Gartenarbeit ein selbstverständlicher Brauch. In der Frühen Neuzeit aber begann die gewerbliche Ausnutzung von Hunderttausenden von Kindern – in den Häusern der Eltern. Die Kinderarbeit wurde durch bedrängende Existenznot in dem Maße hochgetrieben, in dem die Eltern selber zu immer härteren Arbeitsanstrengungen gezwungen wurden (Bild 12; vgl. Bilder 14, 18, S. 82, 90).
Ein solcher Blick in die Geschichte der Kindheit zeigt, wie unmenschlich es ist, zu sagen, daß im Unterschied zum Industriezeitalter das Kind in der vorindustriellen Zeit in die Lebens- und Arbeitswelt der Erwachsenen gleichsam selbstverständlich und ohne Brücke hineingewachsen sei. Ebensowenig human ist es, die verbreitete Armut des 16., 17., 18. und teils auch noch 19. Jahrhunderts deshalb als ›normal‹, als gesellschaftlich unabdingbaren Zustand, gelten zu lassen, weil er die Hälfte der Bevölkerung traf. (Wie verhält es sich in dieser Hinsicht mit der Hälfte der Weltbevölkerung heute, die am Rande des Existenzminimums dahinvegetiert?)

## Hungersnot und Pest

Die Neuzeit vom 16. bis ins 19. Jahrhundert war voller sozialer und politischer Unruhen, religiöser Kämpfe, Kriege, Handelskrisen und Inflationen.[29] Wenn über das geschilderte ›normale‹ Dasein der vorindustriellen Bevölkerung in steter Sorge um Nahrung, Kleidung und Wohnen in Abständen oft nur von wenigen Jahrzehnten mit unheimlicher Gewalt die Hunger- und Teuerungszeiten und die großen Epidemien hereinbrachen, zahlten die entkräfteten und unterernährten Menschen den höchsten Tribut. Über die Pest des Jahres 1523 schrieb ein Pariser Advokat in sein Tagebuch: »Der Tod wendet sich hauptsächlich gegen die Armen.«[30] Selbst einer der bekanntesten Historiker Frankreichs schließt aus seinen Quellenstudien:

> »Die Pest agiert wie ein übersteigerter Ausdruck der Klassenbeziehungen: sie schlägt das Elend, und sie verschont die Reichen.«[31]

BILD 12 Unbekannt: *Obdachlose Kinder beim Verfertigen von Zigarrenkästen* (1857).

Die Reichen konnten sich besser versorgen, abschirmen oder den Bedrohungen entfliehen; hingegen mußten die Armen, zusammengedrängt in ihren kleinen Hütten, ausharren; sie waren auf Bettelpfennige und Bettelsuppen angewiesen und mußten auf Gnade und Erbarmen hoffen.
In London z. B. hatten zur Pestzeit 1664 der Hof und die reichsten Leute die Hauptstadt verlassen. Zehntausend Häuser standen leer. Sie waren geschlossen, Türen und Fenster mit Tüchern verhängt, die das rote Zeichen der Seuche trugen. In Basel und anderwärts bewegten sich die Wagenkarossen der Reichen stadtauswärts den sicheren und gehüteten Landhäusern zu.[32]
Es mag vielleicht erstaunen, daß auch die Pest einen Unterschied zwischen Arm und Reich machte. Doch auch für die damalige Zeit gilt die Erfahrung, die uns heute unsere Gesellschaft vermittelt, daß sich im Falle der Krankheit die sozialen Unterschiede erneut ausprä-

gen. So waren auch die Gegensätze beim Kranksein und Sterben in der vorindustriellen Gesellschaft so scharf wie die Gegensätze zwischen Not und Reichtum. Gleiches galt für die vielen Hungersnöte, die die Hungrigen mehr als die Satten traf.
Trotz vielfacher landwirtschaftlicher Verbesserungen war der Nahrungsspielraum die gesamte Frühe Neuzeit hindurch eng.
Bei der sehr geringen Produktivität der vorindustriellen Landwirtschaft in Europa und der teuren Beförderung der Massengüter Getreide, Salz und Holz über größere Entfernungen zu Lande von über 30 bis 40 km genügten leichte Wetterunbilden, wie zu viel Regen im Sommer oder zu wenig im Frühjahr, um einen Mangel an Getreide herbeizuführen.[33] Ein Dürrejahr wie z. B. 1976 hätte vor dem 19. Jahrhundert eine furchtbare Hungersnot in Mittel- und Westeuropa hervorgerufen. So wird es verständlicher, daß in jedem früheren Jahrhundert größeren Ernteausfällen stets Mangel- und Hungerszeiten folgten. Ernteausfälle wurden nicht nur durch Wetterkatastrophen, Überschwemmungen, Insekten- und Mäuseplagen, durch Korn- oder (wie erstmals im 19. Jahrhundert) Kartoffelkrankheiten hervorgerufen, sondern waren oft Folgen von jahre- oder jahrzehntelangen Kriegsverheerungen. Verschärft wurde das Elend der Krisenjahre durch epidemisch auftretende Krankheiten.
In solchen Zeiten wurde das Getreide – Hauptnahrungsmittel der Armen, Grundnahrung der Reichen – sprunghaft teurer. Unzureichende Transportmöglichkeiten verhinderten, daß bei Erntekrisen in ausreichender Menge Getreide von außerhalb herangeschafft werden konnte. Sein Preis stieg dadurch so schnell an, daß es für die Ärmeren bald unmöglich war, sich noch etwas zum Essen, geschweige denn Getreide zu kaufen.
Wenn die Preise rapide stiegen, die Löhne nicht mitzogen, der Hunger sich ausbreitete, dann strömten immer größer werdende Scharen bettelnder Männer, Frauen und Kinder den Städten zu. Dort aber war man selbst in großer Bedrängnis, die eigenen Stadtarmen am Leben zu erhalten. Elendsseuchen, Verzweiflung bis zu Gras-, Baumrinden-, ja Menschenfresserei, Hungerrevolten, Diebstähle und sonstige Kriminalität charakterisierten diese Zeiten.
Die größten Krisen erfaßten den gesamten europäischen Raum. In den deutschen Territorien wirkten sie sich 1570/71 und 1575 besonders verheerend aus. Was für die Wohlhabenden jedoch häufig nur Sorge um den gewohnten Aufwand bei Festlichkeiten,[34] war bei den Armen die Sorge um das bloße Überleben – bei Erwachsenen gleichermaßen wie bei den Kindern. Ihnen bot man

keinen besonderen Schutz. Der Existenzkampf lehrte sie und die Älteren, der dörflichen Heimat zu mißtrauen. Ein Augsburger Bürger berichtete aus dem Hungerwinter 1570/71:

»Bald das Landvolk kein Arbeit hätt
und in der Stadt ersehen tät,
daß man so barmherzig da war,
da liefen sie mit Haufen dar,
mit Weib und Kind in großer Summen,
hausierten in der Stadt herummen.

Des wurd die Stadt erst Armer voll,
gefiel der Obrigkeit nit wohl. ...

Ich muß mit Schmerzen je verjehen,
ich hab selb viel Kinder gesehen,
denen der Leib heraus tät gan,
kunnten weder sitzen noch stan,
sie lagen elend auf der Gassen,
drei, vier beieinander saßen,
ihre Eltern hätten sich verborgen
und mußten auf die Rodler [Polizei, Soldaten] sorgen,
die ihnen täten viel zu Leid. ...
und als die Kält tät lassen nach,
an ihnen man erst Jammer sach,
ihr viel waren so hart erfroren,
daß sie ihre Glieder hond verloren,
Schwindsucht und Lähme sie anstießen,
die Zehen faulten ihn von Füßen,
Händ und Füß waren ihn geschwollen
daß, wenn sie jetzt arbeiten sollen,
so gar nichts kunden greifen an
und niemand sie zu Dienst han kan.«[35]

Für die Schwachen waren die den Hungerkrisen folgenden Epidemien eine weitere Lebensgefahr. In den 1580er Jahren traten neue Teuerungen und Hungersnöte auf, in den 1620er Jahren wieder Teuerungen, ausgelöst durch Münzverschlechterungen und verstärkt durch magere Ernten; die Preise stiegen beträchtlich, und die Löhne hinkten weit hinterher.[36]

Zwar ist das bereits die Zeit des 30jährigen Krieges, doch noch keine Auswirkung des Krieges, der sich in den einzelnen Gebieten Deutschlands zu verschiedenen Zeiten und auch in unterschiedlicher Heftigkeit bemerkbar macht.

In dieser Zeit drängen sich zugleich die Grausamkeiten des Krieges auf, denen Kinder in vielen Teilen Deutschlands ausgesetzt waren. Kinder wurden vor den Soldaten gewarnt, erfahren wir von GRIMMELSHAUSEN, der sich seiner Kindheitserfahrungen als Simplicissimus erinnert:

> »und darauf hat unser Ann gesagt, ich soll auch weglaufen, sonst würden mich die Krieger mitnehmen! ... die eisernen Männer ... und da sein ich weggeloffen«.

Das klingt zweckmäßig, beinahe rational, der Traum des Verängstigten reflektiert indes viel wirklichkeitsnäher seine Not:

> »da dünkte mich, als wenn sich alle Bäum ... gähling veränderten ... Auf jedem Gipfel saße ein Kavalier, und alle Äst wurden statt der Blätter mit allerhand Kerlen gezieret ... hatten etliche lange Spieß, andere Musketen, kurze Gewehr ... Die Wurzel aber war von ungültigen Leuten, als Handwerkern, Taglöhnern, mehrenteils Bauren und dergleichen, welche nichtsdestoweniger dem Baum seine Kraft verliehen ... sie ersetzten den Mangel der abgefallenen Blätter [der bewaffneten Kerle] aus den ihrigen ... seufzeten ... über diejenige, so auf dem Baum saßen ... dann der ganze Last des Baumes lag auf ihnen und druckte sie dermaßen, daß ihnen alles Geld aus den Beuteln, ja hinter sieben Schlossen herfürgieng. Wann es aber nicht herfürwollte, so striegelten sie die Kommissarios mit ... militarische Exekution ... daß ihnen die Seufzer aus dem Herzen, die Tränen aus den Augen, das Blut aus den Nägeln und das Mark aus den Beinen herausgienge.«

Und er schloß, es müßten unfehlbar zweierlei Menschen auf der Welt sein, wilde und zahme.[37]

Simplicissimus träumt die Lebensnöte seiner Umwelt nach, der Welt der Bauern, Handwerker und Tagelöhner, die er von Kriegsleuten ausgepreßt findet. Er träumt auch die gesellschaftliche Hierarchie nach, in die er hineingeboren wurde: Er sieht die Seinen, gebeutelt und geschlagen, wie sie sind, als die Zahmen, die unbewaffnet sind, also sich nicht wehren können. Wie nahe lag damals ein solcher Traum für ein Kind, das kreuz und quer durchs Land marschierende Soldaten erlebte, die plünderten, alles wegfraßen und bestellte Felder verwüsteten. – Was haben die Kriege des 20. Jahrhunderts die Kinder wohl alles träumen lassen?

In den 1660er, 1680er und 1690er Jahren gab es von neuem schwere Teuerungskrisen – Getreide wurde z. B. 1699 in Halle, Kassel, Berlin drei- bis viermal teurer als 1696, das ein vergleichsweise normales Erntejahr war. Seuchen mit hohen Todeszahlen schlossen sich an.[38] Ein junger Barbier-Lehrling erlebt wie viele andere die Pest des Jahres 1682 wie ein naturgegebenes Schicksal:

»Weilen nun die Peste gar so überhand nahm und ... die Gassen leer, die Häuser zu, hie und da Zetergeschrei und rasende Leute oben in Thüren und Fenstern, sich itzt herunterzustürzen, auch nichts mehr zu tun war, und kein Mensch arbeitete, noch barbierete, hieß mich mein Herr auch weggehen.«[39]

Das Jahr 1709 brachte nach einem strengen Winter für weite Teile West-, Mittel- und Nordeuropas eine große Mißernte, und die Pest breitete sich zum letzten Mal mit ihrer früheren Schärfe in den um die südliche Ostsee gelegenen Ländern aus. Getreideproduzenten wie Brandenburg-Preußen sperrten zwar die Ausfuhr, gleichwohl verursachten Hunger und Seuche in Pommern und Ostpreußen Schreckenszahlen von Toten.[40] Um dem Verhungern zu entgehen, gruben im Frühjahr 1740 Einwohner im preußischen Minden-Ravensberg »krepierte Hunde und Pferde aus der Erde«; in der Freien Reichsstadt Aachen verhungerten im vorangegangenen Winter viele Einwohner: Die ebenfalls an Getreidemangel leidenden umliegenden Territorialstaaten hatten den Durchtransport selbst desjenigen Getreides verhindert, das die Aachener in Holland gekauft hatten. Im sächsischen Erzgebirge war es nicht besser.[41]

Es versteht sich von selbst, daß alle Spiel- und Lebensfreude im Volke ersterben mußte, wenn die ärmere Bevölkerung sich vor Hunger krümmte und die städtischen Kornspeicher nichts mehr hergaben; wenn die Krumen vom Tische der Reichen, die Pfennige, die sie spendeten, wenn Suppenanstalten, die vom Stadtrat oder von Bürgerkomitees eingerichtet wurden, wenn alle Not- und Hilfsmaßnahmen für die Zahl der Hungernden nicht mehr ausreichten.

Ausdrücklich wurde darauf hingewiesen, daß alle diese Notjahre der vorindustriellen Zeit durch geringere Ernten oder gar ausgesprochene Mißernten ausgelöst wurden, und daß es die unzulänglichen Transportmittel der Zeit äußerst erschwerten, Lebensmittel aus größerer Entfernung herbeizuschaffen. Ebenso ausdrücklich muß nun darauf hingewiesen werden, daß auch die Politik der Landesregierungen zur Not beitrug. In Brandenburg-Preußen z. B. wurden die Grenzen 1722/23 für polnisches Getreide gesperrt; die Ausfuhr aus dem eigenen Gebiet blieb sogar erlaubt, obwohl die Königliche Regierung es für nötig hielt, dem Adel zu drohen, ihn »zur unausbleiblichen schweren Verantwortung« zu ziehen, wenn er die ihm untertänigen Leute weiterhin »krepieren und Not leiden« lasse.[42] Auch ist festzuhalten, daß bei fast allen Hungerkrisen vor dem 19. Jahrhundert die Wohlhabenden unter Bürgern,

Adligen und Bauern genügend Mittel hatten, um keine existenzielle Not leiden zu müssen. Der Gewinn dieser Notjahre, der aus hohen Lebensmittelpreisen erzielt wurde, floß mit Vorrang »zu den Herren oder Einrichtungen, die über Land und Leute geboten«. Für die Nutznießer der Not stiegen die Einkünfte, »als ringsum auf dem Lande und in den Städten die Menschen hungerten (und sie fielen, als die Preise wieder sanken)«.[43]

Dieses gilt auch für die Teuerungskrisen im Zusammenhang mit dem Siebenjährigen Krieg, als in Berlin von 1759–62 der Roggenpreis um das Fünffache stieg. In dieser Krise, die wesentlich durch die Finanzpolitik verschärft wurde, erzielte der preußische König allein durch offizielle Münzverschlechterungen 18 Millionen Reichstaler an Mehreinnahmen.[44] Derselbe politisch-wirtschaftliche Zusammenhang verschärfte auch die durch zu viel Schnee und Regen hervorgerufenen Hungersnöte der Jahre 1770–72, in denen von England bis zum ostpolnischen Galizien gehungert wurde. Das Zentrum des Hungergebietes, in dem das billigste Grundnahrungsmittel, der Roggen, über das Dreifache teurer wurde, lag im Deutschen Reich. Es kann als das Viereck der Städte München, Wien, Breslau, Halle umschrieben werden. In den angrenzenden Gebieten war der Roggen ›nur‹ um 200% teurer geworden.[45]

Was das jedoch für die Masse der Bevölkerung bedeutete, die schon in ›normalen‹ Zeiten nur ungenügend zu essen hatte, das veranschaulicht der Bericht des Schweizer Webers und Garnhändlers Ulrich BRÄKER über die Not der Jahre 1770/71:

> »Nun brach der große Winter ein, der schauervollste, den ich erlebt habe. Ich hatte itzt fünf Kinder und keinen Verdienst, ein bißchen Gespunst ausgenommen ... Mein kleiner Vorrat von Erdapfeln und anderm Gemüs' aus meinem Gärtchen, was mir die Dieben übriggelassen, war aufgezehrt ... hätte meine jungen Vögel noch immer lieber mit frischem Laub genährt, als es einem meiner erbarmenswürdigen Landsmänner nachgemacht ... wie er mit seinen Kindern von einem verreckten Pferd einen ganzen Sack voll Fleisch abgehackt, woran sich schon mehrere Tage Hunde und Vögel satt gefressen ...
>
> Im Herbstmonate, da die rote Ruhr allethalben grassierte, kehrte sie auch bei mir ein und traf zuerst meinen lieben Erstgeborenen. ... und in acht Tagen war er eine Leiche ... Noch war mein Söhnlein nicht begraben, so griff die wütende Seuche mein ältestes Töchtergen, und zwar noch viel heftiger an; ... Und kurz, es war, ... noch schneller hingerafft in seinem achten, das Knäblin im neunten Jahr. ... und in wenig Tagen lagen meine drei

noch übrigen Kinder nebst mir an der nämlichen Krankheit darnieder.«[46]

Wie in den vorangegangenen Jahrhunderten plagte der Hunger nicht nur die ländlichen, sondern auch die städtischen Unterschichten. Im November des Jahres 1800 ordnete der preußische König für Berlin an, die Armen erfassen zu lassen, die sich aus eigener Kraft nicht mehr ernähren konnten, um ihnen verbilligt Kommißbrot zukommen zu lassen. Die Zahl der Empfänger belief sich auf 30–40.000; das waren mehr als ein Fünftel der Berliner Bevölkerung – nicht eingerechnet die Garnisonsangehörigen: Almosenempfänger in Armenhäusern wurden, ohne Angehörige, rund 1000 gezählt; arme Textilarbeiter ohne Angehörige 5–6000; ärmere Handwerker, Krämer und andere Selbständige mit Einkommen unter dem physiologischen Existenzminimum: rund 2000 Haushalte; die schlechtest bezahlten Unteroffizianten, Boten, Kopisten, Aktenhelfer in königlichen und anderen öffentlichen Kollegien: rund 1500.[47]

Das Ausmaß des Elends hatte sich auch in den 1840er Jahren noch nicht wesentlich verringert. Die in Deutschland gerade erst beginnende Industrialisierung hatte bei weitem noch nicht so viele Arbeitsplätze geschaffen, wie von den Massen Arbeitsuchender gebraucht wurden. Das kann nicht überraschen, wenn man berücksichtigt, daß in den deutschen Staaten im Durchschnitt wenige Prozent der Lohnabhängigen industrielle Beschäftigungen ausübten – von einzelnen Regionen wie Niederrhein-Westfalen, Baden oder Sachsen abgesehen.[48]

Kartoffeln wurden seit 1800 immer stärker angebaut; sie verdrängten bei den ganz Armen das Getreide bald vollends. Aus dem östlichen Pommern berichteten Schulvisitatoren um 1840, daß von 80 Schulkindern nur drei jemals Brot gegessen hatten.[49]

Friedrich LIST, der Nationalökonom aus Baden, schrieb im Jahre 1844:

> »Unter den notwendigsten Lebensbedürfnissen versteht man in vielen Gegenden Deutschlands Kartoffeln ohne Salz, eine Suppe mit Schwarzbrot ... Haferbrei, hier und da schwarze Klöße. ... Ich habe Reviere gesehen, wo ein Hering, an einem ... Faden mitten über dem Tisch hängend, unter den Kartoffelessern von Hand zu Hand herumging, um jeden zu befähigen, durch Reiben an dem gemeinsamen Tafelgut seiner Kartoffel Würze und Geschmack zu geben.«[50]

Das Jahr 1846/47 brachte die letzte große Krise, die von der Landwirtschaft ausging, durch Kartoffelmißernten und gleichzeitige Getreidemißernten. Von der entsetzlichen Hungersnot wurden fast alle europäischen Länder erfaßt. Wieder stiegen die Preise; die Löhne blieben demgegenüber zurück; die Kaufkraft sank; eine strukturelle Arbeitslosigkeit breitete sich aus; Hungertote und Hungerrevolten gab es vom Rheinland bis Ostpreußen. Die Revolten in den Städten wurden rasch niedergeschlagen, in Berlin wurden dabei 215 Personen verhaftet und 82 Gendarmen und Soldaten verletzt.[51]

Im Laufe der nächsten Jahrzehnte wurde auch Deutschland industrialisiert: Die Transportverhältnisse wurden verbessert; die ländlichen Unterschichten strömten in die rasch wachsenden Städte, in denen laufend mehr Arbeitsplätze geschaffen wurden; die sich dort konzentrierende Arbeiterschaft erkämpfte allmählich bessere Lebensbedingungen. Nicht, daß die sozialen Unterschiede zwischen Arm und Reich jetzt plötzlich geringer geworden wären: Unter der zusammengepfercht lebenden Arbeiterbevölkerung der großen Städte grassierten die Krankheiten weit heftiger als in den ›besseren‹ Stadtvierteln. Dort war die Sterblichkeit noch um 1900 deutlich höher. Etwas aber hatte sich geändert: Der Hungertod in Krisenzeiten wurde nicht mehr als ›normales‹ Geschick hingenommen. Außerdem wurde er zur Ausnahme. Die Kinder des Proletariats wurden nicht mehr in dem Maße wie früher Zeugen des Sterbens. Was ihnen aber immer noch nicht erspart wurde, war frühzeitige Arbeit (vgl. Bilder 18, 28, S. 90, 158).

# 2. Viele wurden geboren, viele starben

Warum seid ihr nicht
im Schoß eurer Mütter geblieben,
wo es stille war
und man schlief und man war da?

Die erste Umgebung der Kinder war – in Mitteleuropa – bislang die Familie. Diejenigen, die ihre Kindheit in Findelhäusern, Heimen und Klöstern verbrachten, bildeten immer nur eine kleine Gruppe. Die Familie als ersten Lebensraum des Kindes zu betonen, ist nur scheinbar überflüssig: Legt es doch nahe, zu fragen, wie Familien in früheren Jahrhunderten gegründet und Kinder in sie hineingeboren wurden. Solche Vorgänge prägten zweifellos die aufwachsenden Kinder.

## Eine Familiengründung um 1530

Lesen wir nach, was Thomas PLATTER darüber schreibt, wie er in Zürich heiratet und einen eigenen Haushalt gründet:

»Ich und meine Hausfrau selig haben nichts zusammen in die Ehe gebracht, und sind wie folgt zusammengekommen ... Präzeptor Oswaldo Myconio, der riet mir, ich sollte seine Jungfrau [sein Dienstmädchen, d.V.] zur Ehe nehmen und anfangen hauszuhalten, dieweil ich jetzt eines ziemlichen Alters, bei 30 Jahre alt war [die Frau wohl etwas älter, d.V.]. Wir gingen zu Dübendorf, eine Meile von Zürich ... in den Kleidern zur Kirche, die wir alle Tage trugen, denn wir schämten uns. ... hielten unsere Hochzeit mit solcher Pracht, daß Leute bei uns am Tisch waren, die wußten nicht, daß es eine Hochzeit war. Zu Nacht gingen wir wieder in die Stadt, und ich ging in meine Herberg zu liegen ... war noch sechs Wochen da, daß ich mein Weib nie berührte, bis Myconius zu mir sagte: Wann willst du bei deinem Anni liegen? es wäre nun Zeit. Mit der Zeit wirst du dich rühmen bei dem jungen Volk, wie du dich so lang habest enthalten, da andre Leute so bald zusammen schliefen. Wir fragten beide nichts danach, denn wir waren beide schamhaftig. ... wir wollten heimziehen. Da war

Myconius der Mutter [d. h. Thomas Platters Frau, die dazumal weder schwanger noch von früher her Mutter war, d. V.] 14 Gulden Lohn schuldig; davon gab er ihr zwei Gulden, (für die 12 Gulden sind meiner Frauen nach Myconii und seiner Frauen Tod 6 Gulden zugefallen) damit zogen wir davon, den ersten Tag gen Metmannstetten zu dem Herrn, den ich hebräisch gelehrt hatte [Thomas hatte in Zürich Hebräisch lesen gelernt, d. V.] Der wußte nicht, daß wir noch nie Beiwohnung zusammen gehabt hatten; wir schämten uns beide, miteinander zu Bett zu gehen, doch mußte das einmal sein.«[1]

Bei diesem Bericht sollte die außerordentliche Scheu gegenüber dem Geschlechtlichen vielleicht nicht so sehr erstaunen: Jahrtausendlang hatte die christliche Kirche alle Freude an der Sexualität als Sünde diffamiert und auszurotten gesucht. Jegliche Lust an der Sexualität war verpönt, und im wesentlichen galten noch immer jene Sentenzen, die AUGUSTINUS um 400 geschrieben hatte:

»So wie die Ernährung für die Gesundheit des Menschen unerläßlich ist, so ist es die Ehe für die Gesundheit der menschlichen Art. Doch die Anwendung der einen wie der anderen geht nicht ohne ein gewisses fleischliches Vergnügen vor sich ... Aber das was die untersagten Mittel für die Lebensmittelversorgung des Lebens sind, das sind die Fleischeslust und die Geilheit für das Hervorbringen von Kindern. So wie es eine verbotene Ernährung gibt, die nur zum alleinigen Vergnügen des Magens und Gaumens eingenommen wird, so gibt es eine verbotene Geschlechtsbeziehung, die nur der Wollust dient und nicht dem Hervorbringen von Kindern.«[2]

Lange Zeit war kirchlicherseits deshalb sogar jeglicher Geschlechtsverkehr zwischen Eheleuten untersagt, falls die Frau bereits schwanger war oder ihre unfruchtbaren Tage hatte; Kinderlosigkeit war ein Scheidungsgrund. Wenn also seitens der einzigen geistigen Autoritäten – verkörpert durch viele Generationen von Priestern, Predigern und Beichtvätern, die diese Dogmen bis in jedes Dorf hinein verkündeten – jegliche Sexualität lediglich zum Zwecke des Kindergebärens erlaubt war, wo sollten da zwei Kinder des Bauernvolkes wie Thomas und Anni sonderliche Erfüllung oder Freude im Geschlechtlichen zu finden fähig sein? Aus heutigem Verständnis heraus fragt sich auch, ob die Eltern den vorsätzlich in Unlust gezeugten Kindern wohl freudige Gefühle entgegenbringen konnten.

Zu der Verpönung kommt ein weiteres: Obwohl weniger beweisbar, da die Quellen hierzu sehr viel spärlicher fließen bzw. durch

Prüderie und Verklemmtheit der Historiker des 19. und teilweise dieses Jahrhunderts kaum offen liegen, dürfte ein hoher Anteil von Kindern gerade im Kleinkindalter auch noch im 16. und 17. Jahrhundert mit Duldung ihrer Eltern von anderen Erwachsenen sexuell mißbraucht worden sein.[3] Solche Erlebnisse in der Kindheit können auch bei Thomas und Anni Scheu und Abneigung gegenüber allem Geschlechtlichen verstärkt haben und sie für uns verständlicher machen. Man beachte auch die Armut der beiden Hochzeiter, die sich schämten, weil sie nicht ein großes Fest mit vielen Dutzend Gästen ausrichten konnten. Diese Armut war ganz sicher typisch für die Masse der Bevölkerung. Einer der Auswege, über den sie ihrer Notlage abzuhelfen suchten, war bereits im 16. Jahrhundert nicht unüblich, wie schon im vorigen Kapitel beschrieben: Als das Paar nach der Hochzeit auf seiner Wanderung von Zürich bis in die Walliser Heimat des Thomas gekommen war,

> »da hatten wir eben noch für einen Tag Zehrung und einen dicken Pfennig; dafür kaufte mein Anni Flachs, denn sie konnte gut Tüchligarn spinnen. ... gingen wir einen gar hohen Berg hinauf nach Burgen zu meiner Schwester Christine, die hatte da einen Mann und neun Kinder; es hatte der Mann zwei Basen, die waren so alt, daß sie nicht wußten, wie alt sie waren und auch sonst niemand. Bei ihr blieben wir bis ... Da hatte ich ein wenig allerlei Plunder geerbt, das hatte mir die Schwester aufbehalten und lieh mir ihren Esel, damit führt ich's gen Visp in ein Haus, dafür brauchte ich nichts zu geben; es war ein Bett drin, das brauchte man nicht, das lieh man uns auch umsonst; es war fast das hübscheste Haus im Dorf mit hübschen Scheibenfenstern. ... Da fing ich an, das Seilerwerkzeug zu rüsten und Schule zu halten, fing an zu seilern und bekam an die dreißig Schüler, zumeist im Winter, im Sommer kaum sechs, davon gab mir jeder zu Fronfasten einen dicken Pfennig; und hatte dabei ein gutes Leben, denn man schenkte uns viel. ... fingen an Wein einkaufen und verkauften nach der Maß, kaufte auch Äpfel, die verkaufte mein Weib den Buben ...«

Dann berichtet Thomas von der Geburt des ersten Nachkommen:

> »... genas meine Frau ... ihres ersten Kindes in großer Gefahr. Denn wie sie die Wehen in der Nacht auf den Sonntag ankamen, genas sie erst am Montag; da kamen ehrliche Weiber in ihren Nöten zu ihr, ... In der Not legten sie ihr ein groß paternoster um in St. Margreten Namen, daß sie desto sanfter genäse, mahnten sie auch, sie sollte eine Messe versprechen. O, sprach sie, ich vertraue dem getreuen Gott, er werde mir helfen. Ich mußte

dabei sein, denn in Wallis müssen die Männer bei den Weibern in Kindsnöten sein, damit sie dann hernach desto mehr Geduld mit den Weibern haben. Aber die Weiber konnten so mit ihr umgehen, daß ich nichts davon sah, was sie taten. Das weiß ich aber gar wohl, daß mein Hemdlein bachnaß ward. Das Kindlein ward getauft und Margaretlein geheißen ...«[4]

Man beachte die dürftigen Vorkehrungen bei der Geburt: keine hygienischen Maßnahmen, dafür fromme Sprüche, Gebete und Amulette. Die Geburt fand, wie auch andere Quellen bestätigen, in der Wohnstube statt, von vielen Menschen umgeben, die mit ihrem Schwitzen, Essen und dem Straßenschmutz an ihren Schuhen zur allgemeinen Unhygiene beitrugen. Aber das war im 16. Jahrhundert beileibe keine Ausnahme: Selbst bei einem recht vermögenden Apotheker gebar die Frau im Wohnsaal, in dem ihr Mann mit dem anderen Hausgesinde gerade aß:

»Den 22. April genas des alten Catalanas, meines Herren Frau ... eines Kindes. ... Sie ward entbunden in dem Saal, da wir aßen, hinter einem Vorhang.«[5]

Nimmt es da wunder, daß in der scheinbar ›guten alten Zeit‹ so viele Frauen und Säuglinge noch im Kindbett starben?

Über die anderen Geburten seiner Frau berichtet Thomas PLATTER nichts, wahrscheinlich, weil er nicht mehr dabei sein mußte. Ausführlicher berichtet er indessen über das Sterben seiner Kinder:

»Wir haben vier Kinder miteinander bekommen, das erste in Wallis, das hieß Margretlein, und als ich aus Wallis wieder herauszog zu Doktor Epiphanio gen Prunnentrut, starb mir dasselbe zu Pruntrut an der Pestilenz [dieser Ausdruck kann auch andere Seuchen als die Pest bezeichnen. d. V.]. Danach ward ich Domini Hervagii Korrektor, da gab mir der Herr ein anderes Margretli, das starb mir auch an der Pestilenz, ehe es vier Jahre alt war. [An anderer Stelle heißt es von dem zweiten Margretlein:] Mir starb auch mein lieb Kind Margretlein an der Pestilenz, von dem sagte man, es wäre gar ein hübsch Kind; es war, wie ich meine, bei 6 Jahr alt worden ... Weiter ward mir eine Tochter Ursula und zuletzt mein Sohn Felix. Ursula ward 16½ Jahre alt und starb mir in meinem Gut; Felix aber lebt nach, solange Gott will.«[6]

Das bedeutet, daß in den ersten acht Ehejahren vier Kinder geboren wurden, danach keine mehr, obwohl die Eheleute noch über 33 Jahre zusammenlebten. Von den vier Kindern starben drei lange vor deren Heiratsalter, zwei als kleine Kinder. Es sei hier schon vorweggenommen, daß diese fatal hohe Kindersterblichkeit bis weit in das

18. Jahrhundert hinein die Regel war, selbst bei den Wohlhabenderen festgestellt worden ist; und wohlhabend war Thomas PLATTER geworden mit Hilfe seiner Ehefrau, deren Spinnen und Haushalten, und seiner eigenen Tätigkeit als Drucker und Schulmeister. In seinem Hause lebten viele Fremde, Schüler und andere. Diese nannten ihn und seine Ehefrau Vater und Mutter, so wie er selber es früher getan, als er in anderen Haushalten – z. B. bei Myconius – lebte.

Nach dem Tod seiner ersten Frau heiratete Thomas noch einmal – ein für die Familie folgenreicher Vorgang. Hören wir ihn selbst:

> »Im selben Jahr danach [nach dem Tod der Anni, d.V.] auf den 24. April anno 72 hatte ich Hochzeit mit meiner anderen [d. h. zweiten, d.V.] Frauen mit Namen Esther ... Auf den 25. Februar anno 73 nach den sechsen, abends ward mein erst Kind Madlene von meiner anderen [d. h. zweiten, d.V.] Frau geboren und ward getauft um 2 Uhr Nachmittag am 28. Februar ... Auf den 24. Juli vor den achten zu Abend im Jahr 74 ward mein Sohn Thomas geboren und ward getauft danach am Dienstag den 27. Juli nach der Predigt. ... Im Jahr 1575 auf den 22. November am Morgen vor Tag ward geboren meine Tochter Ursula, das dritte Kind von meiner Hausfrau Esther. Es ward getauft auf den 24. November, ... Als man zählte 1577 am 12. Maien, auf den Abend um die acht ward geboren Nicolaus Platerus, mein Kind, es war an einem Sonntag. Danach am Dienstag den 14. Mai nach der Predigt ward das Kindlein getauft, ... Auf den 11. Februar anno 1579 um die neunte Stunde um das Nachtmahl ward in dieses Jammertal geboren ein Maidlin, mir das fünfte Kind, danach am 15. Februar ward das Kind eingeschrieben in die Zahl der Gläubigen. ... genannt Anna, wie meine erste Hausfrau hieß, meines Sohns Doktor Felixen Mutter. ... das wird jetzt das sechste Kind nach der Gnade Gottes. Anno 1580 auf den 20. Oktober auf St. Wendelinstag abends um vier und fünf Uhr genas meine Hausfrau Esther mit Gottes Hilfe einer Tochter Elsbeth; ...«[7]

In nicht einmal achtdreiviertel Ehejahren mußte die arme Frau sechs Schwangerschaften über sich ergehen lassen – alle zum Ruhme Gottes und mit seiner angeblichen Hilfe und auf Kosten der Gesundheit der Frau! Daß viele rasch aufeinanderfolgende Schwangerschaften die körperliche Gesundheit ruinieren, war bereits im 16. Jahrhundert durch Beobachtung bekannt; Albrecht DÜRER z. B. bemerkte, daß seine Mutter halb blöd geworden sei. Eine Konsequenz durfte aber nicht gezogen werden, da jegliche Form der Geburtenregelung durch die christlichen Dogmen streng

untersagt war.[8] Die sechs Geburten in achtdreiviertel Jahren der zweiten Frau PLATTERS stellen etwa das biologische Maximum dar; diese rasche Geburtenfolge war auch im 16. Jahrhundert keineswegs die Regel, wenngleich die Geburtenhäufigkeit in den wohlhabenderen Familien größer war als bei den ärmeren.
Schließlich sei noch auf die Tatsache verwiesen, daß der 73jährige Thomas sich zwei Monate nach dem Tod seiner ersten Frau, mit der er fast 43 Jahre zusammen gelebt hatte, wieder verheiratete; das war zu seiner Zeit und auch zwei Jahrhunderte später noch nicht ungewöhnlich. Auch dieses deutet an, in welch' anderen Gefühlseinstellungen die Menschen damals gelebt haben dürften. Insbesondere die damalige Rolle des Kindes beleuchtet, daß er nicht wußte, ob seine zweite verstorbene Tochter vier oder sechs Jahre alt war, während er sich rühmte, genau zu wissen, wann sich die Geschehnisse seines Lebens ereignet haben.[9] Diese beiläufigen Mitteilungen in der Biographie PLATTERS verraten Gefühlseinstellungen, die sich erheblich von uns üblich erscheinenden unterscheiden.

## Über das Zusammenleben im Haushalt

Anläßlich der Familiengründung des PLATTER sind wir ausgeprägter Scham begegnet. Diese beherrschte zwar die Einstellung zur Sexualität, aber durchaus nicht das tägliche Zusammenleben – in Fragen körperlicher Belange galt eher das Gegenteil. Noch um 1500 scheint die Situation des Nacktseins voreinander viel verbreiteter gewesen zu sein als heute, wie etwa folgender Bericht andeutet:

> »Wieviel mal laufft der Vater bloß von Hauß mit einem einzigen Niederwad über die Gassen, samt seinem entblößten Weib und bloßen Kindern dem Bad zu ... wieviel mal siehe ich die Mägdlein von 10, 12, 14 und 18 Jaren gantz entblößt und allein mit einem kurtzen Leinen oft schleußig [verschlissen, d.V.], und zerrissenen Badmantel oder, wie mans hier zu Land nennt, mit einem Badehr allein vornen bedeckt, und hinden umb den Rücken! Dieser und füssen offen und die Hand mit Gebühr in den Hindern haltend, von ihrem Hauß über die langen Gassen bei mittag bis zum Bad lauffen. Wie viel lauft neben ihnen die gantz entblößten zehen, zwölfe, viertzehn und sechzehnjährigen Knaben her ...«[10]

Auch das Schlafen und der Schlafraum gehörten in der Frühen Neuzeit noch keineswegs zu dem intimen Lebensbereich. Es war

z. B. selbstverständlich, das Bett mit anderen – auch mit fremden – Menschen zu teilen, sei es im eigenen Hause oder auf einer Reise. In einem englischen Büchlein über gutes Benehmen von etwa 1473 hieß es:

»... falls das geschieht, daß du bei Nacht oder zu einer anderen Zeit mit einem Mann liegen sollst, der besser ist als du [das heißt von höherem Stand, d. V.], dann frage ihn welche Seite des Bettes ihm am besten gefiele und lege dich auf die andere Seite, denn das ist deine Reihe; aber geh' nicht zu Bett bevor dich der Bessere auffordert, denn das ist keine Höflichkeit – so sagt Dr. Paler.«[11]

Die Sitte, zusammen die Nacht zu verbringen, war in den ärmeren Schichten besonders verbreitet und nicht auf Reisen beschränkt. Gesellen und Dienstboten, die oftmals noch in jugendlichem Alter waren, wurden von ihren Herbergseltern – die auch elterliche Rechte über sie ausübten – häufig mit anderen Dienstkräften oder eigenen Kindern in eine Schlafstelle gesteckt – Betten waren knapp, wie folgende Schilderung aus der Biographie des Thomas PLATTER zeigt:

»Ich bin auch in einer Pestilenz gewesen, zu Zürich, da ich bei Domini Rudolphi Gualteri Mutter zu Herberg war, bei welcher, da sie nicht viel Betten hatte, ich mußte bei zwei jungen Maidli liegen, die steckte beide die Pestilenz an, starben bei mir, und geschah mir doch nichts.«[12]

Man beachte, daß Thomas die Schlafgewohnheiten nur beiläufig im Rahmen seiner Pestschilderung erwähnt, die für ihn das eigentlich Erwähnenswerte darstellt. Der Brauch, mit Fremden – auch des anderen Geschlechts – in einem Bett zu schlafen, war bis ins 17. und 18. Jahrhundert allgemein selbstverständlich, im 19. und frühen 20. Jahrhundert nur noch im Proletariat üblich. Die Texte aus den Zucht-, Manieren- und Anstandsbüchlein, die Norbert ELIAS zitiert, lassen erkennen, wie die Distanz zum ›Natürlichen‹, zu dem, was am Menschen schlicht biologisch ist, von Jahrhundert zu Jahrhundert größer wurde. Im 19. Jahrhundert durfte das, was der Humanist ERASMUS VON ROTTERDAM 1522 ohne Verletzung des damaligen Schamgefühls in seinen ›Colloquia‹ schreiben konnte, um Schulkindern moralisch einwandfreie Vorbilder darzustellen, nicht einmal mehr mit Namen genannt werden. Das im 16. Jahrhundert moralisch Einwandfreie war im 19. wegen seiner Darstellungsart, die leibliche Vorgänge erwähnte, zutiefst verpönt.[13] Die größere Unbefangenheit gegenüber der Körperlichkeit – im Gegensatz der Einstellung zur Geschlechtlichkeit – ließ z. B. LUTHER

und seine Zeitgenossen mit Selbstverständlichkeit die Wörter Arschloch oder Scheißdreck benutzen.
Da die Kinder auf kleinstem Raum in Familienhaushalten aufwuchsen und nahezu alles, was dort geschah, mit eigenen Augen miterleben konnten, wurden sie auch emotional völlig anders als heute auf die Realität vorbereitet. Sie lebten in einer sozialen und ökonomischen Haushaltseinheit mit Eltern und meist weiteren Erwachsenen. Das unbefangene Verhältnis zur Nacktheit, zur Bedürfnisverrichtung und zu biologischen Vorgängen wie Geburt und Tod (nicht nur infolge der allgemein hohen Sterblichkeit, der Pest und anderer Epidemien, sondern auch durch Hinrichtungen, denen die Kinder zum Teil zwangsweise zuschauen mußten) – in all' diese Umstände lebten sich die Kinder ungezwungen hinein. Im Laufe der späteren Jahrhunderte, besonders seit dem 18., wurden sie für die Kinder mehr und mehr verschleiert.
Der Erlebnishorizont deckte sich vor dem 18. Jahrhundert für die meisten Kinder also mit dem der Erwachsenen. Denn der jeweilige Familienhaushalt war ja zugleich die Arbeitswelt der Erwachsenen – die Familie war vorrangig eine Wirtschaftseinheit, eine Produktionsgröße, in der sehr viele der Heranwachsenden auch beruflich ausgebildet wurden – von Oberschichtkindern abgesehen, die aber zahlenmäßig eine unbedeutende Rolle spielen.[14]
Diese durchgängigen Einstellungen und äußeren Bedingungen dürfen nicht vergessen lassen, daß die Kinder in Familien sehr unterschiedlicher Konstellation aufwuchsen. Oft vertreten wird die auch durch populäre Literatur und konservative Ideologien verbreitete und genährte Vorstellung, es habe in der Frühen Neuzeit eine ›Großfamilie‹ aus Mitgliedern mehrerer Generationen gegeben; »Urahne, Großmutter, Mutter und Kind« hätten traulich unter einem Dach beisammen gesessen, und im Gegensatz dazu sei die heutige Klein- und Kernfamilie eine Erscheinung jüngeren Datums. Diese Annahme malt von der Vergangenheit zwar eine entzückende Idylle, aber nach den Untersuchungsergebnissen, die von französischen, englischen und neuerdings auch von deutschen Forschern erarbeitet wurden, entspricht sie – zum mindesten als allgemeingültige Aussage – keineswegs den historischen Realitäten.[15] Die Menschen, die in den ländlichen und städtischen Unterschichten verheiratet waren, bildeten ihre Haushalte als eigentlichen Typ der Kernfamilie von Vater, Mutter und Kindern, und zwar meistens in der Form der Kleinfamilien. (Die kinderreiche Familie scheint auch in der Breite der städtischen Bevölkerung keineswegs eine allgemeine Erscheinung gewesen zu sein.) Neben dieser weit

verbreiteten Familienkonstellation – wie sie auch von den PLATTERS der ersten Ehe repräsentiert wird – treffen wir durch Gesinde erweiterte Haushalte bessergestellter Familien an. Bei den wohlhabend gewordenen PLATTERS gehörte außer der eigentlichen ›Kernfamilie‹ von Vater, Mutter und Kindern eine Schar nicht Verwandter zum Haushalt: Schüler und Arbeitskräfte, die im Hause PLATTNERS und in seiner Landwirtschaft sowie für die zahlreichen Kinder seiner zweiten Ehe ihre Arbeit taten. Die PLATTERS stellten auch insofern eine typische ›Familie‹ der Frühen Neuzeit dar, als die große Zahl der Kinder erst geboren wurde, als die materiellen Möglichkeiten die Frau von Haushaltsarbeiten entlasteten.

Allgemein darf man sagen, daß je nach wirtschaftlichem und sozialem Stand die Familie durch eigene Kinder erweitert und durch Fremde ergänzt wurde: durch Knechte, Mägde, Dienstmädchen und anderes Gesinde, Gesellen oder Kaufmannsgehilfen und Arbeiter, gegebenenfalls auch Ammen, seit dem 17. Jahrhundert in reichen Haushalten Erzieher, Gouvernanten und Hauslehrer oder Hofmeister.[16]

Die Familie, bei der also biologisch nicht verwandte Personen zum Haushalt, zur Wohn- und Arbeitsgemeinschaft gehörten und damit auch der ›Hausgewalt‹ des Familienhauptes – sei es Vater oder verwitwete Mutter – unterstanden, war in den vorindustriellen Jahrhunderten in West- und Mitteleuropa vorherrschend.[17] Sie war auch typisch für verhältnismäßig unbemittelte Bauern oder Städter; denn schon Bauern mit etwas mehr Land oder Handwerker mit etwas mehr Aufträgen, als sie selber bearbeiten konnten, holten sich einen fremden Jungen zum Hüten der Ziegen – wie den Thomas PLATTER im ersten Kapitel – oder einen Laufburschen für den Handwerksbetrieb oder ein Mädchen zum Gänsehüten oder zum Nähen.[18] Ein beachtlicher Teil der fremden Dienstkräfte waren nach unserem Sprachgebrauch Kinder und Jugendliche, wie wir bereits in der Biographie des Thomas PLATTER gesehen haben, die in diesem Punkt durchaus repräsentativ ist.

Natürlich gab es neben der Familie mit dazugehörigen Dienstkräften auch solche, in denen tatsächlich mehrere Generationen zusammenlebten – etwa zwei bis sechs Prozent aller Familien in verschiedenen deutschen und englischen Gemeinden des 16. und 17. Jahrhunderts.[19] Selbstverständlich gab es auch eine große Gruppe von unvollständigen Familien, bei denen nach dem Tode eines Gatten keine Neuheirat des anderen stattfand. Das war besonders dann der Fall, wenn der Haushalt so klein war, daß die ländliche Hofstelle oder der städtische Handwerksbetrieb zur Weiterführung nicht auf eine vollwertige Arbeitskraft angewiesen war. Umgekehrt erforderte ein größerer ländlicher oder städtischer Haushalt, wie etwa der des älteren Thomas PLATTER mit seinen zahlreichen Tischgästen, eine volle ›Kernfamilie‹; deshalb war hier eine Wiederheirat aus ökonomischen Gründen notwendig. Denn hier waren zwei volle Arbeitskräfte unbedingt erforderlich, schon um das große Maß körperlicher Arbeit bewältigen zu können. Aus diesem Grunde ehelichte der 73jährige Thomas PLATTER zwei Monate nach dem Tode seiner ersten Frau sofort von neuem, und das war durchaus kein Sonderfall. Unter Ärmeren, bei denen der Umfang der Wirtschaftseinheit sehr viel geringer war, war eine Wiederheirat selten notwendig, um den Handwerksbetrieb oder die Hofstelle fortzuführen. Auf dem Lande gehörte im 17. Jahrhundert die überwiegende Zahl unvollständiger Familien zu den unterbäuerlichen Schichten, vor allem den Kleinstellenbesitzern.[20]

Schließlich gab es eine größere Anzahl von Männern und Frauen, denen aus ökonomischen Gründen eine eigene Familien- und Haushaltsgründung erschwert oder unmöglich war. Das wurde durch Gesetze und einschränkende Bestimmungen verstärkt, wie dem Nachweis einer Vollerwerbsstelle auf dem Lande, bevor die Heiratserlaubnis erteilt wurde, oder dem Heiratsverbot für viele Gesellengruppen, das besonders seit dem 17. Jahrhundert verschärft wurde.[21]

Besitzlosigkeit und Dürftigkeit, Wohnraumenge und Krankheit, dazu hohe Sterblichkeit in Hunger-, Pest- und anderen Seuchenzeiten (mit ihren meisten Opfern unter der armen Bevölkerung) waren charakteristische Merkmale des Lebens in den Unterschichten. Das bedeutete also auch weitverbreitete Ehe- und Familienlosigkeit und für die Kinder häufig Vater- oder Mutterlosigkeit. Die Zahl der unvollständigen Familien war hoch; ihr Anteil pendelte seit der Mitte des 17. Jahrhunderts zwischen einem Fünftel und einem Viertel und lag – in der Mitte des 18. Jahrhunderts in einzelnen Regionen – zeitweilig sogar bei mehr als der Hälfte der Gesamtzahl der Familien. In der Stadt Gießen erreichte sie um 1730 bei den Erstehen rund ein Drittel; in dem hessischen Dorf Heuchelheim ergab sich ein mittlerer Anteil unvollständiger Familien (für den Zeitraum von 250 Jahren berechnet) von rund zwei Fünfteln (von 1104 erfaßten Erstehen).[22]

## Kindersterben und wie dem nachgeholfen wurde

Angesichts der weitverbreiteten Armut in den Jahrhunderten der Frühen Neuzeit braucht es uns nicht zu überraschen, daß auch das Heiratsalter für Männer und Frauen in West- und Mitteleuropa deutlich später lag als heute üblich: Im Alter von 30 Jahren waren erst etwa die Hälfte der Frauen und ein Drittel der Männer eines Geburtsjahrgangs verheiratet.[23] So nimmt sich auch das Heiratsalter des Thomas PLATTER »bei 30« als keineswegs unüblich aus. Eher eine Ausnahme war hingegen die geringe Zahl von nur vier Geburten der Anni PLATTER, nicht aber die erwähnte Zahl der neun Kinder bei der Schwester des Thomas. Hätte es bei solchen Geburtenzahlen nicht doch mehr Kinder in den Haushalten geben und die Bevölkerung schneller anwachsen müssen? Aber eben, weil die ökonomische Lage der vorindustriellen Jahrhunderte – wie im 1. Kapitel skizziert – ständig angespannt war, so daß selbst die Sicherung der Nahrung für alle schwerfiel, wuchs die Bevölkerung nur sehr langsam. Die Kindersterblichkeit war so erschreckend groß, daß der Tod eines Kindes nur noch ausnahmsweise Bedauern und keine besondere Gefühlserschütterung hervorrief; er war in großen wie kleinen Häusern zu einer erwarteten Erscheinung des Lebens geworden. Die Männer der Kirche machten sich Sorgen darum, von den Eltern weiß man darüber kaum etwas.

Das Kindersterben wurde verstärkt durch eine uneingestandene, aber wirksame Tendenz, Kinder aus den verschiedensten Gründen nicht am Leben zu erhalten: aus wirtschaftlicher Bedrängnis und Existenznot oder drohender Vermögensminderung (z. B. bei Töchterreichtum und damit zu erwartenden Mitgiftzahlungen), auch weil Kinder abgelehnt und verstoßen wurden oder einfach aufgrund einer indifferenten Haltung gegenüber den Nachkommen, die im Hause als Arbeitskräfte wahrscheinlich nicht gebraucht werden würden. Aus kirchlichen Unterlagen geht hervor, daß es nicht unüblich war, Kinder langsam oder schnell eingehen zu lassen, indem man sie auf irgendeine Art verkümmern ließ, sie nicht ernährte oder aus Versehen im Bett erstickte – mit oder ohne Kissen. Bischöfe kämpften leidenschaftlich gegen den Erstickungstod und ließen von den Kanzeln die Einführung von Wiegen für Kinder bis zu drei Jahren empfehlen. Säuglinge wurden mit dem Kopf am Bettkasten oder auf andere Weise erschlagen, erdrosselt, ertränkt und vergraben – im Heu und im Graben, in Ofen und Kiste, in Misthaufen, Morast und Schlamm. Es war auch gebräuchlich, solchen, die nicht gestillt, sondern mit Hilfe eines Kuhhorns ernährt wurden, die Nahrung so hoch zu hängen, daß sie vom Kind kaum erreicht werden konnte.[24] Diese volksüblichen Praktiken waren wahrscheinlich noch weiter verbreitet als Kindesaussetzung und direkte Kindestötung.

Zwar haben Kirche und Staat viele Jahrhunderte hindurch die Bräuche der Vernichtung von Kinderleben verdammt und verurteilt, doch dem Kleinkindverderben konnte erst – von der Volksmeinung gestützt – Einhalt geboten werden, als sich die Lebensverhältnisse auch für die Unterschichten generell verbessert hatten. Bis in das 19. Jahrhundert war die Aussicht, am Leben zu bleiben, für ein Kind armer Eltern noch bedeutend geringer als für Kinder aus begüterten Häusern, obgleich auch dort der Kindertod ein häufiger Gast war. Er kam auch dort nicht immer ungerufen; nur hatte man in den besseren Häusern feinere Methoden, die Kinder nicht am Leben zu erhalten, wenn sie unerwünscht waren oder auch nicht lebensfähig schienen. In Tagebüchern gibt es recht eindeutige Aufzeichnungen darüber. Ein französischer Vater im 17. Jahrhundert notierte:

> »Um acht Uhr abends gebar meine Frau ein Mädchen, das nicht überlebensfähig schien. Als es die ersten Lebenszeichen von sich gab, taufte die Hebamme es in Gegenwart von Augenzeugen.... Am nächsten Tage wurde es in der Kirche getauft ... und am darauffolgenden Tag sechs Seemeilen entfernt ... [in Ammenpflege, d.V.] geschickt und starb am fünften Tag seines Lebens.«[25]

Möglicherweise hätte das Kind überlebt, wenn es nicht als zwei Tage altes Baby in fremde Hände gegeben worden wäre.

In über anderthalb Jahrtausenden war es in den christlichen Gesellschaften Europas nicht gelungen, die – freilich verschleierte – Kindestötung zu beseitigen. Wenn auch die wesentlichen Motive bei der großen Masse der Bevölkerung aus Armut, Not und Unwissenheit geboren wurden; wenn auch bei den Oberschichten gesellschaftliche Lebens- und Repräsentationsansprüche dabei eine nicht unbedeutende Rolle gespielt haben mögen: So kann doch nicht übersehen werden, wie weitgehend die Kirchenlehre mit dem absoluten Verbot der Empfängnisverhütung für den Tod unsagbar vieler ungewünschter Kinder verantwortlich war. Um einer (noch heute) umstrittenen Lehre willen wurden Millionen Kinder geopfert und Erwachsene zu Verbrechen getrieben. Die Kirche unterstützte indirekt diese doppelte Belastung: Zunächst stempelte die Kirche den Abort zum Kindesmord, und dann prangerte sie jede Art von Empfängnisverhütung (auch den ›Coitus interruptus‹ und ähnliche Techniken) als Abort an.[26]

Die weisen Kirchenmänner kannten zwar die Armut des Volkes, und sie debattierten im 16. Jahrhundert bereits über die Frage, ob es wohl auch dann eine Todsünde sei, den ehelichen Geschlechtsverkehr abzulehnen, wenn die Eheleute zu arm seien, um noch mehr Kinder, ›Geschöpfe Gottes‹, ernähren zu können; sie entschieden sogar, daß in diesem Falle bei einem Abort die schwere Kirchenbuße gemildert werden dürfe. Andererseits jedoch blieben Kinderlosigkeit, bzw. Ablehnung der Zeugung, als eine der ›schlimmsten Sünden des Luxus‹ am Pranger. Jedes Mittel gegen die Zeugung – sei es das Tanzen oder enge Kleidung, Stoßen, Schlagen oder ein Arzneigetränk – sollte untersucht werden.[27]

So mußten die vielen Kinder geboren werden. Papst INNOZENZ III. ließ zwar ein Hospital zur Aufnahme verlassener und ausgesetzter Kinder gegen Ende des 12. Jahrhunderts in Rom eröffnen (im 8. Jahrhundert war das erste Findelhaus in Mailand eingerichtet worden), aber er wußte genau, daß weiter viele Kinder in den Tiber geworfen wurden; noch 1527 gab ein Priester zu, daß »die Latrinen von den Schreien der Kinder widerhallten, die man hineinwarf«.[28]

Nach Berichten aus der Geschichte der Jugendfürsorge, Armenpflege und Berufsvormundschaft müssen es damals in der Überzahl illegitime Kinder gewesen sein, die in so großer Zahl sogar am Sitz des obersten Kirchenhauptes getötet wurden.

Der hohe Wert, der der Zeugung und Empfängnis von allen Kanzeln Europas und in jedem Beichtstuhl immer wieder zugesprochen wurde, schützte das Kind keineswegs vor einem elenden Dasein. Unzählige Eltern konnten nicht einmal die Mittel für die Pflege eines kleinen Kindes aufbringen, deren es bedurfte, nur um zu überleben.

Wie scharf Zeitgenossen die Ohnmacht, dem Elend abzuhelfen, wahrnahmen, zeigt Jonathan SWIFT. Angesichts der extremen Armutslage der ländlichen Bevölkerung in Irland entwarf er 1729 in einem Essay einen bitteren, herausfordernden Gedanken zur Lösung der Sozialfrage und zur Erlösung der Kinder aus ihrem kläglichen Dasein.

Sein »Bescheidener Vorschlag, wie man verhüten kann, daß die Kinder armer Leute in Irland ihren Eltern oder dem Lande zur Last fallen, und wie sie der Allgemeinheit nutzbar gemacht werden können«, empfahl, jährlich etwa 20000 gesunde Säuglinge zu mästen und die einjährig werdenden Kinder den Gutsbesitzern als Mahl vorzusetzen:

> »Da sie bereits die meisten Eltern verschlungen haben, steht ihnen gewiß auch das erste Anrecht auf die Kinder zu.«[29]

## Mädchen starben öfter

Bei dem Umgang mit Neugeborenen in der Frühen Neuzeit kam Mädchen eine besonders bedrückende Rolle zu: Sie wurden noch viel häufiger abgelehnt als neugeborene Jungen, so daß der Ratschlag geläufig gewesen zu sein scheint: »Ist es ein Mädchen, so setze es aus.«[30]

Das Aussetzen von Mädchen war eine vielgeübte Praxis in der Antike; aber noch im 16. Jahrhundert waren sich viele Theologen nicht darüber einig, ob die Frau ein Mensch sei, so daß die Mädchenaussetzung auch nicht mit der sonst üblichen Vehemenz bekämpft wurde. Noch 1595 erschien im gut protestantischen Zerbst eine »Neue Dissertation, in der bewiesen wird, daß Frauen keine Menschen sind«.[31]

Nicht nur untergründig haftete dem weiblichen Geschlecht schon im kleinen Mädchen die frühe Verdammung und Herabsetzung durch die Kirchenväter an. Sie war als gesellschaftliche Norm fest in der Minderbewertung des Weiblichen verankert. Die Frau war Quelle allen Übels in der Welt: »Die schiere Präsens einer Frau konnte das Böse anziehen, so daß es während der Pest nicht ratsam war, mit einer Frau zu schlafen oder sich auch bloß ihrem Bett zu nähern.«[32]

Auch in der Hexenverfolgung, die bis auf kleinere Kinder ausgedehnt wurde, bediente man sich der verfemenden Argumente: »Alle Hexerei kommt aus fleischlicher Lust, die in Frauen unersättlich ist.«[33]

Wie weit die Bevorzugung der Jungen ging, kann man auch daran ermessen, daß viele Frauen auf dem Lande ihre eigenen Kinder, und zwar vornehmlich die neugeborenen Töchter, verstießen, um kleine Söhne reicher Eltern in Pflege nehmen zu können (die materielle Absicht dabei war auf den Verdienst des Ammengeldes gerichtet). Die Milch der Mütter von Mädchen galt als besonders gut für die Ernährung kleiner Jungen.[34] Familienforscher geben diesen Glauben als einen der Gründe dafür an, daß es im Zeitraum zwischen 1450 und 1750 in ganz Europa einen universalen männlichen Geburtenüberschuß gab, obgleich die Geburtenrate nur unbeträchtlich höher lag als die der Mädchen.[35] Doch die Überlebenschancen der Mädchen lagen erheblich unter denen der Jungen. Allein im Zahlenverhältnis der Aussetzungen und Kindestötungen machte der Anteil der Mädchen 156%–179% aus.

Die Geringschätzung weiblicher Kinder hielt sich bis weit in die Neuzeit. Nicht nur bei den Oberschichten war es verbreitet, Knaben bevorzugt aufzuziehen und überwiegend Mädchen zu verstoßen. Einer Untersuchung über Mittelschichten-Kinder im 19. Jahrhundert in Europa zufolge war es keine Besonderheit, daß französische Bauern sagten: »Ich habe keine Kinder, Monsieur, ich habe nur Mädchen.«[36] In dieser Form wird Ähnliches heute vielleicht nicht mehr zu hören sein.

Wenn wir also von der grausam hohen Sterblichkeit der Säuglinge und Kleinkinder noch im 18. Jahrhundert hören, dann müssen wir dabei den höheren Anteil der Mädchen mitdenken. Vergegenwärtigen wir uns noch einmal Zahlen. Kleinkinder bis zu drei Jahren stellten in den 50 Jahren von 1762–1812 in den beiden Kirchengemeinden der Stadt Fulda zusammen 31,4% aller Gestorbenen. Dazu kamen nochmals 10,2% Gestorbene der Heranwachsenden über drei Jahren bis zum Heiratsalter. Aus der jungen Generation kam also ein Anteil von 41,6% aller Todesfälle. Weit über die Hälfte davon starben im ersten Lebensjahr.[37]

Hinzu kam, daß die Mädchen aufgrund der Ansprüche, die traditionell an ihr Aussehen gestellt wurden, unter verunstaltenden Krankheiten besonders litten. Eine im 18. Jahrhundert noch verheerende Seuche waren die Pocken. Die Impfung war zwar schon bekannt, doch die deutschen Ärzte zauderten, schreibt GOETHE, weil die Operation »der Natur vorzugreifen schien«. So war die Mehrzahl der Kinder dem Unheil ausgesetzt:

> »... die Krankheit wütete durch die Familien, tötete und entstellte viele Kinder, ... Das Übel ... überfiel mich mit ganz besonderer Heftigkeit. Der ganze Körper war mit Blattern übersäet, das Gesicht zugedeckt, und ich lag mehrere Tage blind und in großen Leiden. ... Endlich ... fiel es mir wie eine Maske vom Gesicht ... Unter mehreren nachgeborenen Geschwistern, die gleichfalls nicht lange am Leben blieben, erinnere ich mich nur eines sehr schönen und angenehmen Mädchens, das aber auch bald verschwand, ...«[38]

## Hilfen zum Überleben

Im Laufe des 18. Jahrhunderts setzten sich in den einzelnen Gebieten Europas zwei unterschiedliche Tendenzen der Bevölkerungsentwicklung durch: Einmal wuchs die Bevölkerungszahl sehr viel schneller und stetiger als je zuvor, zum anderen sank die Zahl der Geburten pro Familie, zunächst in den Oberschichten, bald aber auch in der übrigen Bevölkerung. Wie Beispiele von Oberschichtfamilien, die über längere Zeiträume nachzuweisen sind, zeigen, ging die Zahl der Kinder in der Zeit vom 16. bis zum 19. Jahrhundert um mehr als 60% zurück. In der Generationenfolge betrug die Zahl der lebend geborenen Kinder je Ehe:

> zehn im 16. Jahrhundert, sechs im 17. Jahrhundert, fünf im 18. Jahrhundert, vier (3,7) im 19. Jahrhundert.

Neuere Untersuchungen der Familienforschung haben diesen Entwicklungszug bestätigt.[39]

Die Zahlen machen es wohl einleuchtend, daß eine Verkleinerung der Kinderzahl, die es erlaubte, dem einzelnen Kind mehr Aufmerksamkeit zuzuwenden, die Bevölkerung auch dann anwachsen ließ, wenn weniger Kinder geboren wurden. Auf diesen Hintergrund ist auch die allgemeine Annahme zu beziehen, die besagt, daß im 18. Jahrhundert so etwas wie eine medizinisch-hygienische Revolution eingesetzt, die gegenüber der Ammenerziehung zu einer sorgfältigeren und persönlich fürsorglicheren Pflege und Ernährung der Babys und kleinen Kinder durch die Mutter geführt habe (dazu hatten Ärzte und Pädagogen schon in den Jahrhunderten zuvor aufgerufen).

Der Familienforscher Jean-Louis FLANDRIN zeigt in seiner Analyse des Kindesmordes,

> »inwiefern der Rückgang der Kindersterblichkeit, der sich für das 18. Jahrhundert feststellen läßt, sich nicht aus medizinischen und hygienischen Ursachen erklären läßt; man hat nur einfach aufgehört, die Kinder, die man nicht behalten wollte, sterben zu lassen oder ihnen zum Sterben zu verhelfen«.[40]

Trotz dieser Verbesserungen gab es auch im Zeitalter der Industrialisierung noch das ganze 19. Jahrhundert hindurch große Kindergruppen, deren Existenz gefährdet war, weil sie unterhalb der allgemeinen Armutsebene lebten: Neben der weiterhin großen Zahl der Ausgesetzten, der ›Findelkinder‹, gab es die Verlassenen oder Verwahrlosten, die von ihrem Familien- oder Sorgeverband, von Eltern oder alleinstehenden Müttern nicht mehr erhalten werden konnten, und die durch Kriegswirren anhangs- oder bindungslos gewordenen Kinder und Jugendlichen.

Am allerelendesten war wohl das Los der unehelich gebärenden jungen Mädchen – alleinstehender Frauen – und ihrer Kinder; gesellschaftlich geächtet, blieben sie ohne Hilfe und Beistand; aus Not und Verlassenheit, aus Angst vor der Schande, wurden sie häufig zur Kindestötung getrieben. Johann Heinrich PESTALOZZI hat sich zum öffentlichen Ankläger ihres Elends gemacht:

> »Verhülle Dein Antlitz, Jahrhundert!

> Beug Dich nieder, Europa!
> Vor Deinen Richterstühlen erschallt die Antwort:
> Zu Tausenden werden meine Kinder von der Hand der Gebärenden erschlagen.«

In seiner Schrift »Gesetzgebung und Kindermord« (1783) beschwor PESTALOZZI die Fürsten, Beamten und Minister,

> »die Pflicht des Staates gegen Waisen und uneheliche Kinder ... [zu erfüllen und] warme, reale Teilnahme an dem Personale dieser Unglücklichen ... [zu zeigen in der] allseitigen Aufmerksamkeit auf ihren Individualzustand und besonders auf ihre kleinen, aber sie stark ansprechenden Bedürfnisse ... Männer, die ihr dazu berufen seid! ... sucht dazu Weiber aus den Dörfern aus, denen ihr arme Kinder mit Lachen und Freuden nachlaufen und an ihren Arm springen seht. ...«

PESTALOZZIS Vorschlag geht dahin,

> »den verlassenen Mädchen ihre Kinder als Waisen des Staates abzunehmen ... den Schwangeren die Kinder abzunehmen, auch dieselben vor äußerer Schande zu bewahren«.[41]

Jeremias GOTTHELF, der als Pfarrer, Volksschriftsteller und -erzieher unter den Bauern lebte, teilte das Vertrauen PESTALOZZIS auf das väterliche und mütterliche Gefühl der einfachen Leute auf dem Lande nicht vorbehaltlos. In seinem »Bauernspiegel« (1837) beschreibt er das Schicksal der Gemeindekinder, d. h. der von der Heimatgemeinde zu versorgenden Waisen und Armen, die alljährlich zum Tag der »Bettlergemeinde« in ihre Heimatorte zogen, damit sie dort gegen einige Kronen jedes Jahr neu als Güterbuben oder Kindermädchen bzw. als Knechte und Mägde verdingt, verlost oder versteigert werden konnten:

> »Es war ein schöner Maienmorgen, als wir [die Mutter und der kleine Jeremias, d.V.] uns aufmachten nach unserem Heimatort ... viele, viele Kinder mit schweren Herzen und trüben Gesichtern [zogen, d.V.] der Bettlergemeinde zu. ... Dort waren bereits viele Leute versammelt, Leute, welche Kinder brachten, Leute, die Kinder an Kost nehmen, Eltern, welche ihre Kinder der Gemeinde auf den Hals werfen wollten. ... Es war fast wie an einem Markttag ... Man ging herum, betrachtete die Kinder von oben bis unten, betrachtete ihre Bündelchen, betastete die Kleidchen Stück für Stück, fragte nach, pries an ... Die Steigerung ging langsam vor sich ... Der Mittag kam, die Sonne brannte heiß, die Kinder wurden hungrig, die Kleinen besonders durstig ... so daß nach und nach vor Weinen und Schreien man kaum sein eigenes Wort verstand, bis endlich ein guter Mann sich erbarmte und mit

einigen Batzen den Jammer stillte. ...

›... er isch e halbe Knecht oder es ganzes Kingemetschi [Kindermädchen, d.V.]‹, so wurde ich ausgerufen. ... Man beschaute mich von neuem, redete hin und her, einer nach dem andern trat an mich heran; mir wurde bange, ich fing an zu weinen, hängte mich an die Mutter und wollte fort. Endlich beredete man einen ... Er nahm mich zu 10 Kronen jährlich ... So wurde ich ein Güterbub und war acht Jahre alt ... um ein Mensch zu werden, der niemanden mehr auf der ganzen Welt angehört.«[42]

In Deutschland wurden sehr viel später als in Frankreich oder England Häuser für ausgesetzte oder verlassene Kinder errichtet. Einige Zahlen zeigen, in welch zunehmendem Maße man sich im 18. Jahrhundert die Mühe machte, ungewollte Kleinkinder nicht einfach umkommen zu lassen, sondern sie immerhin zum nächsten Findelhaus zu bringen. So waren z. B. in Paris im Jahr 1640 erst 315 Findelkinder aufgenommen worden; 1772 – als sich die Bevölkerung der Stadt höchstens verdoppelt hatte – wurden 7676 Findelkinder, also rund 25mal mehr, gezählt. Doch erreichten nur rund 10% der Findlinge das Erwachsenenalter.[43] In Moskau waren von 36 000 im Jahre 1766 aufgenommenen Findelkindern 20 Jahre später noch 17% am Leben.[44] Im Jahre 1833 wurden in Frankreich 164 000 Findelkinder aufgenommen; von ihnen starben 78% bis zum Alter von 11 Jahren, 52% schon im ersten Lebensjahr.

Ähnliche Verhältnisse herrschten in Deutschland: Der Brauch, Kleinkinder an Ammen und fremde Familien als Zieh- oder Kostkinder wegzugeben, war weit verbreitet und trug zur hohen Säuglingssterblichkeit bei. Das regte eine Fülle von Zeitungsartikeln an, in denen die ›Engelmacher‹, also Pflegeeltern, die fremde Kinder gegen Entgelt aufnahmen und sie sehr oft bald sterben ließen, heftig kritisiert wurden.[45] Um die ›Engelmacherei‹ zu bekämpfen, wurde in Preußen im Jahre 1840 eine polizeiliche Erlaubniserteilung für die Aufnahme von Kindern gegen Entgelt eingeführt. Die Schutzaltersgrenze war zunächst auf 4 Jahre festgesetzt worden (im heutigen Pflegekinderschutz 16 bzw. 18 Jahre). Die Zieh- oder Haltestellen wurden durch Polizeiorgane beaufsichtigt (heute stehen Pflegestellen unter der Aufsicht des Jugendamtes). Die kriminalpolitischen Maßnahmen der Beaufsichtigung wurden jedoch bald durch ehrenamtliche Tätigkeit freiwilliger Helferinnen aus Frauenvereinigungen und Organen freiwilliger Liebestätigkeit ergänzt bzw. ersetzt.

In Leipzig wurde 1825 eine Ziehkinderanstalt eingerichtet. Die Ziehmütter wurden in Pflege, Ernährung und Hygiene der Kinder beraten; sie erhielten – in Verbindung mit der städtischen Armenpflege – auch bescheidene materielle Unterstützungen, beispielsweise Kohlenzuteilungen, und bei guter Kinderpflege eine Anerkennung durch Geldprämien; für die Kinder gab es kostenlose ärztliche Behandlung und Medizin. Für einen besonderen vormundschaftlichen Schutz der Kinder setzte sich der seit 1883 in der Ziehkinderanstalt tätige Dr. TAUBE ein; er wurde zum Initiator einer General- oder Kollektivvormundschaft für alle Ziehkinder in Leipzig (einem Modell der späteren Amtsvormundschaft). Die erste landesgesetzliche Verankerung fand der Pflegekinderschutz im Jahre 1878 in Hessen.[46]

Die allgemeine Verbesserung der Situation der Pflegekinder, die von der Aufklärung – genauer: der Erziehung zur Pflege – und einer materiellen Besserstellung der Pflegeelternschaft abhängig war, schritt nur langsam voran. Noch im Jahre 1902 betrug die Sterblichkeit der Pflegekinder in Berlin 59,7% im ersten Lebensjahr: »in Charlottenburg starben im Jahre 1903 von 100 im ersten Lebensmonat stehenden Pflegekindern 41,9«.[47]

Die Situation des Pflegekindes korrespondiert mit der Lage des Kindes und der Familie in der Gesellschaft. Solange die staatlichen materiellen Hilfen nicht ausgebaut waren, konnte sie nicht besser sein als die der Kinder in solchen Familien, die fremde Kinder aufnahmen; es waren aber in der Regel ärmere Familien, die sich überhaupt bereitfanden, noch ein weiteres Kind mit den eigenen zusammen aufzuziehen. Erst in dem Maße, wie sich die allgemeinen Verhältnisse besserten, konnte sich das auch auf das fremde Kind in der Familie auswirken.

Seit dem ausgehenden 18. Jahrhundert war es eine Streitfrage, ob ein Kind ohne eigene Eltern besser in einem Heim oder in einer Familie aufwachse. Heute fragen wir, in welchem Heim, welcher Familie oder Gruppe. Wir müssen danach fragen, weil auch unsere Gesellschaft weiterhin vor dem Problem steht, verlassene, abgegebene oder abgeschobene Kinder, Sozialwaisen aus geschiedenen oder gestörten Ehen, Erwerbswaisen oder Schlüsselkinder, d. h. tagsüber unzureichend betreute Kinder erwerbstätiger Eltern oder alleinstehender Mütter, zu versorgen. Denn es gilt, Kindern in ihren Bedürfnissen und besonders in ihren Schwierigkeiten, Störungen und Benachteiligungen gerecht zu werden.

Hierher gehört auch das Problem der ungewollten Kinder, die zur Welt kommen müssen, auch wenn sie abgelehnt werden.

Geschichtliche Erfahrungen wie Zeitsituationen zeigen, daß weder konfessionelle noch freie, weder staatliche noch gemeindliche Hilfe ausreichen, um die existentiellen Nöte der Vielzahl zwangsgeborener oder anderer ungeliebter Kinder abzuwenden. Verurteilung zu einem Leben in Lieblosigkeit nur wegen eines Dogmas oder Gesetzes verhindert Lebenswärme und gibt keine Kraft, keine Stillung des Verlangens, wenn die Unerwünschten nach der Person hungern, die jedes Kind braucht, damit es ein Mensch werden kann, der sich geliebt fühlt.

Es gibt nicht genügend Frauen und Männer, die bereit sind, einem Kind persönlich beizustehen, es bei sich aufzunehmen, wenn sie es nicht »besitzen« können; viele Kinder können aber aus rechtlichen, gesundheitlichen oder sonstigen Hinderungsgründen nicht adoptiert, nicht zu »eigen« werden. Heimerziehung ist ihr Los, oft von Geburt an.

So müssen immer wieder kleine Kinder – in Heimen und auch in Familien – leiden, weil die Gesellschaft Frauen zwingt, diese Unglücklichen zu gebären – als hätten wir nicht schon ein Übermaß an Kinderelend in der Welt!

Bis jetzt haben wir es noch nicht einmal geschafft, auch nur den Kindern in unserer Gesellschaft, die noch ein Stück Zuhause haben, aber aus anderen Gründen schwer benachteiligt sind, so zu helfen, daß sie sich in ihrer gefährdeten Situation stabilisieren können. Rundum in Städten und Gemeinden finden wir Randgruppenbedrohte.

Bürokratische Barrieren kommen zu Tabus und Traditionen. Weil bestimmte Nöte nicht nahtlos zu vorgeschriebenen Förderzwecken oder Hilfekategorien passen, wird eine Not und eine situationsgerechte Unterstützung häufig nicht anerkannt.

Aller Einsicht in die Bedürfnisse und Wachstumsbedingungen der Kinder zum Trotz, entgegen allen Fortschritten durch Bildungs-, Erziehungs- und Sozialreformen, hinken wir in der Praxis noch immer hinter unserer Zeit her. Jede Gesellschaft und jede Zeit hat offenbar nicht nur die ihr eigentümliche Art, nach Maßgabe der in ihr vorherrschenden Kräfte ihre sozialen Fragen zu lösen, sondern entwickelt auch ihr entsprechende spezifische Hemmungen, die sie daran hindern, das Beste zu tun, was sie mit ihren materiellen Mitteln tun könnte. Kinder müssen als Kläger ernstgenommen werden.

# 3. Arbeit und Bettel

Wir haben selbst erfahren
der Arbeit Frongewalt
in düstren Kinderjahren
und wurden früh schon alt.

Noch am Ende des 18. Jahrhunderts – also vor der Industriewirtschaft – war die Muskelkraft von Menschen und Tieren zusammen die wichtigste Energiequelle. Das galt für Deutschland und Frankreich so gut wie für Amerika, China, Indien oder Rußland. Aus Berechnungen von Ferdinand BRAUDEL, einem der bedeutendsten französischen Historiker der Gegenwart, kann man schließen,[1] daß in Europa die Arbeitskraft von gut 180 Millionen Menschen etwa halb so viel Energie produzierte wie die von knapp 40 Millionen Arbeitstieren, vornehmlich Ochsen und Pferden. Alle übrigen Energiequellen – Holz, Wasserräder, Windmühlen, Segel, Flußboote, Holzkohle und die besonders in England schon benutzte Steinkohle – erbrachten zusammen nur wenig mehr Energie als die der Muskeln von Mensch und Tier. Machen wir uns nun klar, wie gering diese Kraft der lebenden Arbeitsmaschinen war: grob geschätzt etwa 15 Millionen PS (das entspricht der Leistung von rund 300000 Kleinwagen). Das macht verständlich, wie sehr der Mangel an Kraftquellen es auf jede zugreifende Hand, jeden gebeugten Nacken, jeden gekrümmten Rücken ankommen ließ. Das Energieproblem der vor-industriellen Zeit bildete also ein Kernproblem des Wirtschaftens.

Auf diesem ökonomischen Hintergrund muß die permanente Kinderarbeit bei Tagelöhnern, Pächtern und Bauern, bei Handwerkern, Händlern und Handlangern gesehen werden. Nur die wirklich Reichen der Kaufleute, Patrizier, Geistlichen und Adligen brauchten ihre Kinder nicht arbeiten zu lassen.

Neben den vielen Kindern, die – im heutigen Verständnis – arbeiten mußten, treffen wir in damaliger Zeit Kinder in großer Zahl mit einer anderen ›Beschäftigung‹ an, die sie mit vielen Erwachsenen gemein hatten. Angesichts des steten Energiebedarfs und in Anbetracht der allgemeinen Massenarmut, auf die im ersten Kapitel die Aufmerksamkeit gelenkt wurde, mag es erstaunen, daß es am

Grunde der Gesellschaft eine breite Schicht von Menschen gab, die nicht arbeiteten – eine zahlenmäßig etwa drei- bis viermal größere Klasse als die an der Spitze der damaligen Gesellschaft, die auf Grund ihres Reichtums und ihrer Privilegien nicht zu arbeiten brauchte.[2] Aber auf dem Lande waren Grund und Boden verteilt. Im allgemeinen erhielt ein Kind die Hofstelle, die anderen mußten in die Fremde abwandern – wie wir schon am Beispiel PLATTERS sahen. In den Städten gab es auch nur begrenzt Arbeitsmöglichkeiten. Im Laufe des 16., 17. und 18. Jahrhunderts wachten die Zünfte immer strenger über Verteilung und Beschränkung der Arbeitsplätze. In Städten und auf dem Lande war das damalige Wirtschaftssystem nicht imstande, allen Arbeitssuchenden Lohn und Brot zu bieten. So blieb in der vorindustriellen Gesellschaft vielen nichts anderes übrig, als betteln zu gehen.

## Zum Betteln verurteilt

Armut war nach christlich-ständischer Auffassung des Mittelalters ein gottgegebenes Schicksal, das den Platz in der Gesellschaft bestimmte. Die Verpflichtung, Armen und Elenden, Hilflosen und Alleinstehenden zu helfen, war – auf christlicher, stadtbürgerlicher und landeshoheitlicher Grundlage – ein Grundprinzip der mittelalterlichen Gesellschaft und fand Ausdruck in verschiedensten Hospitalgründungen und weiteren Armenhilfeeinrichtungen. So wurde 1512 in einer Beschreibung Nürnbergs gerühmt:

> »Zwei Spitäler sind vorhanden, von denen das eine so reich an vielen Geistlichen, Chorknaben, Schülern und Armen ist, daß es in Deutschland kein vortrefflicheres gibt, nicht einmal ein gleiches. Da sind auch zwei Häuser für zwölf Brüder, für Männer, meine ich, die durch Alter und Armut erschöpft sind, ... Almosen fließen reichlich ... am Tag Allerseelen ist der Zulauf der Bettler so groß, daß bisweilen außerhalb der Mauern über 4000 lagern sollen und in der Stadt alle Friedhöfe voll sind; es spenden nämlich dann sehr viele Bürger ...«[3]

Die freie Reichsstadt Nürnberg zählte damals mindestens 20000 Einwohner; die Zahl der Bettler erreichte zeitweilig also bereits ein Fünftel der Einwohnerschaft. Dabei berichtet der Chronist noch über verhältnismäßig günstige Jahre, nicht von den Hungerkrisen des späteren 16. Jahrhunderts.

Das Nürnberger Beispiel macht deutlich, daß Almosen weder den Ursachen noch den Auswirkungen der zunehmenden Massenarmut abhelfen konnten. Gleichwohl wurde noch lange die Forderung nach Mildtätigkeit, d. h. nach ehrlich religiöser Barmherzigkeit, erhoben:

»Tausende geben Bettlern Geld, um unbeschwert weitergehen zu können«, schrieb der Londoner Arzt und sozialphilosophische Schriftsteller Bernhard DE MANDEVILLE in seinem Essay über die Barmherzigkeit. Er spottete über die Moralheuchelei, die zwiespältigen Gefühle von Leuten, die beim Anblick des Elends zwar von Mitleid bewegt werden, aber nicht zu geben bereit seien:

> »... sie wenden ihre Augen ab und ... einige würden gern ihre Ohren verstopfen, wenn sie sich nicht schämten.«

Aber der Bettler setze ihrem Frieden zu, und so verschrieen sie den Anblick des Elends als eine Schande. Ihr Mitleid entspringe nicht wirklicher Barmherzigkeit, sondern einer Art von Eigenliebe.[4]

Das, was der Arzt als Mangel und Verlust beurteilte, entsprach einer neuen Einstellung, die man seit dem 16. Jahrhundert immer öfter antreffen konnte, als die Zahl der Bettler und Vagabunden – in der Frühen Neuzeit weitgehend gleichgesetzt – bedrohlich zunahm. Bereits gegen Ende des 15. Jahrhunderts wurde eine gegenüber der mittelalterlichen Einstellung ›moderne‹ Sicht der Armut vertreten: »Der verdorbene, das heißt der arme Mann kehrt sich zum Bösen.«[5] Armut und moralische Verfehlung wurden miteinander verkettet.

Eine solche Anschauung brachte es auch mit sich, daß Bürger und besitzende Bauern dieses Gefühl für berechtigt hielten, wenn sie angebettelt wurden und dies als Belästigung empfanden.[6] In protestantischen Gebieten war der Wandel noch mehr als in katholischen zu bemerken. Die Abwehrhaltungen lassen sich bis in alte Kinderverse verfolgen:

> »Horch! horch! Die Hunde bellen.
> Die Bettler sind heran
> und kommen näher zur Stadt.«

Etwas freundlicher als in diesem Vers, der das Forthetzen der Bettler durch die Hunde anklingen läßt, heißt es in einem englischen Kinderreim vom Empfang der Bettler durch die Dörfler:

> »Der erste gibt ein weißes Brot,
> der zweite gibt ein braunes,
> der dritte, der gibt Hiebe
> und jagt sie weg wie Diebe.«[7]

Unter den Verjagten befanden sich immer auch Kinder, solche wie Thomas PLATTER und solche, die mit ihren verarmten Eltern – und wir haben im ersten Kapitel gesehen, wie schnell bei Mißernten,

Teuerungen, Seuchen das geschehen konnte! – der Not ihres Heimatortes entrinnen wollten, andere, die die winzige Hofstelle, die kaum einen ernährte, verlassen mußten, viele, die keinen Dienst gefunden hatten ... – eine lange Reihe von hungrigen Kindergesichtern mit hohlen Augen und eingefallenen Wangen, ein endloser Zug die Jahrhunderte hindurch.
Wenn wir uns jener Kinder erinnern, deren Leben fast wie im Gefängnis unter der Arbeitsfron in fremden und elterlichen Katen verging, muß wohl der Eindruck entstehen, als habe für sie kaum einmal die Sonne geschienen; selbst der Mond, der tröstliche Geselle der Nacht, dürfte nicht als leuchtendes Gestirn über ihrem Weg gestanden haben – wenn sie überhaupt einen Weg vor sich und einen Himmel darüber sehen konnten. Blickt man hingegen auf die ungezählten wandernden Kinder, die schutzlos der Sonne und dem Wind und allen Unbilden des Wetters ausgesetzt waren, so erscheinen jene Kinder, die in häusliche oder fremde Arbeitsfron gebunden waren, fast als beneidenswert. Denn viele der stetig umherziehenden Kinder kannten nicht einmal die Erinnerung an ein Zuhause in einer armseligen Hütte.
Die Regierungen der Städte und der deutschen Länder sahen sich bereits im 16. Jahrhundert veranlaßt, mit immer neuen Verboten und Strafandrohungen gegen die Bettler, die sie nur zu gern mit Verbrechern gleichsetzten, vorzugehen. Überlegungen, die die Mißstände in der Wirtschafts- und Gesellschaftsverfassung aufsuchten, bestimmten nicht die bürokratischen Regulative. Vor allem die wichtigste Tatsache blieb lange unbeachtet: Produktionsweisen, Warenmengen, Kaufkraft und allgemeingesellschaftliche Versorgungsmöglichkeiten entwickelten sich nicht im Gleichschritt mit der anwachsenden Bevölkerungszahl.[8] Haus-, Hof- und Einkommenslosigkeit waren keineswegs immer selbst verschuldet. Der Mangel an Arbeitsmöglichkeiten erklärt auch, daß sich unter den Bettelnden und Vagabundierenden neben tatsächlich Arbeitsunfähigen viele arbeitsfähige verarmte Handwerker und Schankwirte, wandernde Studenten, verstoßene Prediger, ehemalige Schulmeister, Gesellen, die nicht Meister geworden waren, und andere Arbeitsfähige mehr wie Abgebrannte, Schiffbrüchige, verabschiedete Soldaten und Matrosen befanden.[9]
In der Mark Brandenburg wurden beispielsweise in 20 Jahren sechs Gesetze erlassen:

> »Edikt wider die fremden Bettler und Landstreicher (1565), ... wider die Landbeschädiger, Räuber und unbekannte verdächtige

Personen (1567), ... wider die Straßenräuber, Mordbrenner, verdächtige Müßiggänger und herrenlose Knechte (1572), ... wider die Landstreicher und Bettler (1573), renoviertes Mandat wider das Garden und Betteln der Landsknechte, Pracher, Bettler und loser Buben (1574), Edikt wider die Landsknechte, Teichgräber, in Backöfen sich aufhaltende Bettler und Müßiggänger (1584).«[10]

Verbotsedikte und Armenpflegeordnungen nahmen den Charakter strenger, ja grausamer Regulierungen an, als sollten Hunderttausende von Menschen, die in der Gesellschaft nicht ernährt werden konnten, abgedrängt werden, als könne sich die Existenz der umherziehenden Bevölkerungsschichten durch Bestrafungen und Drohungen ändern. Oder sollten sie nur aus dem Blickfeld verschwinden – eine lästige Gruppe, eine Minderheitengruppe, deren Menschen abgeschrieben werden konnten? Minderbewertete, Andersartige und Andersgläubige, Juden darunter und Zigeuner, Kräuter- und Hexenverdächtige, Weissagerinnen und andere Zwielichtige – in der Ablehnung trafen sich die verschiedenen Motive und verbanden sich ähnlich irrational wie in unserem Jahrhundert im Antisemitismus.

Der Vorwurf der moralischen Verfehlung scheint im Laufe der Frühen Neuzeit immer stärker die Bettler getroffen zu haben, je mehr es ihrer gab, als hätten sie ihre Armseligkeit aus eigener Verderbnis geschaffen. In den 1770er Jahren, in denen Hunger und Teuerung in manchen Gegenden Deutschlands die Mehrzahl der Kinder zur Bettelei zwang, hieß es in einem Aufruf zur Gründung einer »Schul-Anstalt im Erz-Gebürge«:

»Eine der traurigsten Aussichten bei gegenwärtiger Teuerung ist der Zustand der Kinder in den notleidenden Gegenden. Durch den langwierigen Mangel eines gesunden und notdürftigen Unterhalts werden sie auf lebenslang kranke und schwache Menschen, die wieder eine kranke Nachkommenschaft zeugen. Zugleich wachsen sie in Unwissenheit und bösen Sitten auf, da die Eltern das Schulgeld nicht aufbringen können, vielmehr sie zum Betteln anhalten ...«[11]

Wir sehen, wie wohlmeinende Leute die Sorge vor unmenschlichen Folgen bewegte, wie sie dabei jedoch den Irrtum begingen, die durch die erbärmliche materielle Notlage erzwungenen Verhaltensweisen den Armen als persönliche Schuld anzusehen. (Eine Haltung, zu der wir uns heute noch allzu oft ›bequemen‹.)

Zeitgenössische Schilderungen über das Leben der Nichtseßhaften spiegeln die Ablehnung wider, auch wenn sie sich absichtsvoll objektiv geben. In einer Beschreibung vom Ende des 18. Jahrhunderts heißt es:

»Der Ort des Aufenthalts und das häußliche Leben ist bey den Jaunern, da sie nirgends keine Niederlassung und kein eigenes Obdach haben, unbestimmt und abwechselnd. Meistens halten sie sich, in der Zeit, wo sie mit stehlen nicht beschäftigt sind, in den Diebsherbergen mit ihren Beyschläferinnen und Kindern auf, und zwar nach Beschaffenheit der Jahreszeit, der Witterung und der Gegend bald längere bald kürzere Zeit; oft nur über Mittag oder Nacht, manchmal aber auch Wochen lang, besonders zur Winterszeit und bey anhaltendem Regenwetter.«[12]

So schrieb ein Geistlicher, im Namen der Obrigkeit Pfarrer im Zuchthaus von Ludwigsburg. Umherziehende waren für ihn offenbar selbstverständlich Kriminelle, ihre Beziehungen zueinander belegte er mit verächtlichen Bezeichnungen. Hören wir, was er über die Geburt der Kinder des ›fahrenden Volkes‹ zu berichten weiß:

»Wann die Weiber Wochen zu halten haben: so werden sie gewöhnlich von ihren Männern einige Zeit vorher in irgend eine sichere, von gutmütigen Bauern bewohnte, Gegend – meistens auf dem Schwarzwald oder der Alp, weggeschikt, und lauffen da so lang umher, bis die Stunde ihrer Entbindung kommt. Dann begeben sie sich ins nächste beste Bauernhauß, und bitten um Aufnahme.... wenn es ihnen allenfalls nicht gutwillig zugestanden wird: so dringen sie sich den Bauern auch wohl geradezu mit Gewalt auf. ›Wenn du mich nicht behältst; so behalt ich dich‹, sprach ohnelängst ein Keßler [d.i. Kesselflicker, d. V.] zu einem Bauer, der sich die verlangte Beherbergung seines, der Geburt nahen, Weibes verbat. Doch werden die Gebährerinnen, selbst auch wenn sie ganz unbekannt sind, ohne Schwierigkeit von den mitleidigen Landleuten aufgenommen.«[13]

Selbst der vom Standpunkt der Obrigkeit aus schreibende Pfarrer bemerkt, daß die Mehrzahl der Bauern den Bettlerinnen in ihrer Notsituation bereitwillig Hilfe gewährte, auch ohne daß die Bettler bisweilen drohten. Taten die Bauern das aus Mitleid mit den Ärmsten der Armen oder regte sich hier eine Art von Solidarität?

Doch nicht einmal die oben beschriebene Geburtssituation war im ›fahrenden Volk‹ die Regel. Der Geistliche schrieb weiter:

»Oft lassen sie es darauf ankommen, wo sie von den Wochen überfallen werden; und gebähren dann nicht selten auf dem Feld; und da dieß meistens in einigen Augenblicken geschehen ist; so sezen sie gleich nach der Geburt, besonders wenn es in einer Gegend ist, wo sie sich nicht mit Sicherheit aufhalten können, ihren Marsch mit dem Neugeborenen und ihrer Gesellschaft fort, und legen wohl noch 6 und mehrere Stunden zurück, ohne daß sie dadurch leiden. Am nächsten bequemsten Ort bringen sie dann ihre Kinder zur Taufe, die sie in keinem Fall übergehen, die aber auch nie mit vielen Umständen oder Schmausereyen verbunden ist.«[14]

Ließ nur Naivität den Pfarrer feststellen, daß die ›Fahrenden‹ sich keine großen Feste leisten konnten? War er sich nicht darüber im klaren, was es bedeutete, Betteln als Stehlen zu bezeichnen? Wie kam er dazu, den Schwangeren Nachlässigkeit zu unterstellen – als hätten sich die Armen die Umstände ihrer Niederkunft aussuchen können?

Das landlaufende Volk lebte in der Situation von Ausgeschlossenen, war unter- und außerhalb der ständischen Ordnung in eine Lebensweise hineingezwungen, in der es sich über die Gepflogenheiten und Verhaltensnormen der seßhaften Bevölkerung hinwegsetzen mußte, wenn es nur überleben wollte. Es konnte nicht ausbleiben, daß die Menschen am äußeren Rand der Gesellschaft eigenwillige Lebensstile herausbildeten, die vom relativ passiven Hinnehmen bis zu bewußter Herausforderung oder auch zu gezielter Bedrohung der Begüterten reichten. – Wenn schon die bloße Gegenwart der Bettlerscharen, die demütig an Häuserwänden und in Winkeln hockten, auf die Bessersituierten bedrohlich wirkte, wie viel mehr mußten es dann die fordernd herandrängenden Armen sein?

Neben den Bettlern gab es sehr viel drastischer fordernde Gruppen, organisierte Banden in der Vagantenbevölkerung, auch einzelne Sozialrebellen aus der ländlichen Schicht, mit denen zumindest die ärmere ansässige Bevölkerung teilweise sympathisierte; für andere galten sie als Verbrecher. Vielleicht erhielten sie gerade auch deshalb bei ärmeren Bauern, bei Herbergswirten, mitunter bei Köhlern Unterkunft und wurden gewarnt, wenn obrigkeitliche Aktionen gegen sie bekannt geworden waren.[15] Die Gauner bildeten den Teil der Vagantenbevölkerung, den man sich möglicherweise als eine Art ›Gegengesellschaft‹ vorstellen kann.[16] Diese Gruppe war es auch, die den Behörden des 18. Jahrhunderts das Argument vermittelte, in jedem Nichtseßhaften einen potentiellen Verbrecher sehen zu müssen. Sie machten sich oft nicht die Mühe, nach tatsächlichen Straftaten zu forschen: Die waren einem Nichtseßhaften eben zuzutrauen.[17]

Die umherziehende Bevölkerung stellte in der Frühen Neuzeit eine Minderheit dar, durch die sich die übrige Gesellschaft schwer belastet sah. Nach Berechnungen, die C. KÜTHER aufgrund polizeilicher Listen anstellte, müssen um 1805 im Land Bayern ca. 15% und im 18. Jahrhundert mehr als 10% der Einwohner zur Vagantenbevölkerung gehört haben.[18] Mit Einschränkungen für stark gewerblich entwickelte Gegenden, wie Sachsen, lassen sich diese Zahlenangaben auf das übrige Deutschland mit seinen Bayern vergleichbaren agrarischen Verhältnissen übertragen. Von jeweils zehn Menschen mußte also einer bettelnd auf Straßen umherziehen – ein Elend ungeheuren Ausmaßes, jedoch eines, das die über 80% der Gesellschaft, die Arbeit, Haus und Hof hatten, nur ungern an sich herankommen ließen.

Wenn wir annehmen, daß unter dem Zehntel der Bevölkerung, die um 1800 als umherziehende Bettler ihr Leben fristeten, nur 15–20% Kinder waren (unter der seßhaften Bevölkerung waren es durchschnittlich über 40%), so sind mindestens 300000 bis 400000 Kinder (wahrscheinlich aber noch viel mehr) in der Randgesellschaft des fahrenden Volkes aufgewachsen.

Bei einem Vergleich der Relationen um 1800 mit heutigen erschreckt die Feststellung, daß sich die Verhältnisse zahlenmäßig kaum gebessert haben dürften. Exakt ermittelt werden nur die in Lagern oder Notunterkünften Untergebrachten; über die Obdachlosen liegen nur grobe Schätzungen vor. Ein Anteil von 53–64% der Obdachlosenbevölkerung sollen Kinder sein[19]; man muß also mit annähernd einer halben Million dieser Kinder rechnen. Darüber hinaus müssen Zahlen über die in Heimen Aufwachsenden erschrecken; sie werden mit einem ähnlich minderbewerteten Sozialstatus auf den Lebensweg geschickt. Etwa 80000 bis 100000 Kinder und Jugendliche (und ihnen gleichgestellte Volljährige) zählen zu ihnen.[20] Sie sind in ihrer personalen Entwicklung bedroht wie die unbekannten Kinder der ›Fahrenden‹ früher, auch wenn die Gefährdungen heute in anderer Form auftreten, wie Isolierung von den Angehörigen, von der weiteren Umwelt und der häufige Wechsel von Erziehungspersonen. Gefährdet sein bedeutete und bedeutet immer auch, eher zu Verhaltensweisen zu gelangen, die die Gesellschaft als strafbar definiert.

Wenn man außerdem noch den gegenwärtig wieder hohen Anteil Jugendlicher, vor allem eben Schulentlassener, an den Stellungslosen ansieht – von anderen in Randgruppen Bedrohten ganz abgesehen –, dann stellt sich die Frage, warum auch in der reichen Bundesrepublik die vielen beistandsbedürftigen Kinder der Rand- und Unterschichten wieder (genauer muß es heißen: noch immer) so hoffnungslos dahinleben. Von vielen Seiten werden sie als Kinder einer offenen Welt mit reichen Möglichkeiten angespro-

chen. Doch diese liegen allen nicht gleichermaßen vor den Füßen. Viele finden schon als junge Heranwachsende keine sichere Bleibe, keine überzeugende Hilfe beim Lernen, Orientieren und womöglich noch sich selbst zum Ausdruck bringen.
In eben dieser desolaten Situation hatte das Vagantenkind früherer Zeiten noch viel weniger zu wählen. Es blieb ihm im Grunde nur übrig, allerweg achtsam zu sein wie ein kleines Tier.

## Das fahrende Volk

Manchem Leser mag es schwer verständlich sein, daß es für die meisten der Zwang zum Betteln war, der sie zum ›fahrenden Volk‹, genauer: dem umherziehenden Volk, brachte. Für manchen mögen die ›Fahrenden‹ mit Bildern der Spielleute und der Schaukämpfer, Bärenführer, Puppenspieler, Bänkel- und Zeitungssänger verbunden sein, die in einer Art Volkskultur Information und Unterhaltung, Erstaunen und Vergnügen verbreiteten. In der Tat waren sie bei allen Ständen der Gesellschaft bekannt und bei kirchlichen Festen, auf Kirmes und Jahrmärkten willkommen.
Die ›Fahrenden‹, die nicht in Zunftzwänge, in die allgemein herrschenden Konventionen eingebunden und nicht unter einem Kirchturm verwurzelt waren – sie konnten erzählend, singend, schauspielernd, spottend, polternd, philosophierend weitergeben, was sie beobachtet, gehört und erlebt hatten. Auf Kurioses und Schreckliches, mysteriöse Ereignisse, sonderbare Vorgänge, Bestätigung alten Aberglaubens und genau das Gegenteil kam es ihnen an. Auf dieser Basis kamen Schausteller, Bänkelsänger und Musikanten, mit ihnen auch die durchziehenden Bettler, zu ihrem Publikum. Denn noch immer lebten die meisten Menschen in den vielen Dörfern und Kleinstädten informationsarm, und sie waren hungrig auf Nachrichten.
Als Habenichtse besaßen viele der ›Fahrenden‹ die Freiheit der Ungebundenen. Diese, im Verein mit Spott und Spaß, ließ sie manches Moral- und Verhaltenstabu (mit mehr oder weniger Zustimmung) brechen, einen freimütigen Ausdrucks- und Auftrittsstil benutzen und die eigenwilligen Kulturelemente der Aufschneiderei und Hanswursterei geschickt gebrauchen. Im volkstümlichen Lachen, in der Possenreißerei und Narretei wurde geduldet, was offiziell ernsthafterweise nicht ausgesprochen werden durfte. Denn:

»Bisweilen muß der Mensch sein Gespaß haben, damit er sich nicht z'Tod weint in der traurigen Welt.«[21]

Der niederländische Sozialhistoriker VAN DER VEN spricht in seiner Sozialgeschichte der Arbeit sogar davon, daß

»das fahrende Volk auch unbewußt einen neuen funktionalen Zug im Gesellschaftsbild entwickelt hat, die Funktion der Aufklärung, Gedankenverbreitung und Kritik. Diese oft der ›intelligentia‹ zugeschriebene Funktion wurde in der modernen Zeit von technisch perfekten Kommunikationsapparaten übernommen, aber es steht dahin, ob sich der Fernsehzuschauer von heute in seinem bequemen Lehnstuhl wohl so intensiv durch das Mitgeteilte angesprochen fühlt wie einst der Bauer auf dem Jahrmarkt, der dem Liedersänger gebannt lauschte.«[22]

Danach scheint es beinahe möglich, die ›Fahrenden‹ von einst als eine Art Vorläufer eines ›intellektuellen Proletariats‹ anzusprechen. Dagegen spricht: Immer wurden sie von den Bettlern, den Nicht-Seßhaften, von der äußersten Unterschicht gestellt, die von den Besitzenden in Stadt und Land, von Bauern und Handwerkern – zu schweigen von den reicheren Oberschichten – abgelehnt und verachtet wurde – von gelegentlichem Mitleid abgesehen. Vor allem aber waren die Umherziehenden nur eine Minderheit, die man leicht verfolgen konnte.

## Bettler-Erziehung

In der breiten Randgesellschaft der Unbehausten wuchsen Generationen von Kindern auf. Zwar hatten auch sie ihre Zugehörigkeit zu der engeren Gruppe, in die sie hineingeboren wurden. Aber von den ersten Lebensjahren an erfuhren sie nur, daß man immer wieder aufbrechen, wandern und nach einem Unterschlupf oder einem Lager suchen mußte, in dem man vielleicht für eine Zeit bleiben konnte. Während ihre Altersgenossen in günstigeren Lebensverhältnissen ein Handwerk erlernten, erlernten jene mit Selbstverständlichkeit – das Betteln. Zwar konnten sich einige der Armen manche Kunstfertigkeiten aneignen, je nachdem, bei welchen ›fahrenden Leuten‹ sie lebten. Aber ob sie nun mit Schaustellern, Gauklern, Spielleuten oder mit Berufsbettlern, Gaunern, Arbeitsunwilligen oder mit arbeitsuchenden Handwerkern oder Krüppeln und Blinden lebten, oder ob sie zu Räuber-, Diebs- und Kundschafterbanden gehörten: Alle zogen sie Karren ziehend und schiebend, Bettelsack und Lasten schleppend durch die Lande.

Als Angehörige des umherziehenden Volkes von vornherein der Unehrlichkeit verdächtigt, lebten Bettler- und Vagantenkinder, wie die Erwachsenen, ständig in der Gefahr, aufgegriffen, beschuldigt und bestraft zu werden. Unerlaubtes Betteln konnte zur Landesverweisung führen. (Weil man arm war, wurde man ins Exil gejagt!) Im Wiederholungsfalle sollte man mit glühenden Eisen gebrandmarkt werden; für das Stehlen eines Brotlaibes wurden vierzehnjährige Kinder gehängt oder ertränkt.[23]

Viele Kinder traf vollends unerwartet das Schicksal, auf den Bettel angewiesen zu sein. Das tägliche Leben lehrte sie, wie zu überleben war. Peter PROSCH aus Tirol erinnert sich als älterer Mann an seine Erfahrungen als Achtjähriger:

> »Meine Mutter starb auch unterdessen. Ich verlor also früh meinen Vater und Mutter, und das Häuschen überkam mein Bruder Änderl, welcher ein gar böses Weib hatte, welches uns geschwind alle miteinander aus dem Hause jagte. Wir waren aber unser vier unerzogene Geschwisterte auf weitem Felde. Weil wir kein Vermögen hatten, hatten wir auch keinen Vormunder, und so nahm sich kein Mensch unser an, bis endlich meine Schwestern zu Kinddiendeln [Kindermädchen, d. V.] angenommen wurden. Nun war ich ganz allein und irrte so von einem Hause zum anderen ... wurde auch öfters vom Hunger so matt, daß, wenn ich auch etwas zu kochen gehabt hätte, ich es vor Mattigkeit nicht hätte tun können ... Es ist hier, wie an vielen Orten, gebräuchlich, daß man um die Zeit Allerheiligen den Goten [d. i. den Paten, d. V.] und andern armen Kindern Seelen weggen austeilet; diesen trachtete ich auch fleißig nach, und hatte meinen Brotsack ziemlich angefüllt bekommen. Allein mein Proviant war von keiner Dauer, weil ich allzu begierig darauf versessen war und öfters als es sein sollte in meinen Sack hineinguckte.«[24]

Der achtjährige Junge hatte noch nicht gelernt, seine erbettelten Lebensmittel so zu strecken, daß sie bei beständigem Hunger doch länger hielten. Da er aber noch ein recht hübsches Kind war, gaben ihm die Leute genug, daß er sich über den Winter betteln konnte.

> »... ich war barfuß, und meine schwarzbraunen Füße mit einer dicken Haut überzogen, hatten sich ohne Verletzung über spitzige Steine hinzugehen gewöhnt. Mein Haupt war durch Sonnenschein, Kälte, Regen und Winde so abgehärtet, daß mich auch das Ritzen der Disteln und Dörner an den Wegen nicht schmerzte. Ich war mit einem zerrissenen kleinen Hemde und erbettelten alten Kleidern behangen. Meinen runden, wohlwan-

gichten, gelockten Kopf bedeckte ein zerrissener, von Alter grau gewordener großer Hut, durch dessen Spalten meine hellbraunen Haare häufig herausguckten, an meiner Seite hing mein alter Brotsack, und in der Hand trug ich einen starken haselnen Stock, um die Hunde damit abzuwehren.«[25]

Mit den Hunden umzugehen, hatte der inzwischen Neunjährige schon gelernt, doch die Härten des Bettlerlebens waren vielleicht gerade ihm, der noch im Alter mit einer gewissen Eitelkeit seine kindliche Schönheit betont, um so schwerer zu ertragen, als gerade den Bettlerkindern kränkende Mißachtung ständig begegnete, wie das folgende Stück andeutet:

»... wenn ich nur arbeiten könnte, dachte ich mir und erfragte mir auch wirklich bald einen Hütersdienst auf dem Berge, wo ich den ganzen Sommer zum Lohn ein rupfenes Hemd, ein Paar Schuhe und 4 Kreuzer im Gelde hatte. Ha! dachte ich mir, du hast doch zu essen und darfst dich nicht bekümmern, wo du schlafen sollst, und der Bettelvogt darf dich nicht mehr verjagen.«[26]

Viele Kinder der Fahrenden erlernten am Beispiel ihrer Eltern das angemessene Verhalten; sie lernten also Betteln oder gelegentliches Stehlen oder geeignetes Verhalten bei den häufigen Verhörsprozeduren: Das Mienenspiel des Demütigen oder Erbarmungswürdigen, den Unschuldsblick, die empfangende Hand und den Dank und die ablehnend beteuernde Gestik der Ergebenheitshaltung. Nur in der Negativ-Anpassung konnte das Gros der vagierenden Menschen seine Existenz unter widrigen gesellschaftlichen Umständen aufrechterhalten. Immer wieder mußte das entscheidende Mittel erprobt werden: an das Mitleid der Besitzenden appellieren. Die Angesprochenen sollten ihren Vorwurf gegen den Bettel überwinden, ihre moralische Ablehnung vergessen. Besitzende packte darüber bisweilen noch mehr Entrüstung. Der bereits zitierte Anstaltspfarrer aus Ludwigsburg berichtete über Bettelpraktiken in Schwaben aus dem Jahr 1793:

»Der Vorwand, den sie dabey gebrauchen, ist, nicht Armuth allein, sondern auch irgend ein körperliches Gebrechen – Blindheit, Lahmheit, Krüppelhaftigkeit, unheilbare Wunden und Schäden. Meistens sind sie wirklich mit einem oder andern dergleichen Gebrechen behaftet. Oft geben sie dieß nur fälschlich vor, wissen hingegen ihrem Vorgeben durch die feinste Nachäffung des Gebrechens, von dem sie die Maske annehmen, Glauben zu verschaffen. Und wenn sie auch würklich mit irgend einem Gebrechen geplagt sind, so vergrössern sie solches gewöhnlich, und wenden Leiden und Schmerzen dabey vor, von denen sie nichts fühlen.«[27]

Der philisterhafte Hochmut des Geistlichen kennt keine Ursachen, keine Motive, kein Wort über die wirkliche Not. Überall entdeckt er schuldhaftes Verhalten und Gründe seines Entsetzens:

»Was aber noch ärger, fast unglaublich und zum Entsezen ist: sie machen sich oft selber gebrechlich und krippelhaft, oder sind in ihrer Kindheit dazu gemacht worden. Sie rizen sich Hände und Füsse auf, um dadurch einen grausen Anblick zu erregen, sie lähmen sich Aerme und Füsse, oder ziehen sich irgend einen unheilbaren Leibschaden zu, der, wenn er auch nicht sehr schmerzhaft ist, sie doch zur Arbeit untüchtig und mitleidenswürdig macht – Sie verstümmeln und verkrüppeln nicht selten ihre eigenen Kinder, schlagen ihnen Aerme und Beine ab, lähmen ihre Füsse, um Steigbettler aus ihnen zu machen. Mit ihrem erbärmlichen Aussehen harmonirt ihre eben so erbärmliche, verlumpte und schmuzige Kleidung, und der tief-eindringende schmelzende Ton des Jammers, mit welchem sie ihre Umstände den Reisenden vorstellen, und ein Almosen fordern. Alles ist bey ihnen darauf angelegt, tiefes Mitleiden zu erregen, und hierdurch die Freigebigkeit der Leute zu erschleichen.«[28]

Der Geistliche verwendet nicht einen Gedanken darauf, wie ungeheuer das Elend dieser Menschen sein muß, da die Eltern es für notwendig halten, sich oder ihre Kinder zu verstümmeln, also dauerhaft zu schädigen, weil ihnen das den Erhalt ihres Lebens eher zu ermöglichen scheint als die Gesundheit ihres Leibes. Der Geistliche überlegt auch nicht, was es für die Vorstellungswelt und den Lebensmut der Kinder bedeuten könne, wenn ihnen solche Praktiken als Mittel der Existenz vorgelebt werden.

Die Kinder von tatsächlichen Gaunern oder solche, die in einer Bande aufwuchsen, erhielten eine sehr viel eingehendere Verhaltenseinübung für den Umgang mit den sie drangsalierenden Behörden als die Kinder harmloserer Bettlerfamilien. Die Ausbildung war streng und richtete sich nicht nur auf ausgewählte Spezialtechniken und Kunstfertigkeiten, sondern auch auf die Abhärtung. Die Kinder mußten lernen, Schmerzen zu ertragen, um auf der Folter, die in den meisten deutschen Staaten noch Ende des 18. Jahrhunderts angewandt wurde, nichts auszusagen, alles abzuleugnen und niemanden und nichts zu verraten. Den Kindern wurden Geständnis und Verrat als das Schimpflichste eingeprägt, das sie begehen könnten; es waren die Todsünden gegen die Solidarität, welche die Basis und den Selbstschutz der Gemeinschaft bildete.

Die Kraft zum Widerstand, das unverbrüchliche Zusammenhalten im Haß gegen die Gesellschaft, innerhalb derer sie nicht existieren konnten, aus der sie deshalb rauben mußten, was sie brauchten, um leben zu können – das zeichnete die festesten dieser Banden vor den anderen Gruppen der Vagantenbevölkerung aus.

Ein Heranwachsender, als Vagantenkind aufgewachsen, wurde als Vierzehnjähriger verhaftet und gab beim Verhör an:

> »Er könne die Gaunersprache vollkommen. Denn sein Vater habe ihn immer deshalb geschlagen und gesagt: Du Strick und Widstock, willst du nicht platt [Gaunerwort für vertraut, d. V.] werden!«

Derselbe junge Mensch schilderte das Training für die im Verhaftungsfalle drohenden Foltern:

> »Sie machten auch die kleinen Buben unter ihnen dadurch hart, daß sie denselben die fördern Glieder an denen Fingern in besonders darzu verfertigte eiserne Schrauben, die die Schmidte machten, klemmeten, bis sie gar platt würden ... Vor die großen Pursche [Burschen, d. V.] hätten sie ein ander Instrument, und geschehe solches meistens in einem grossen Wald, wo das Schreyen nicht gehöret werden könnte.«[29]

Wer diese Folterqualen bestand, der konnte in die engere Genossenschaft aufgenommen werden; mit dem konnte man ›Pferde stehlen‹. Solche Erziehungspraktiken mögen uns brutal vorkommen. Aber einerseits waren die gesellschaftlichen Praktiken ebenfalls brutal: öffentliche, grausame Hinrichtungen, Verstümmelungen, Folter, Peitschenschläge seitens der Behörden; geradezu üblich war eine harte Prügel- und Unterdrückungserziehung selbst in gutbürgerlichen Familien und überall in den Schulen.[30] Andererseits wurden die Nichtseßhaften mit der stärkeren Durchorganisierung der deutschen Staaten auch ständig schärfer bedroht, während eine (Wieder-)Eingliederung in das ehrliche Leben kaum möglich war, da sich gegen Ende des 18. Jahrhunderts immer mehr Mitglieder der vorindustriellen Gesellschaft ohne Arbeit und Brot weggestoßen fanden.

Vor diesem gesellschaftlichen und wirtschaftlichen Hintergrund muß man z.B. die Aussage eines Jungen sehen, der 1812 als Mitglied einer Bande von Straßenräubern zum Tode verurteilt wurde und das Angebot, einen Geistlichen zu sehen, ablehnte:

> »Es gibt keinen Gott – was soll mir ein Gallach [Geistlicher, d. V.]. Ich habe nichts gelernt als Stehlen; als Dieb bin ich geboren, als Dieb will ich sterben ...«[31]

Der gesellschaftlich verursachten Existenz des Vaganten-Proletariats wurde bis weit ins 19. Jahrhundert hinein vorwiegend mit Verfolgung und drakonischen Strafmaßnahmen begegnet. Es wirft ein bezeichnendes Licht auf die Unmenschlichkeit der Umstände und bürokratischer Maßnahmen, wenn ausdrücklich festgestellt wurde, daß sich die verurteilten Personen in zwölf- bis sechzehnjähriger Zuchthaushaft nicht mehr ›vermehrten‹. (Wie sollten Zeugung und Geburt in dieser Umgebung zustande kommen!) Überdies war die Sterblichkeit in den Haftanstalten sehr hoch; insbesondere die Kinder, die zusammen mit ihren verurteilten Müttern eingeliefert wurden, starben zahlreich an der Tuberkulose.[32]

Die entscheidende Bewegung zur Steuerung der Bettelnot kam nicht von den Behörden. Sie kam allein aus dem Ausbau von Landwirtschaft, Gewerbe, Manufakturen und Handel – qualvoll langsam seit der zweiten Hälfte des 18. Jahrhunderts. Der Bedarf an Arbeitskräften für neue Produktionseinrichtungen machte sich stärker bemerkbar als jemals in den vorhergehenden Jahrhunderten; erweiterter Handel und steigender Bedarf weckten Initiativen zu weiterer Produktion. In den neu aufkommenden oder sich vergrößernden Einrichtungen wurden produzierende Menschen gebraucht. Da bot es sich geradezu an, nach den Überzähligen auf den Landstraßen zu greifen. Sozialpädagogische Forderungen wurden zu arbeitspädagogischen und wirtschaftspolitischen Maßnahmen. Immer mehr Umherziehende, Männer, Frauen, Kinder, wurden von den Straßen geholt und zwangsweise zur Arbeit gebracht. Zucht- und Zwangsarbeitshäuser, Rettungshäuser für junge Menschen, Kinder-Erwerbseinrichtungen, Waisen- und andere Erziehungsanstalten wurden als ›zentrale‹ Produktionsstätten eingerichtet. Allmählich wurde das ›fahrende Volk‹ zahlenmäßig geringer, ging in dem entstehenden Proletariat auf.

Die Verwendung der billigen und ›müßigen‹ Arbeitskräfte von Armen, Vagabundierenden, Straffälligen, von Waisenkindern und sonstigen Anstaltsinsassen wurde als sozial und wirtschaftlich fortschrittliche Lösung der sozialen Frage einerseits, der Verfügbarkeit über Arbeitskräfte in zentralisierten Manufakturen und neuen Fabriken andererseits gefeiert. Es ist nicht erforscht worden, wohl auch nicht erforschbar, wieviele Menschen aus der zumindest zehnprozentigen Sub-Gesellschaft erfolgreich in die gemeingesellschaftlichen Verhältnisse integriert werden konnten, wieviele ausgebeutet in den Arbeits- und Erziehungseinrichtungen dahinstarben und wieviele durch Strafverfolgungen vernichtet wurden...

Die beginnende Industrialisierung bedeutete keineswegs, daß die Bettelkinder mit einem Schlage von den Straßen verschwanden, und genausowenig, daß dadurch die Armut beseitigt wurde. Der Anteil der berufsmäßig zum Betteln abgerichteten Kinder betrug noch in den 1830er Jahren – nach einer sächsischen Polizeistatistik im Leipziger Kreis ohne die Stadt – knapp die Hälfte unter den ständig Bettelnden, d.h. von 2181 Bettlern waren 1040 Kinder-Bettler.[33] (Doch bleibt eine offene Frage, ob die Elendslage der Bettelkinder nicht noch erträglicher war als die der ausgemergelten und eingepferchten Fabrikkinder.)

Noch mehr als früher wurde das Betteln an der moralischen Pflicht zur Arbeit gemessen und Besitzlosigkeit verdammt. Damit wurden harte Strafen für Bettler legitimiert. In einer zeitgenössischen Beschreibung Berlins aus dem Jahre 1846 ist zu lesen:

> »Die Gesellschaft, welche das Recht des Lebens zum Recht der Arbeit machte, kann den Nichterwerb nicht als berechtigt zum Leben gelten lassen; deshalb vernichtet sie diejenigen, welche kein ›Recht‹ für ihr Leben behaupten. Die gegenwärtigen Polizeigesetze bestimmen als Strafe für die Bettler Gefängnis bis zu 6 Wochen, im Wiederholungsfall Strafarbeit bis zu 6 Monaten, und nach ausgestandener Strafe Einsperrung in die Korrektionsanstalt [Besserungsanstalt, d. V.] bis zu 3 Jahren. Da die Verhältnisse der Bettler dieselben blieben und sie notwendig stets dem Wiederholungsfall ausgesetzt sind, kann man die letzte Strafe als die eigentliche Norm gelten lassen. Ebenso wird die bloße Armut, die bloße Besitzlosigkeit ohne solchen ›verbrecherischen‹ Versuch zum Leben von der besitzenden Gesellschaft ›gesetzlich‹ bestraft. Es sind dies die Gesetze gegen die sogenannten Landstreicher und Arbeitsscheuen. Unter dieser Bezeichnung faßt das Gesetz alle diejenigen, welche kein Unterkommen, das heißt keinen Besitz haben, und nicht imstande sind ihr Lebensrecht zu ›verdienen‹; dieselben werden ebenfalls zu Strafarbeiten bis zu 4 Monaten und gleichzeitig zur Einsperrung in die Korrektionsanstalt bis zu 3 Jahren verdammt.«[34]

Bettelei und Bettelkinder mögen manchem bei uns als überwunden vorkommen. Die Gewohnheit aber, die Bettler von der Tür zu jagen, Not und Elend nicht in seiner wirklichen Gestalt wahrzunehmen, sie nicht eindringen zu lassen, herrscht auch noch in Krisenzeiten dieses Jahrhunderts.[34a] Noch in unserer Zeitgeschichte wehrten sich in Mangel- und Hungerjahren Städte und Landgemeinden gegen die Aufnahme von Brot-, Arbeits- und Heimatlosen oder sonst hilfesuchenden Zuwanderern. Die Evakuierten während des

Zweiten Weltkrieges waren vielerorts nicht gern gesehen, und im Jahre 1945 gab es nicht nur die Parole: Alle Fremden hinaus, zurück in ihre Heimatorte! Selbst Kriegsversehrte auf ihren Krücken wurden auf die Landstraße geschickt. In der Zeit des größten Hungers gab es Stadt-Väter, die einströmende verlorene und verlassene Kindergruppen aus ihren Gemeinden ausweisen wollten. Wer die Heimatvertriebenen damals in den ersten Auffanglagern erlebt hat: Kleinstkinder, die wie Greise aussahen, nicht mehr lächeln und kaum ihr Köpfchen halten konnten; Schulkinder mit rachitischen Erkrankungen, aufgedunsenen Bäuchen; Frauen und Kinder mit »Weichselzöpfen« (von Läusen und Nissen verklebten Haaren); hilflose Alte, deren Mantelränder wie von einer Pelzverbrämung mit breiten Streifen von Kleiderläusen besetzt waren, denen der Kot in Rinnsalen bis zu den Hacken hinunterlief; bis auf die Knochen abgemagerte Soldaten, die in die Badewannen getragen werden mußten; die Kinder mit Krätzeekzemen, die wie syphilitische Symptome an Kopf, Gesicht, dem ganzen Körper wirkten – wer das gesehen hat, der kann sich ein Bild von den dunklen Seiten der Jahrhunderte machen, die als ›gute alte Zeit‹ gepriesen werden.

## Arbeiten ist gut

Die materiellen Voraussetzungen für die wissenschaftlich arbeitsteilige und technologisierte Welt von heute wurden unter extrem harten Bedingungen – der heutigen Situation der Masse der Bevölkerung in den Entwicklungsländern vergleichbar – geschaffen. Die europäischen Gesellschaften lösten ihre sozialen und arbeitsökonomischen Fragen unter uns heute barbarisch erscheinenden Bedingungen. Sie fanden Beifall und Förderung durch die fortschrittlichsten Geister der Jahrhunderte. Sie verwandelten die unteren Bevölkerungsschichten der unstetig Arbeitenden, der Armen, Bettelnden und Vagabundierenden in die der betriebs- oder verlagsabhängig Produzierenden mit arbeitenden Kindern. Diese hatten vom sechsten Lebensjahr ab einen wesentlichen Teil, vom ungefähr 13. Lebensjahr ihren vollen Unterhalt zu verdienen. Das setzten beispielsweise der weltberühmte Schulreformer Johann Heinrich PESTALOZZI (1746–1827) wie der hervorragende Philanthrop Christian Gotthilf SALZMANN (1744–1811) ebenso voraus wie andere große Pädagogen, wie Philosophen und Politiker. Das sozialpädagogische Konzept der Arbeitserziehung wurde mit einer Art ›sentimentalischer Freude‹ gepriesen und begrüßt und verbreitete sich rasch über die europäischen Länder. So beschrieb Graf RUMFORD in seinem Bericht über die Armenerziehung in München voller Ergriffenheit, welchen Eifer die Allerkleinsten im Waisenhaus schon beim Zuschauen bezeugten; sie wollten auch mittun beim Zupfen und Spinnfädenziehen der vier- bis siebenjährigen Kinderarbeiter, denen sie – hinter einer Absperrung im Kreis rundum – zugucken konnten.[35]

Hier wurde also das kindliche Bedürfnis, sich seiner Umgebung nachahmend zu bemächtigen, gezielt benutzt, um schon Kleinkinder für die Arbeit zu interessieren. Das war um so leichter, als auch in dem Münchener Waisenhaus – ähnlich wie in anderen Institutionen vergleichbarer Art – keinerlei Spielzeug vorhanden war. Waisenhaus-Einrichtungen bis weit ins 19. Jahrhundert waren etwas anderes als uns heute geläufig ist.

Bereits 1618 war durch ein brandenburgisches Edikt die »Errichtung von Zuchthäusern, Spinnhäusern und Manufakturen« angeordnet worden.[36] Das Elends- und Armendasein wurde zwar durch diese und andere Formen betriebs- und lohnabhängiger Arbeitsexistenz für die Masse der Bevölkerung nicht behoben, doch Gemeinden und Staat wurden gegebenenfalls von Armenhilfs- und Anstaltskosten entlastet – nicht zuletzt dadurch, daß der Zwang zu gewerblicher Arbeit für Männer, Frauen und für Kinder galt.

Aufgrund von Armengesetzen und Verordnungen wurden Zwangsarbeitshäuser und andere Manufakturwerkstätten gerade in Verbindung mit Waisenhäusern geschaffen. Die zwangsweise oder wegen Hilfsbedürftigkeit Untergebrachten, auch Arbeitslose und ihre Kinder, wurden hauptsächlich mit Textilarbeiten aller Art beschäftigt; Anstaltsinsassen brachten so die Geldmittel für ihren eigenen Unterhalt auf.

Wenn auch manche Waisenhäuser auf die Ausbildung der ungeübten Kinder und anderer Insassen achteten, die Kinder neben den gewerblichen Fertigkeiten auch etwas Rechnen, Lesen, Schreiben und vor allem Gebete und religiöse Lieder lernen ließen, so waren es doch regelrechte Industriebetriebe. Sogar aus dem Ausland wurden Meister (heute würde man sagen: Facharbeiter) geholt, um die Insassen solcher Anstalten in verschiedenen Gewerben auszubilden.[37]

Die Absichten bei der Einrichtung solcher staatlichen Zwangsanstalten wurden klar formuliert. Der württembergische Herzog erklärte 1710 bei der Stiftung des Stuttgarter Waisen-, Zucht- und Arbeitshauses, ein wesentlicher Zweck der Anstalt sei:

»Die Einführung von allerhand Manufakturen und Fabrikation von bisher im Land nicht hervorgebrachten Waren ... daß der Hauptzweck eines solchen Hauses darin bestehe, daß arme, vater- und mutterlose Menschen, auch andere arme Kinder, welche wie Schafe ohne Hirten gingen, des zu ihrer Seligkeit nötigen Unterrichts und der zu Gewinn und Erhaltung ihres Lebens höchst nötigen Anleitung zu Künsten und Handwerken (erführen).«[38]

Die Kinder dieses Waisenhauses wurden auch alsbald mit Spinnen, später mit Stricken, Nähen, Flicken, Waschen, Lederverarbeitung beschäftigt und selbst mit Gerben – eine höchst ungesunde Tätigkeit, die damals fast immer am Rande der Städte oder außerhalb betrieben werden mußte. In dem Stuttgarter Waisen-Arbeitshaus kamen bereits in den ersten Jahren von 457 Waisenkindern 118 um, also gut ein Viertel! Genaue Todesursachen sind nicht bekannt. Wir können allerdings ahnen, unter welchen sanitären Zuständen diese Kinder gelebt haben, wie wenig sie zu essen erhielten, wie schlecht das Essen war und wie hart sie arbeiten mußten. Angesichts einer solchen Sterberate – höher als die einer verheerenden Pest – nehmen sich die Worte in der Gründungsurkunde über »Gewinn und Erhaltung« des Lebens wie Hohn aus und die über den zur »Seligkeit nötigen« Religionsunterricht klingen nahezu zynisch. Aber ein Kinderleben, schon gar das eines armen Kindes, galt offenbar nicht viel. Dagegen wurde ein wesentlicher Zweck des Waisenhauses auf Kosten seiner Insassen auch weiterhin erfüllt: 1754 versuchte man die Kinder in der Seidenkultur anzulernen. Da der Profit zu gering war, probierte man es 1758 mit der Weberei, schließlich ging die neue Anstaltsleitung zur Baumwollspinnerei über. Dabei starben so viele Kinder, daß sogar zeitgenössische Pädagogen wie C. G. SALZMANN, der viel von handwerklicher Ausbildung hielt, sich entrüsteten.[39]

Das Stuttgarter Waisenhaus war keineswegs eine negative Ausnahme. In Königsberg, in Potsdam, in Dresden, in Graz, in Ludwigsburg, Pforzheim und anderen Orten herrschten ähnliche Zustände.[40]

Der Waisenhausarbeit ähnlich war in vielem die Arbeit in Manufakturen bei rigoroser Überwachung durch den Fabrikanten oder den Aufseher und geringsten Verdiensten. Das macht verständlich, daß ein späterer Historiker feststellte: »Die Handwerker und kleinen Bürger hielten sich für viel zu gut, um in der Manufaktur zu arbeiten.«[41] Daher verschärfte sich der Zwang zur Arbeit für die Armenbevölkerung. Der Zugriff auf Waisenhauskinder und auf

BILD 13 Unbekannt: *Kinder als Arbeitskraft in einer englischen Seilerei* (Kinderarbeit) (18. Jht.).

umherziehende Personen verstärkte sich, um sie einer produktiven, einer nützlichen Arbeit zuzuführen.

Damals moderne Kritiker und Pädagogen, die vorwiegend bloß barmherzige Einrichtungen scharf kritisierten, wandten sich gegen die älteren Armenschulen, die ihre Insassen religiös-moralisch zu erziehen trachteten. Der englische Moralist MANDEVILLE beispielsweise meinte, diese Einrichtungen der Barmherzigkeit seien ein »hervorragendes Denkmal der Heuchelei«. Wer nur ein Wort dagegen sage, gelte als unbarmherzig, hartherzig, unmenschlich. Als Sozialphilosoph setzte er sich für eine praktische Ausbildung ein, beurteilte die Chancen der barmherzigen Erziehung gering und spottete:

> »Wenn die Kinder der Armen eine bessere Erziehung erhalten, wird die Gesellschaft in wenigen Jahren Segen daraus gewinnen, und die Nation wird von so manchen Mißgeschöpfen gereinigt sein, von denen die große Stadt und das Land rundum jetzt voll sind.«[42]

MANDEVILLE wird hier nicht als der Theoretiker der Arbeitshäuser und Industrieschulen zitiert. Vielmehr wird auf seine Vorstellungen und Argumente hingewiesen, um zu zeigen, wie nahe der Weg von der Arbeitserziehung zum Wunschbild von einer »gereinigten Nation« sein kann. Klingt darin nicht die unmenschliche Absicht an, alle Mißliebigen und Unerwünschten zum Wohle der Gesellschaft verdrängen, wenn nicht gar beseitigen zu wollen? Im 18. Jahrhundert blieb es noch bei dem Versuch, zu ›erziehen‹.

Über die Kinder wurde wie über eine Ware verfügt. Kindliche Manufakturarbeiter aus Waisenhäusern konnten beispielsweise in

größeren oder kleineren geschlossenen Gruppen auch stunden-, halbtagsweise oder voll ›vermietet‹ werden an Fabrikanten oder Unternehmer, die Gewerbeeinrichtungen neu aufbauten.

FRIEDRICH II. (der Große) ließ z. B. Kindergruppen aus dem Potsdamer Waisenhaus an Unternehmer übergeben. Als die Kaufleute in Hirschberg in Schlesien, denen er zur Verwendung beim Spinnen einen Transport von 1 000 Kindern zuschicken wollte, dieses Angebot im Jahre 1766 nicht annahmen, war er darüber sehr ungehalten.[43]

Die Arbeitskraft der Kinder wurde bis zum äußersten ausgenutzt. Mit nur geringen Unterschieden waren sie in Manufakturen, Zucht- und Waisenhäusern schutzlos der Willkür der Unternehmer und ihrer Arbeitsaufseher preisgegeben. Die Arbeitszeit dauerte 13–14 Stunden, in Einzelfällen noch länger, von 5.00/6.00 Uhr in der Frühe an. Die Kinder waren erbarmungswürdig untergebracht, mußten häufig zu Vieren und Fünfen, ja sogar zu Acht in einem Bett schlafen.[44] Die spätere Kinder-Fabrikarbeit (im engeren Sinn des Wortes nach heutiger Bedeutung), die in Deutschland erst

BILD 14 Unbekannt: *Kinderarbeit in einer Papierfabrik in Aschaffenburg* (1858).

im 19. Jahrhundert einsetzte, konnte insofern kaum noch eine qualitative Steigerung des Kinderelends bringen, wohl aber eine quantitative, da nun sehr viel mehr Kinder aus immer größeren Teilen des Proletariats solch qualvollem Elend ausgesetzt wurden (Bilder 13, 14).
Man mag sich heute fragen, wie es zu erklären ist, daß Kinder die Arbeitsbedingungen ertrugen: offenbar dadurch, daß in den frühindustriellen Produktionsstätten die Arbeitsvorgänge sehr einfache waren – es handelte sich vorwiegend um Tätigkeiten im Textilbereich – und daß das Arbeitstempo, verglichen mit dem späteren 19. Jahrhundert oder gar heutigen Verhältnissen, relativ langsam war.
Der wichtigste Grund der Unternehmer, Kinder zu beschäftigen, betraf zweifellos die Lohnfrage. Für Manufakturen allgemein galt die Auffassung, die Löhne der Arbeiter müßten möglichst niedriggehalten werden, sonst würden sie nicht genug arbeiten. Kinder aber behandelten sie grundsätzlich als die billigsten Arbeitskräfte. Sie waren den Unternehmen somit als kostensparender Faktor in der Produktion ›unentbehrlich‹. An der Kinderarbeit waren also gleichermaßen interessiert die Eltern aus materieller Not heraus, die Unternehmer, die Staatssouveräne und die Volkserzieher – aus wirtschaftlichen, konkurrenz- und handelspoliti-

schen wie aus sozialen, arbeitspädagogischen und -ethischen Zielsetzungen: als zeittypische Bemäntelung von Profitinteressen.
Um den Motiven der offiziell anerkannten, in großem Umfang organisierten Kinderarbeit des 18. Jahrhunderts näherzukommen, schauen wir uns die allgemein akzeptierten, seit langem geltenden Verhältnisse noch einmal an: Kinderarbeit war seit Jahrhunderten sowohl in der Landwirtschaft als auch im Handwerk üblich. Es entsprach durchaus gängigen Vorstellungen, daß Kinder mit vier bis fünf Jahren an die Arbeit zu gewöhnen seien. So beschrieb z. B. um 1540 der damals als Drucker und Buchbinder tätige Thomas PLATTER folgende, keineswegs untypische Situation:

> »Nachdem ich nun die Häuser gekauft und bezahlt hatte, fuhr ich mit der Druckerei fort, und hatten üble Zeit auch mein Weib und Kinder, denn die Kinderlin haben oft Papier gestrichen, daß ihnen die Fingerlein bluteten. Aber es ging mir wohl, denn allein mit der Druckerei konnte ich alle Jahre 200 fl. [= Gulden, d. V.] herausschlagen und meine Druckerei und den Hausrat bessern.«[45]

Wir sehen, wie schon in der vorindustriellen Zeit die Werte verteilt waren; wie selbstverständlich die Kinderarbeit blieb, mag folgende Episode von ca. 1755 veranschaulichen, in der ein alter wohlmeinender Kohlenbrenner einen kindlichen Schafhirten fragt:

> »Wenn du schon itzt [jetzt, d. V.] im Sommer etwas zu essen hast [weil er als Hirte Nahrung erhält, d. V.], was tust denn aft [danach, hinterher, d. V.] im Winter? – Ich weiß nicht. Er erwiderte: ... Es sind gar viele, die ihr Brot mit einer Handelschaft außer Landes suchen, probier es auch, wer weiß, ob du nicht dein Glück finden kannst? ... Auf seine Worte ging ich zurück und zum Bartlme Hauser, als einen Theriak- [Allheilmittel, d. V.] und Ölfabrikanten, hin; dieser borgte mir selbst um 3 fl. 9 kr. solche Waren. Ich ging also außer Landes mit noch einem Kameraden ins Baiern, als ein herumlaufender Ölträger, im 10ten Jahr meines Alters ...«[46]

Da solcher Kleinhandel und andere althergebrachte Tätigkeiten jedoch nicht ausreichten, um die wachsende Bevölkerung zu ernähren, wurden in vielen Schriften des 18. Jahrhunderts Gründer von Manufakturen als Wohltäter und Menschenfreunde gepriesen, die Gewerbe, in denen Kinder von vier bis fünf Jahren an ihr Brot verdienen konnten, als vorzüglich gelobt. Hingegen wurde kritisiert, daß in gewerblich weniger entwickelten Gebieten Kinder ihre Zeit mit Spielen und Nichtstun verbringen durften.[47] Insofern war die Arbeitserziehung, die dem Kinde im folgenden Bericht angetan wurde, sicher vorbildlich:

»Sobald ich überhaupt nur laufen konnte, wurde ich bei der Baumwollweberei mitbeschäftigt. Meine Mutter pflegte das Garn in einem Drahtsieb zu schlagen, worauf es mit einem starken Seifenausguß in einen tiefen braunen Trog getan wurde. Dann schürzte mir meine Mutter die Röckchen und stellte mich in den Trog hinein, damit ich das Garn treten sollte. War dann die zweite Lage fertig, so wurde ich herausgenommen, es wurde Wasser zugegossen und ich begann wieder zu treten. Das wurde solange fortgesetzt, bis der Trog so voll war, daß ich nicht mehr sicher in ihm stehen konnte. Dann stellte man einen Stuhl daneben, an dessen Lehne ich mich festhielt.«[48]

Nur die Tatsache, daß das Kind nicht ständig mit dieser Arbeit beauftragt war, erlaubte ihm als individueller Person seine spätere berufliche und persönliche Weiterentwicklung. Doch für zigtausende von Kindern machten solche Arbeiten während der Frühindustrialisierung, im 18. Jahrhundert vor allem in England, im 19. verstärkt auch in Deutschland, ihre Tätigkeit jahraus, jahrein aus. Für diese Kinder war der Tretbottich der Spielraum: statt wechselvoller Beschäftigung ein gleichförmiges Tun, statt unterschiedlicher Bewegungen nur eintöniger Arbeitsrhythmus, anstelle eines Spielgenossen der Auftraggeber und eine Stuhllehne, statt Luft und Sonne gab es Seifenlauge für den heranwachsenden Körper!

In der zweiten Hälfte des 18. Jahrhunderts beschäftigten sich eine Vielzahl von Theologen, Philosophen und Pädagogen (unter ihnen die Gruppe der Philanthropen, d. h. der Menschenfreunde) theoretisch mit dem ethischen Thema Kind und Arbeit. Dabei bewegte sie nicht in erster Linie das Interesse am Kind als einer individuellen Menschenperson.[49] Neben der religiösen Erziehung wurde vielmehr die Anerziehung einer Arbeitsgesinnung in den Vordergrund gestellt: Der Mensch sollte im Kindesalter bereit und fähig gemacht werden, vielerlei Tätigkeiten dauerhaft zu verrichten, in diesem Sinne für Beruf und Arbeit gebildet werden. In Verbindung mit Fleiß und Ausdauer sollten dem Kind Freude und Interesse am Erwerb anerzogen werden, um es den Luxus und – noch wichtiger – das Nichtstun ablehnen zu lassen.

Diese ›Industriepädagogik‹ mit ihrem Ziel des strebsamen, von sich aus regelmäßig tätigen, mit einem damaligen Wort ›industriösen‹ Menschen paßte sich voll in die ökonomischen Erfordernisse der Zeit ein, eine anwachsende Gesellschaft ernähren zu müssen und Arbeitsplätze auch unter ungünstigen Umständen annehmbar zu machen. So zeigten sich vielfältige Entsprechungen der neuen pädagogischen Auffassungen in der Praxis. In den letzten Jahrzehnten des 18. Jahrhunderts wurde der Zwangs- bzw. Strafcharakter der Arbeitserziehung bisweilen zurückgedrängt. Die Menschen sollten auf freiwilliger Basis zur Arbeit erzogen werden. Im Jahre 1772 wurde das erste »freiwillige Arbeitshaus« in Hannover eingerichtet.[50]

Als eines der wichtigsten Mittel, die Menschen emsiger, industriöser und ›erwerbsamer‹ zu machen, wurde die Verwandlung der Volksschulen in Industrieschulen genannt. Die Einführung des Industrieunterrichts in allen Arten von Schulen zielte auf die Bestimmung des Menschen zur vielseitigen Betätigung in Richtung auf größere Leistung und allseitige Vervollkommnung, Verbesserung und ›Veredlung der Gesinnungen‹; über allem stand der ›Gewinn für die Ewigkeit‹. Als pädagogisches Mittel, als Anreiz und Ansatzpunkt wurde die Erziehung über die Triebfeder des Egoismus und des Gewinnstrebens benutzt; das galt grundsätzlich, wenn auch mit anderer Betonung, selbst für die sozial-pädagogischen Einrichtungen bei PESTALOZZI, der ebenfalls das Gewinnstreben als Mittel zum Zweck höherer Menschenbildung benutzte.

Als erfolgreiche Methode erwies es sich, Kinder und Lehrer am Erlös der Produkte des Unterrichts zu beteiligen; dadurch wurde ein Einkommensbeitrag für den Familienunterhalt, eine Entlastung der Armenhilfe-Situation, der Armen-Institutionen und eine materielle Besserstellung der Lehrer erreicht; dieser dienten auch zusätzliche Einnahmen aus Gartenbau, Bienen- und Seidenraupenzucht, die Bestandteile des Unterrichts waren.

Mit großem Erfolg breiteten sich die Industrieschulen seit 1779 in Böhmen aus. Dort hatte der Leiter des Volksschulwesens KINDERMANN, später Bischof, aus der Verbindung von Volksschul- und Industrieunterricht heraus Industrieschulen eingerichtet; deren Zahl war bis 1787 schon auf über 100 angewachsen; sie nahmen schließlich mehr als 150 000 Schüler auf (vorher zählte man 14 000 Schüler bei 2 Millionen böhmischer Bevölkerung). Das Gewinnprinzip trat hier schließlich so stark in den Vordergrund, daß aus den Schulen letztlich Erwerbseinrichtungen wurden – eine Entwicklung, die sich auch in vielen anderen Industrieschulen zeigte.[51]

Die günstigen Bedingungen, unter denen mit diesem Schultyp Gewinn erzielt werden konnte und zugleich damaligen Maßstäben nach pädagogischen Gesichtspunkten entsprochen wurde, erklären, daß die Verbreitung in Böhmen nicht allein dasteht. In England gab es im 18. Jahrhundert in großer Zahl die ›ragged schools‹:

BILD 15 Unbekannt: *Unterrichtsraum einer englischen Industrieschule – ragged school – für die ärmsten Kinder* (spätes 18. Jht.).

BILD 16 Unbekannt: *Werkraum einer ragged school* (An der Wand zum Lagerraum die Schilder: »Du, Gott, siehst mich« und »Du sollst nicht stehlen«) (spätes 18. Jht.).

BILD 17 Unbekannt: *Pariser Schule des ›wechselseitigen Unterrichts‹* (in einer ehemaligen Kapelle; gegründet 1815; Armenschule für Massenunterricht mit Monitoren [= Kinder-Repetitoren] und Lektionstafeln).

Lumpenschulen; dort wurden arme zerlumpte Straßenkinder unterrichtet und in Fertigkeiten angeleitet, jeweils in einem eigenen Unterrichts- und einem Arbeitsraum (Bilder 15, 16). Für die Massen-Unterrichtung wurden Schulen mit Monitoren (Kinder-Repetitoren) und »wechselseitigem Unterricht« eingeführt (Bild 17). Auch in England waren dieser Praxis theoretische Erörterungen lange vorausgegangen. Der Philosoph John LOCKE hatte schon gegen Ende des 17. Jahrhunderts festgestellt, daß es sich weniger um mehr oder minder umfassenden Wissenserwerb handelte, als vielmehr darum, so viele Kinder wie möglich überhaupt in die Schulen zu bekommen, um sie als soziale Plage loszuwerden und von der Armut der Straße und der Bettelei fortzubringen. Für das wirksamste Mittel dagegen hielt John LOCKE:

»... daß künftig dafür gesorgt wird, daß in jeder Gemeinde Arbeitsschulen errichtet werden, zu denen alle Kinder über drei und unter vierzehn Jahren gehen müssen ... Eine Zusammenrechnung des Erwerbs der Kinder zwischen dem dritten und vierzehnten Lebensjahr ergibt, daß Verpflegung und Unterrichtung eines Kindes während dieser Zeit die Gemeinde nichts kosten.

Ein weiterer Vorteil liegt darin, daß die Kinder auf diese Weise zum regelmäßigen Kirchenbesuch ... in die Bedeutung der Religion eingeführt werden, während sie jetzt gewöhnlich bei ihrer faulen und liederlichen Erziehung weder von Religion und Moral noch vom Fleiß [industry] etwas wissen ... Diese Schulen sollen gewöhnlich Spinn- und Strickschulen sein oder sich auf einen anderen Zweig der Wollmanufaktur beziehen. ... Die Lehrer dieser Schulen sollen aus den Einnahmen der Kinder bezahlt werden ... Der Profit wird der Gemeinde schnell die Unkosten für die Einrichtung der Schule ersetzen.«[51a]

Je nach Entwicklungsstand der Industrie, Arbeitskräftereservoir und öffentlichem Bewußtsein hielten sich Industrieschulen noch weit in das 19. Jahrhundert hinein.

Eine der öffentlich bereits scharf angegriffenen »Wohltätigkeitsanstalten« war die »Malmènesche Kinder-Beschäftigungs-Anstalt« in Berlin. Sie war in den 1820er Jahren begründet worden, eine Stickmuster-Kolorier-Manufaktur, die anfangs mit Gesellen, später nur noch mit Knaben arbeitete; trotz wiederholter schwerer Beanstandungen blieb sie jahrzehntelang bestehen. Die Züchtigungsmethoden – vom Konsistorium der Anstalt gedeckt – gingen soweit, daß Kinder 14 Tage lang in einem Kellerraum, mit eiserner Kette an einem Holzklotz, eingesperrt wurden, wobei sie nur jeden zweiten Tag warmes Essen – nebst Rutenstreichen – erhielten. Zu den weiteren Strafen gehörten Schläge mit einem »ungewöhnlich schweren, aus Leder hart geflochtenen Kantschuh« und körperliche Züchtigung in einer Stellung, die dem Kinde kein Zurückweichen erlaubte: Zusammengebundene Hände, vorgeschobene Kniee, ein Stock zwischen angewinkelten Ellenbogen und Kniekehlen hindurch, so daß der Körper »eine bewegungslose, wehrlose Fleischmasse« bildet und »namentlich das Gesäß des Menschen so scharf angespannt wird, als es nur möglich ist«. – Obgleich das Gesetz zum Schutz der Kinderarbeiter damals schon 15 Jahre bestand, wurde die Malmène-Anstalt erst im Jahre 1854 geschlossen.[52]

## Kinderarbeit in der Zeit der Industrialisierung

In den deutschen Staaten begann eine anfangs sehr langsame, seit den 1830er Jahren sich beschleunigende Industrialisierung, die jedoch noch um die Jahrhundertmitte erst einen sehr kleinen Teil der Gesamtwirtschaft erfaßt hatte. Noch immer war Deutschland im ganzen ein unterentwickeltes Land, wie man heute sagen würde, übrigens auch nach damaligen Maßstäben, da es gegenüber England, der ›Werkstatt der Welt‹, wirtschaftlich weit zurückstand. Doch gegen Ende des 19. Jahrhunderts konnte das Deutsche Reich mit ihm im Weltmaßstab konkurrieren. Die nun abgeschlossene Industrialisierung hatte inzwischen in vielem die soziale Landkarte Deutschlands verändert.

Während die Landbevölkerung im Zeitraum von 1800 bis 1850 in den einzelnen deutschen Staaten noch 4/5 bis 2/3 der Gesamtbevölkerung ausgemacht hatte, war sie in Preußen im Jahre 1867 auf weniger als die Hälfte (48%) abgesunken, in ganz Deutschland 1871 auf 64%.[53] Das Arbeitskräftepotential hatte sich eindeutig zur Stadt hin verschoben. Um 1882 zählte die deutsche Gesamtbevölkerung 45222000 Menschen, darunter 18957000 Erwerbspersonen. Davon arbeiteten 8237000 landwirtschaftlich; das waren 43,4% der Erwerbstätigen oder 18,2% der Gesamtbevölkerung.[54]

In knapp zwei Jahrzehnten (von 1871 bis 1890) hatte sich die Bevölkerungszahl in ländlichen Gemeinden (unter 2000 Einwohner) um mehr als 9% verringert, in den Großstädten (mehr als 100000 Einwohner) hatte sie sich in knapp eineinhalb Jahrzehnten (bis 1885) verdoppelt; in Berlin stieg die Bevölkerung in dem Jahrfünft von 1885–1890 durch Zuwanderung vom Lande um fast 25%.[55]

Die Zahl der Erwerbstätigen nahm noch rascher zu als die Bevölkerung: In den 25 Jahren von 1882 bis 1907 wuchs die Zahl der Erwerbstätigen um rund 9 Millionen. Überdurchschnittlich viele gingen in das produzierende Gewerbe: Von 1882 bis 1907 erhöhte sich die Zahl der in Industrie und Handwerk Beschäftigten von 6,2 auf 10,9 Millionen; das waren rund 33% bzw. fast 39% aller Erwerbstätigen. Während sich die Bevölkerung von 1880 bis 1905 um rund 34% vermehrte, hat sich im nahezu gleichen Zeitraum allein die Zahl der in Industrie und Handwerk Beschäftigten um rund 76% erhöht, also um weit mehr als das Doppelte des Bevölkerungszuwachses.[56] Seit jener Zeit setzte sich die hohe Erwerbstätigenquote durch, die mit gewissen Veränderungen dauerhaft die industrialisierte Gesellschaft prägen sollte: Im Jahre 1882 betrug der Anteil der Erwerbstätigen an der Gesamtbevölkerung rund 43%, in der Bundesrepublik 1971 rund 44%.[57]

Auch die Zahl der arbeitenden Frauen stieg an. Im Jahre 1882 gab es 5,5 Millionen weibliche Erwerbstätige; davon waren 20% – weit über eine Million – im produzierenden Gewerbe, 63% – fast 3½ Millionen – als Arbeiterinnen tätig (im Jahre 1907: 51% als Arbeiterinnen). Die Gesamtzahl der weiblichen Erwerbstätigen erhöhte sich bis zum Jahre 1907 um mehr als 72% – auf 9,5 Millionen bei einer Gesamtzahl von 28092000 Erwerbstätigen, d.h., jede dritte erwerbstätige Person war eine Frau (in der BRD, April 1971: 36,3% Frauen). Verheiratet waren von den weiblichen Erwerbstätigen im Jahre 1882 rd. 13%, im Jahre 1907 rd. 30%, dabei hatte sich die absolute Zahl der verheirateten weib-

BILD 18 Unbekannt: *Weihnachtszeit* (Soziales Tendenzbild) (1890er Jahre).

lichen Erwerbstätigen vervierfacht – von 714 000 auf 2 818 000 Frauen.[58]

Es wurde also in der Gesellschaft mehr als je zuvor in dauerhaft organisierter Form in Handwerk, Gewerbe und Fabrik gearbeitet. Die Möglichkeit, mehr Arbeit zu leisten, half allmählich der großen Mehrheit ein günstigeres Existenzminimum sichern. 1846/47 begegnen wir der letzten großen Hungersnot in Deutschland, in der

BILD 19 E. Hosang: *Suppenverteilung einer Berliner Hotelküche an arme Kinder* (1894).

nach der Art der Massenarmut der vorindustriellen Jahrhunderte breite Bevölkerungsmassen nicht einmal den bloßen Nahrungsbedarf decken konnten. In der zweiten Hälfte des 19. Jahrhunderts besserte sich die Ernährungssituation in leichtem Anstieg bei einigermaßen günstigen Konjunkturen. Ungünstige zogen erneute Arbeitslosigkeit nach sich und bedrohten die erreichte Existenzgrundlage vor allem auch für die Heranwachsenden (Bilder 18, 19).[59] Im Zuge einer lang anhaltenden Depression hatte sich die Zahl der erfaßten Arbeitslosen im Juni 1895 auf 143 166 belaufen, im Dezember war sie auf fast eine halbe Million (479 000) angestiegen; das waren fast 3,5% sämtlicher Arbeitnehmer.[60]

Unsicherheit des Arbeitsplatzes und niedrige Löhne führten dazu, daß viele Familien auf den Verdienst ihrer Kinder nicht verzichten konnten. Schätzungsweise gab es in dieser Zeit und auch noch zu Beginn des 20. Jahrhunderts etwa mindestens eine Million voll arbeitender Kinder – in gewerblichen Betrieben, in der Heimarbeit, der Landwirtschaft, im Handel und in den Dienstleistungsbereichen.[61] Über die Kinderarbeit hat Jürgen KUCZYNSKI mit seinen »Studien zur Geschichte der Lage des arbeitenden Kindes in Deutschland von 1700 bis zur Gegenwart« eine materialreiche Quellensammlung und Darstellung vorgelegt, die sich überwiegend mit dem Industriezeitalter befaßt, so daß hier wenige Beispiele genügen dürften.

Nikolaus OSTERROTH erinnert sich an die 1880er Jahre, als er ein achtjähriger Schuljunge war, während seine dreizehnjährige Schwester schon arbeiten mußte:

»Grete, das jüngste Kind aus erster Ehe, die bereits aus der Schule entlassen war, mußte in einer dreiviertel Stunde entfernten Papierfabrik arbeiten und bekam den horrenden Lohn von 65 Pf. den Tag. Diese paar Groschen machten während der Krankheit des Vaters so ziemlich die einzige Einnahme der Familie aus.«[62]

Braucht es mehr Worte, um sich das Elend vorzustellen, in dem eine ganze Familie auf den Arbeitsverdienst ihrer dreizehnjährigen Tochter angewiesen war? In Arbeiterfamilien hatte jeder gesund zu sein, um ununterbrochen arbeiten zu können. Insofern hatte sich – trotz der begonnenen Sozialgesetzgebung des Deutschen Reiches – gegenüber den 1840er Jahren nicht viel geändert. 1846 schrieb ein kritischer Zeitgenosse:

»Die Arbeit ist bei der wachsenden Masse zum Hasardspiel geworden. Die Löhne ... [von denen er eine lange Liste mitteilt, d. V.] betreffen den glücklichsten, begünstigsten Teil. Es ist angenommen, daß ihnen die Besitzenden das Recht des Lebens, welches sie ihnen entzogen, wieder zu verdienen Gelegenheit geben; es ist angenommen, daß sie jung, kräftig und unabhängig von Familiensorgen sind; es ist angenommen, daß sie Arbeit finden und durch die Gnade des Besitzes ihr Leben geschenkt bekommen. Die nächste Stufe von diesen glücklichen, unabhängigen Leuten, welche von morgens bis abends arbeiten dürfen, um nur zu vegetieren, bilden diejenigen, welche keine feste Arbeit haben oder in ihrer Familie durch kranke Eltern, Frau oder Kind verhindert sind. ... Sind diese Leute schon schlimm daran, so liegen dagegen diejenigen in den kläglichsten Verhältnissen, welche sich auf Zufall hin den ersten besten Beschäftigungen abwechselnd in die Arme werfen müssen. Es sind dies meist Familien, wo der Mann krank oder gestorben ist und entweder schwache Großeltern oder zahlreiche unmündige Kinder mit zu ernähren bleiben. Die Kinder werden, sobald sie im mindesten die Kraft dazu haben, in die Fabriken geschickt. Hier bleiben sie von morgens 5 bis abends 9 Uhr und verdienen die Woche 15 bis 22½ Silbergroschen, also 3 Silbergroschen täglich.«[63]

Diese Löhne sind wegen der veränderten Kaufkraft schwierig zu vergleichen; die drei Silbergroschen von 1846 dürften indes etwas weniger gewesen sein, als die 65 Pfennige von 1883, zumal sie als Großstadtlohn aus Berlin – die städtischen Lebensmittelpreise waren wesentlich höher als die ländlichen – weniger Kaufkraft hatten als die in ländlicher Umgebung im Rheinland verdienten 65 Pfennige.

Kinderarbeit bedeutet nicht nur, daß das körperliche Leistungsvermögen in einem zu frühen Alter hart belastet wird und damit der weiteren Entwicklung schadet; Kinderarbeit bedeutet meist zugleich, daß die Not – z. B. im Falle der Krankheit des Haupternährers – zum schnellen Verdienst zwingt, an eine berufliche Ausbildung also nicht zu denken ist. Der dreizehnjährige Nikolaus OSTERROTH berichtet von seiner ersten vollen Arbeit:

> »Zwei Tage nach meiner Schulentlassung ging mein [erkrankter, d. V.] Vater mit mir nach einer im nächsten Dorf gelegenen Ziegelfabrik, deren Besitzer, ein Schweizer, zwei Jahrzehnte vorher ein paar bescheidene Schuppen mit Handbetrieb errichtet und jetzt drei riesige miteinander verbundene Gebäude dastehen hatte, in denen neben 60 Erwachsenen 400 jugendliche Arbeiter und Mädchen beschäftigt waren. ... Die Natur seines Betriebes machte ihm die erwachsenen Arbeiter ziemlich entbehrlich. Maschinen holten den Ziegelton heran, Maschinen kneteten ihn, Maschinen näßten ihn, preßten ihn und lieferten in je zwei Sekunden dem ›Presser‹ die Ziegel auf eine vorgehaltene Holzleiste. Der Presser saß auf einem Stuhl hinter der Presse und gab die Holzleiste mit Ziegeln an einen dreizehnjährigen Jungen weiter. Der Junge machte in einer Sekunde einen meterlangen Satz und legte die Holzleiste auf einen rotierenden Aufzug; dann machte er in der nächsten Sekunde den Satz zurück und nahm die neuen Ziegel in Empfang. Der Presser verdiente durchschnittlich 6 Mark, wenn keine Störungen in der Presse oder bei der Weiterbeförderung vorkamen. Und mit eiserner Strenge sorgte er dafür, daß alles glatt ablief. Am Abend meldeten er und die anderen acht Presser dem Oberaufseher ... daß sie je 18000 Ziegel abgenommen hätten. ...
>
> Der Junge erhielt 85 Pfennig Tagelohn bei zehnstündiger Arbeitszeit. Er hatte in dieser Zeit zwischen dem Presser und dem rotierenden Aufzug 36 Kilometer zurückzulegen und hatte 1260 Zentner geformten Ziegelton zu transportieren. Da gabs kein Warten und kein Verschnaufen; er war das Zwischenglied zweier automatischer Maschinen, die das Tempo seiner Sätze regelten; und dann war zur Aufsicht der riesig große, rohe Presser da, der furchtbar schrie, wenn er die Ziegel eine viertel Sekunde länger in der Hand halten mußte. Wenn schließlich die Pause da war, hatte

der Junge keinen Hunger und keinen Durst mehr; er war so müde.

Am Abend waren ihm die Knochen wie zerschlagen, und er wußte bald nicht mehr heimzukommen ... von dem vielen roten Staub wurden seine Hände rot; und rot war, was er spuckte, und er glaubte, es sei Blut, und er müsse sterben. ... Aber er starb nicht; die Augen wurden zwar wie Glas und lagen tief in den Höhlen, und lachen konnte er auch nicht mehr. Wenn er gewaschen war, war er nicht mehr rot, ganz gelbbleich und mager war er. Außer an Ruhe und Sterben dachte der Junge oft gar nichts mehr. Nur hie und da meinte er, wie schön es wäre, wenn er noch in die Schule gehen und singen und lachen könnte. Die Maschine hatte ihn um alles gebracht. In 5 Monaten hatten sie aus einem frohen, helläugigen Kind einen sich nach Tod und Grabesruhe sehnenden Greis gemacht. Der Junge war ich.«[64]

Das war die ›gute alte Zeit‹ – für Fabrikbesitzer.

Auch in der Landwirtschaft wurde die billige Arbeitskraft von Kindern weiter ausgenutzt, gegen Ende des 19. Jahrhunderts wurde sie sogar noch eher öffentlich hingenommen als die Fabrikarbeit. Sie schien offenbar so selbstverständlich, daß die Berufs- und Gewerbezählung von 1895 landarbeitende Kinder nicht berücksichtigte. Nach J. KUCZYNSKI zu urteilen, vermutete Otto RÜHLE, der sich bald nach 1900 der agrarischen Kinderarbeit annahm, viel zu niedrige Zahlen. RÜHLE ermittelte, daß im Jahre 1895 in der Landwirtschaft Deutschlands mehr als 135 000 Kinder unter 14 Jahren beschäftigt waren, darunter rd. 30 600 im Alter von 6–12 Jahren (rd. 23 %). Ihre Arbeitszeit begann in der Regel schon mehrere Stunden vor dem Schulunterricht, ging nach dem Schulschluß bis zu Beginn der Dunkelheit, wenn sie nicht überhaupt zum Zweck der Landarbeitshilfe vom Unterricht befreit wurden für: Arbeiten auf Rüben- und Kartoffeläckern, bei der Heu- und Getreideernte, beim ›Maschinen‹ des Getreides, beim Hopfen- und Tabakbau, Steineabsammeln und Ährenlesen auf den Stoppelfeldern, bei Torfarbeiten, beim Einkellern und Einmieten, Schleppen schwerer Kannen, Schieben von Karren, vor allem auch beim Viehhüten. RÜHLE fügt hinzu:

»Bei Wind und Wetter, Sonnenbrand und Regen, auf feuchtem Acker und nassen Viehtriften, der Körper durchfroren, die Hände von Frost, Nässe und Schmutz aufgeplatzt, daß sie bluteten.«[65]

Im folgenden schildert ein ehemaliger Landarbeiter, Franz LÜTH, wie er als siebenjährige Halbwaise bei fremden Bauersleuten beschäftigt wurde:

»... er hatte den Kuhstall auszumisten. In Schweiß gebadet hackte Franz in dem filzigen festen Dung herum, der untermischt war mit Sand und langem Krummstroh. Seine geringen Kräfte reichten nicht hin, die langen Stücke auseinanderzureißen, aber er verzagte nicht, trotzdem er selbst schon nicht mehr viel anders aussah, als der Stoff, den er bearbeitete – und schließlich brachte er seine schwere Arbeit auch zustande. Ohne Ruhepause spannte ihn der Bauer nunmehr in eine zweirädrige Karre, damit er vom Berge Sand hole und ihn nach dem Viehhofe fahre. Der schwächliche Knabe brach fast zusammen und seine Brust keuchte wie ein geplatzter Blasebalg – und dennoch hielt er aus; ... Vergebens, daß die Magd ihn warnte, sich nicht so unmenschlich abzurakkern und ihm versicherte, daß er keinen Dank dafür ernten werde ... Franz ließ sich nicht beirren und robotete [arbeitete, d. V.], daß ihm die Schwarte knackte, bis es draußen dunkelte und er im Hause angestellt wurde, wo ein Haufe Kartoffeln seiner wartete, den zu schälen ihm oblag. Als er eine Stunde etwa immerzu geschält hatte, war er kaum noch imstande, sich von seinem Schemel zu erheben, alle Glieder waren ihm wie zerschlagen ... Als die Bäuerin den schmächtigen Jungen so steifbeinig gehen sah, brummte sie, daß man sie mit dem Bengel schön angeschmiert habe; wenn er von solchen leichten Arbeiten, wie Ausmisten, Sandfahren und dergleichen schon steife Knochen bekomme, wie sollte er dann erst im Sommer die Erntearbeiten aushalten? ... der Bauer ... meinte, der Junge habe heute immerhin noch einigermaßen gearbeitet, und wenn er sich erst mehr eingewöhnt habe, werde er auch mehr leisten können! ... Bei Jochen und Fieken, der Magd, habe die Peitsche stets das ihrige getan, und wenn der schragliche Bengel morgen noch so knickbeinig aus dem Bett käme, wie er sich heute niederlege, könne man ja mal probieren, ihn geläufig zu machen!«[66]

Kinder zu peitschen, war im damaligen Deutschland keineswegs auf Bauern beschränkt; Franz erwähnt in seinem weiteren Bericht, daß erwachsene Knechte noch geschlagen und von den Gerichten abgewiesen wurden, wenn sie sich beschwerten.

Neben der Landarbeit wurden, wie schon in den Tagen des Thomas PLATTER und Ulrich BRÄKER, Kinder bei der Heimarbeit angestellt, und es gab eine Vielzahl von Beschäftigungsmöglichkeiten im Kleinhandel und im Dienstleistungsgewerbe: als Lauf-, Boten-, Brötchen-, Zeitungsjungen. Wieder war ein hoher Anteil von Kindern unter zehn Jahren und von zehn bis dreizehn Jahren darunter. Hunderttausende von Kindern um 1900 waren neben dem täglichen Besuch der Schule zur Mitarbeit und zum Mitverdienen gezwungen. Schule und Schularbeiten mußten darunter leiden, ganz zu schweigen von der spielfreien Zeit. Selbst bloßes Ausschlafen wurde ihnen nicht gegönnt:

»Mein Bruder hatte zum Sommer das Austragen der Zeitungen übernommen und an zwei Plätzen ... [oben auf dem Berge] mußte ich die Blätter abgeben. Mutter begann mich schon um 6 Uhr zu wecken, zunächst ohne Erfolg.... Zuletzt hob sie mich aus dem Bett ... Die arme Teure entschuldigte sich dabei fortwährend. Sie tue es nicht aus bösem Willen, ihretwegen könnte ich bis 9 Uhr schlafen, doch ich müsse es begreifen, so sei die Sache ... daran sei nichts zu ändern. Die Kleider mußte sie mir auf den Leib ziehen. Ich nahm die Zeitungen zur Hand und begab mich im Halbschlaf auf den Weg.... Um 11 Uhr kam ich aus der Schule, da wartete auf mich schon eine neue Beschäftigung. Ich mußte Veilchen suchen, die meine Schwester zu Sträußen band und diese verkaufte ich. Oft stand ich stundenlang, ohne einen Strauß zu verkaufen.«[67]

Das Los der Kinderarbeiter war besonders hart in der Heimindustrie, bei der in den elterlichen Wohnungen von der Einhaltung einer bestimmten Arbeitszeit nicht die Rede sein konnte und oft bis in die sinkende Nacht gearbeitet wurde:

»Weil aber die Bezahlung sehr gering ist, werden die Kinder während ihrer ganzen freien Zeit zur Arbeit angehalten, vom 6. Jahre an beschäftigt und auf diese Weise den erheiternden und kräftigenden Spielen in freier Luft entzogen.« (Bild 12, S. 33)

So war in den »Preußischen Jahrbüchern« von 1883 nachzulesen, und zu derselben Zeit lag ein Buch über die Hausindustrie in Thüringen vor, das sich u. a. mit den Spielwarenmachern beschäftigt:

»Ihre Wohnungen bestehen gewöhnlich aus Stube und Kammer ... niedrig ... vollgestopft [auch mit Arbeitsmaterial, d. V.] ... Die Arbeitsstube, zugleich Küche und Wohnstube ... wird Sommer und Winter ununterbrochen beheizt ..., um heißes Wasser zu halten ... Die Schlafkammer ... enthält gerade Raum genug für 2 oder 3 Betten ... so nahe beieinander ..., daß kein Durchgang frei bleibt ... oft schlafen drei, nicht selten vier Personen in einem Bett zusammen, zwei mit dem Kopf nach aufwärts und zwei nach abwärts. Unter der Woche wird nicht gekehrt, es sammeln sich ... die Abfälle bei der Arbeit zu stattlichen Haufen an, welche erst Sonnabend nachmittag hinausgekehrt werden.«[68]

Über die Arbeitsgewohnheiten der Spielzeugmacher schreibt derselbe Beobachter:

»... es bildet sich innerhalb der Familie eine peinlich genaue Arbeitsteilung aus. ... Der Vater lackiert und malt den Kopf, die Mutter schneidet Kleidchen zu, die Töchter nähen die Kleidchen und ziehen sie über das Gestell, ein Knabe streicht die Beine an, der Jüngste schlägt die Tschinellen auf: und der Stürzenschläger ist fertig. ... Bei Bereitung der Papiermasse ... füllt sich sofort die Stube mit unerträglichem Gestank. ... Beim Abraspeln der Verbindungsnähte und beim Abputzen entwickelt sich viel Staub, welcher mineralische Teilchen enthält und eingeatmet katarrhalische Zustände der Lunge herbeiführt und als Folge davon die Lungenschwindsucht. ... Fast die Hälfte aller im Alter von über 15 Jahren Sterbenden geht an Lungenkrankheiten zugrunde.«[69]

Die Lebenssituation des Heimarbeiterkindes in dieser Umgebung sei gekennzeichnet durch »Blutarmuth, Skrophulosität ... Gelenks- und Knochenkrankheiten«, heißt es in einem halboffiziellen Bericht.[70]

An diesen Verhältnissen hatte sich bis 1900 nicht viel geändert. Unwidersprochen blieb eine Zeitungsmeldung aus dem Jahre 1902:

»Kinderlied. Bei den Reichstagsverhandlungen über die Kinderarbeit wurde konstatiert [festgestellt], daß in der Sonneberger Spielzeugindustrie um die Weihnachtszeit kleine Kinder bis 3 und 4 Uhr nachts beschäftigt werden. Diese Tatsache mußte ... der Sachsen-meiningische Minister selbst bestätigen.

Der Morgen graut. Ein fahler Schein
Stiehlt sich in's dumpfe Kämmerlein,
Als fühlt er er ein menschlich Erbarmen.
Da sitzt bei der Lampe, die Augen rot,
Auf den hohlen Wangen den blassen Tod,
Das hüstelnde Kind des Armen.

Es hat gewacht die ganze Nacht,
Spielsachen den Kindern der Reichen gemacht.
O Gott! Wie schön ist's auf Erden!
Und zitternd umspannt die magere Hand
Den buntbemalten Flitterstand,
Die Puppe muß fertig werden.

Die schöne Puppe muß zur Stadt,
Wo jedes Kind seine Puppe hat
Und Zeit, mit ihr zu spielen!
O könnt' ich doch die Puppe sein!
Da ging ich spazieren im Sonnenschein
Und schliefe des Nachts im Kühlen.«[71]

Welch ein absurder Umstand, daß Kinder nicht glücklich waren mit Spielzeug, sondern dadurch verkümmerten, daß sie es ungezählte Stunden lang produzieren mußten!

## Stadt-Traum

Der Traum von der Stadt mußte für viele Kinder, die die modernen Großstädte bevölkerten, zum Alptraum werden. Ihnen war sicher mehr zum Träumen vom Landleben zumute, das sie nicht kannten. Der Wohn- und Lebensraum der Großstadtkinder muß auf dem Hintergrund der Bauweise und im besonderen der mangelhaften Stadthygiene gesehen werden.
Noch zu Beginn des 19. Jahrhunderts waren die gesamthygienischen Verhältnisse in den Städten allgemein kaum besser als im 16. Jahrhundert: tote Kleintiere, Kehricht, Kot, Ergüsse aus Nachteimern – alles flog auf die Straßen; der Inhalt von Fäkalien- und Jauche-Schwindgruben versickerte ins Grundwasser, so daß es gesundheitsgefährdend verseucht wurde. Erst die großen Cholera-Epidemien um die Mitte des 19. Jahrhunderts (letzte Cholera-Epidemie in München 1854/55) führten zu den Plänen der Städtereinigung: zu Abwässer-Röhrenleitungen, Acker-Sammelkanalisation, unterirdischen Systemen. Beispielgebend waren die Großanlagen der unterirdischen Kanalisation, die in London geschaffen wurden; ihrem Vorbild folgten im Lauf der 1850er Jahre Hamburg, Berlin, München, Danzig, Frankfurt am Main, Breslau und andere große Städte; im Laufe der 1860er Jahre folgten Anlagen zur Beseitigung der Abfallstoffe. Trinkwasserbereinigung, zentrale Wasserleitungssysteme, Müllabfuhren wurden nach der Jahrhundertmitte angelegt bzw. eingerichtet.[72]

»Der gewaltige Plan der Städtereinigung war am Ende des 19. Jahrhunderts fast überall in die Wirklichkeit umgesetzt worden.«[73]

Mit dem Fortschritt in der allgemeinen Stadthygiene begann zwar eine Verbesserung der Wohnungsausstattungen für gehobene

Wohnansprüche (Bäder, Wasserklosetts), nicht aber in nur annähernd gleichem Maße in den Arbeitervierteln.[74] (vgl. Bild 23)
Von den 522 000 Einwohnern Berlins hausten im Jahre 1861 10% in Kellerwohnungen; mehr als 20% lebten zu fünf und mehr Personen in Wohnungen mit nur einem heizbaren Zimmer.[75]
Noch um 1900 galt eine Wohnung mit zwei Zimmern, die mit weniger als 8 Personen belegt war, nach dem »Jahrbuch deutscher Städte« als nicht überbesetzt.[76]
In den Jahren 1871/73 setzte in den großen Städten eine verstärkte Bautätigkeit mit dem Hochreißen von Mietskasernen ein; geschlossene Gebäudekomplexe mit hohen Seitenflügeln und Hinterhäusern und Quergebäuden, oft mit mehrfachen Hinterhöfen, häufig zum Hof hinaus mit Werkstatt- und Betriebseinrichtungen, auch Pferde- und Kuhställen; Wohn- und Wirtschaftsräume von vorn bis hinten, vom Keller bis zum Dach; von eng anschließenden Nachbargebäuden berührt; Wohnkomplexe mit kaminartig engem Hof ohne Grünflächen, mit sich zersetzenden Hausabfällen, deren Gestank sich mit dem übelriechender Abzugskanäle vermischte.[77]
Dementsprechend mangelhaft und primitiv war die Ausrüstung der Wohnungen: zumeist Kleinstwohnungen, oft nur ein Zimmer oder Kochraum mit Ofen oder Küchenherd, keine Waschbecken, Toiletten auf Hof oder Flur (im Zwischenstock) für mehrere Familien gemeinsam, roher Holzfußboden, kleinscheibige Fenster ohne Doppelverglasung, auch fensterlose Räume, Keller- und Dachbehausungen.
Noch um 1900 waren in Berlin 43% aller Haushaltungen in einräumigen, 28% in zweiräumigen Wohnungen (die Küche eingerechnet) untergebracht. In fast 2000 Wohnungen lebten in einem einzigen Raum bis zu 10 Personen: Eltern, Kinder (unter 15 Jahren), ›Schlafleute‹ beiderlei Geschlechts, die einen Schlafplatz (für Tag oder Nacht) gemietet hatten. – Im Jahre 1880 hatten über 22% der 256 365 Haushaltungen in Berlin Schlafleute oder Einmieter.[78] In anderen Großstädten waren die Verhältnisse durchaus ähnlich.
In Wien hatten z. B. im Jahre 1869 nur knapp 45% der Arbeiter eine eigene Wohnung. Verheiratet waren von den männlichen Arbeitern noch im Jahre 1890 nur 36% und von den weiblichen 15%[79], von den Meistern hingegen schon im 18./19. Jahrhundert 78%.
Die sozialen Gegensätze in den Wohnverhältnissen traten einerseits im Vergleich zwischen verschiedenen Wohnbezirken, andererseits unter den Mietparteien eines Hauskomplexes in Erscheinung. Die Wohnungen im Vorderhaus waren in der ersten Etage

den Reichen vorbehalten, die 500 Taler Jahresmiete aufbringen konnten, im zweiten Stock und im Parterre (mit je zwei Wohnungen) den 250-Taler-Mietern; im dritten Stock (mit zwei Wohnungen zu je 150 Talern) und im vierten Stock (mit drei Wohnungen zu je 100 Talern) wohnten Mittelständler und weniger Bemittelte und geistigen Berufen Angehörige (Lehrer, Künstler, Gelehrte, Beamte). Keller- und Dachwohnungen, Hinterhaus-, Hof- und Bodenräume waren dem Proletariat vorbehalten.

Das Wohnelend der sogenannten arbeitenden Klassen verdichtete sich in dem Maße, in dem die Wohnungen (auch die Räume) kleiner und die Zahl der Mietparteien in einem Hause größer wurden.

Ein Berliner Stadtmissionar berichtete 1874 aus seinem Missionsbezirk über Häuser, die von 250 Familien bewohnt wurden, und Korridore, auf die 36 Wohnungen mündeten. Er fand dort 17 Frauen in wilder Ehe, 22 Prostituierte, 17 ungetraute Paare. Daraus schlossen Zeitgenossen:

> »Die heutige Gesellschaft nötigt die unteren Schichten des großstädtischen Fabrikproletariats durch die Wohnungsverhältnisse mit absoluter Notwendigkeit zum Zurücksinken auf ein Niveau der Barbarei und Brutalität, der Roheit und des Rowdytums, das unsere Vorfahren schon Jahrhunderte hinter sich hatten.«[80]

Verheerender noch als auf die Erwachsenen wirkten sich die Wohnumstände und deren Begleiterscheinungen auf die Situation und die Entwicklung der Kinder in den Arbeitervierteln aus. Bei der Rundum-Gefährdung durch unhygienische, erstickend beengende, elende Wohn- und Lebensbedingungen, bei mütterlicher Erwerbstätigkeit und Tages-Verlassenheit der Kinder, war ein gesunder Lebens-, Bewegungs- und Schutzraum für sie nicht abzusichern.

Medizinal-soziologische Untersuchungen in den Jahren 1861/67 ergaben, daß es innerhalb der gesundheitlich Gefährdeten durch die Wohnverhältnisse noch Negativ-Abstufungen, und zwar zu den in Keller- und Dachwohnungen (ab IV. Stock und höher) hausenden Bewohnern gab: Der Pro-Tausend-Satz der Gestorbenen betrug in Berliner Kellerwohnungen 25,3; in Dachwohnungen 28,2; in anderen Stockwerken 21,6 bis 22,6. Im Jahre 1898 meinte man, daß die Dachbewohner noch ärmer, noch schlechter gekleidet, noch schlechter ernährt wären als die Kellerbewohner; sie kamen weniger an die frische Luft, litten unter den Folgen der Hitze und hatten 30% mehr Totgeburten als die Kellerbevölkerung.[81] Nicht allein die Krankheitsanfälligkeit unter der Arbeiterbevölkerung war höher als im Durchschnitt, sondern auch die Säuglings- und Kindersterb-

lichkeit. In den Arbeitervierteln Berlins war die Säuglingssterblichkeit rund achtmal höher als in den reichen Wohnvierteln: 42% in Wedding gegenüber 5,2% in Tiergarten.[82]
Nach einem Bericht von Ellen KEY starben in Berlins armer Bevölkerung jährlich 345 von 1 000 Kindern, also etwa jedes dritte Kind – im heißen Sommer 1905 sogar annähernd zwei Drittel der Kinder.

Nach ärztlicher Ermittlung starben im Jahre 1901[83]

| bei Arbeitern | beim Mittelstand | bei Reichen | im Alter von |
|---|---|---|---|
| 55,1% | 29,3% | 13,4% | bis zu 6 Jahren |
| 9,3% | 4,9% | 2,1% | von 6 bis zu 14 Jahren |
| 64,4% | 34,2% | 15,2% | von 0 bis zu 14 Jahren |

Vergleichen wir die Säuglings- und Kindersterblichkeit mit der heutigen: In dem Jahrzehnt von 1881/90 war sie zehnmal höher als 1968/70. Durchschnittlich starben im ersten Lebensjahr damals ca. 22,4%, im zweiten Lebensjahr ca. 5%, im dritten bis fünften Lebensjahr noch mal 5% der Kinder.[84]
Die Müttersterblichkeit lag um das Achtfache höher als 1971: In den Jahren 1892 und 1893 gab es 41 und 47 Sterbefälle auf je 1000, 1969/70 ganze 5. In den gleichen Jahren starben an Tuberkulose ca. 26 von 1000 Menschen (heute knapp 0,9). Die Lebenserwartung fünfundzwanzig- bis dreißigjähriger Frauen lag 1871–80 noch bei zusätzlichen 36,5 bzw. 33,0 Jahren; bei Männern derselben Altersgruppe lag sie etwa eineinhalb Jahre niedriger.[85] – In der Arbeiterbevölkerung gab es aber viele Mütter, die nicht einmal das 30. Lebensjahr erreichten. –
Die Auswirkungen dieser Zustände trafen mit voller Härte auf die körperlich schwer arbeitende Bevölkerung zu, insbesondere auf deren Kinder, von denen eine große Zahl schon im Einschulungsalter zu Halb- und Vollwaisen wurden. Ihr Los, in verwandten oder fremden Familien oder in Heimen als Pflege-, Kost- oder als Heimkinder aufzuwachsen, verbesserte ihre Lage keineswegs. Sie blieben in der gleichen sozialen Situation – dem Lebensniveau der meisten aufnehmenden Familien entsprechend – oder mit der Ablehnung des Heimkindes belastet.

## Gegen Kinderarbeit

Wie erbärmlich die sozialen und hygienischen Zustände auch immer waren, in denen Kinder armer Eltern noch um 1900 aufwuchsen, so stellten sie bereits eine Verbesserung gegenüber denen früherer Zeiten dar. Denn es wurde nicht mehr als Selbstverständlichkeit hingenommen, daß ein Großteil der Bevölkerung am Rande des Existenzminimums dahinvegetierte. Vor allem hatten viele Betroffene Hoffnungen, ihre Lage und die ihrer Kinder verbessern zu können, während noch zur Jahrhundertmitte das Elend von den meisten von ihnen als unabänderlich hingenommen wurde. In diesem Punkt berührten sie sich mit der etablierten Gesellschaft, die sich erst vorsichtig beschreibend der beängstigenden Wirklichkeit näherte. So hieß es in dem weitverbreiteten Brockhaus-Lexikon von 1846:

> »Pauperismus ist ein neuerfundener Ausdruck für eine höchstbedeutsame und unheilvolle Erscheinung, den man im Deutschen durch die Worte Massenarmut oder Armentum wiederzugeben versucht hat. Es handelt sich dabei nicht um die natürliche Armut, wie sie als Ausnahme infolge physischer [körperlicher], geistiger oder sittlicher Gebrechen oder zufälliger Unglücksfälle immerfort einzelne befallen mag; auch nicht um die vergleichungsweise Dürftigkeit, bei der doch eine sichere Grundlage des Unterhalts bleibt. Der Pauperismus ist da vorhanden, wo eine zahlreiche Volksklasse sich durch die angestrengteste Arbeit höchstens das notdürftigste Auskommen verdienen kann, auch dessen nicht sicher ist, in der Regel schon von der Geburt an und auf Lebenszeit solcher Lage geopfert ist, keine Aussichten der Änderung hat, darüber immer tiefer in Stumpfsinn und Roheit versinkt, den Seuchen, der Branntweinpest und viehischen Lastern aller Art, den Armen-, Arbeits- und Zuchthäusern fortwährend eine immer steigende Zahl von Rekruten liefert und dabei immer noch sich in reißender Schnelligkeit ergänzt und vermehrt.«[86]

Der Brockhaus-Artikel vermied es oder seine Redakteure wußten nicht, auf die wirtschaftlichen Ursachen der fortwährenden Vergrößerung der Armutsbevölkerung einzugehen. Zwei Jahre später schrieben Karl MARX und Friedrich ENGELS sehr viel prägnanter in dem 1848 erschienenen »Kommunistischen Manifest« über das Entstehen und Anwachsen des Proletariats. Darin behaupteten sie nicht, daß die Armen in »Stumpfsinn und Roheit« versinken, und außerdem warfen sie ihnen die Armut nicht vor!

Um die Jahrhundertmitte konnte man bereits eine Reihe von zaghaften Versuchen verfolgen, wenigstens die Heranwachsenden der Armenbevölkerung vor zu früher und damit zu großer Beanspruchung in den Fabriken zu schützen. Die ersten Schritte zu einem Arbeitsschutz und zur Arbeitszeitbeschränkung für Kinder waren in England um 1800 eingeleitet worden. Die staatliche Gesetzgebung bezog sich allerdings zuerst nur auf die öffentlicher ›Fürsorge‹ unterstehenden Waisen und Halbwaisen der Kirchengemeinden. Unter dem Einfluß der Schriften des Fabrikanten, Sozial- und Erziehungsreformers Robert OWEN – der nicht nur theoretisch den Zehnstundentag forderte, sondern ihn auch in seiner Fabrik in New Lanark einführte – wurde 1819 durch ein allgemein geltendes Arbeitsschutzgesetz bestimmt, daß das Mindestalter von Kindern in Baumwollspinnereien neun Jahre sein soll.[87]
Der erste größere deutsche Versuch dieser Art begann 1817 in Preußen. Der Minister HARDENBERG forderte Stellungnahmen der Oberpräsidenten einiger preußischer Verwaltungsbezirke zu der Frage an, wie es wohl zu verhindern sei, daß die Kinder der »Menschenklasse« der Fabrikarbeiter auch »in besten Jahren dürftig« lebten und in schlechten Jahren »dem tiefsten Elend preisgegeben« seien. Für die Kinder befürchtete der Minister, daß deren Fesselung an die Fabrik sie durch die früheste Gewöhnung von ihr abhängig und so einseitig werden lasse, daß sie zu keiner anderen Arbeit, z. B. als Ackerbau-Tagelöhner, Bauhandwerker, Hausgesinde, mehr fähig und wenig »geschickt« sein werden, das Vaterland zu verteidigen.[88]
Die vielfältigen Überlegungen HARDENBERGS über den ökonomisch und menschlich unzuträglichen Massenzug in die Fabriken sowie über die Gefahren für die militärische Tauglichkeit scheinen nicht überzeugt zu haben. Bis dahin waren offenbar die Profitinteressen noch stärker. Jedenfalls wurden praktische Konsequenzen weder aus den eingehenden Stellungnahmen der Oberpräsidenten noch aus den zehn Jahre später vom Minister der Geistlichen, Unterrichts- und Medizinalangelegenheiten angeforderten Berichten über die Kinderarbeit gezogen.
Erst als in einem Landwehrgeschäftsbericht 1828 auf militärische Nachteile der Fabrikarbeit aufmerksam gemacht wurde, reagierte die preußische Monarchie. Der König befahl den Ministern für Unterricht und für Handel in einer Kabinettsorder:

> »Der Generalleutnant v. Horn bemerkt in seinem Landwehrgeschäftsbericht, daß die Fabrikgegenden ihr Kontingent zum Ersatz der Armee nicht vollständig stellen können und daher von

den Kreisen, welche Ackerbau treiben, übertragen werden, und erwähnt dabei des Übelstandes, daß von den Fabrikunternehmern sogar Kinder in Masse des Nachts zu den Arbeiten benutzt werden. Ich kann ein solches Verfahren um so weniger billigen, als dadurch die physische Ausbildung der zarten Jugend unterdrückt wird und zu besorgen ist, daß in den Fabrikgegenden die künftige Generation noch schwächer und verkrüppelter werden wird, als es die jetzige schon sein soll. Daher trage ich Ihnen auf, in höhere Erwägung zu nehmen, durch welche Maßregeln jenem Verfahren kräftig entgegengewirkt werden kann, und sodann an mich darüber zu berichten.«[89]

Weder die »höhere Erwägung« der Minister noch der so entschlossen geäußerte Wille des Monarchen reichten aus, die Kinderarbeit einzuschränken. Die ökonomischen Verhältnisse, vor allem aber das wirtschaftliche Interesse der Unternehmer, die auf die Kinder als billigste Arbeitskraft nicht verzichten wollten, erwiesen sich noch immer stärker. Erst als Unternehmer selbst Kritik an der Kinder-Ausbeutung übten, geschah etwas. Veranlaßt durch Bürger-Initiativen (so würde man heute sagen) kam die Gesetzgebung in Gang. Der Provinziallandtag der preußischen Rheinprovinz (die in ihrem Nordteil über eine der entwickeltsten Textilindustrien Preußens verfügte) erklärte aus humanitären und christlichen Motiven heraus eine Einschränkung der Kinderarbeit für notwendig. Da der Provinziallandtag nicht aus eigenem Ermessen Gesetze erlassen konnte, bat die Versammlung der Stände den Monarchen, durch ein Gesetz zu verhindern, daß

»... diese armen Kleinen in zu frühem Alter zur Arbeit benützt werden, und daß sie im allgemeinen zu lange, nämlich 13 Stunden des Tages, und zu anhaltend arbeiten müssen. Da sie nicht den gehörigen Unterricht erhalten können, so ist es nicht zu verwundern, wenn sie physisch und moralisch verkrüppeln. Getreue Stände haben es daher für nötig befunden, Ew. königliche Majestät um ein Schutzgesetz für die bezeichneten Kinder zu bitten.«[90]

Ob die Antragsteller wirklich meinten, ›moralische Verkrüppelung‹ beruhe auf dem fehlenden Schulunterricht, sei dahingestellt. Daran erinnert sei, daß die Kinderarbeiter schutzlos der Willkür ihrer Aufseher preisgegeben waren. Auch sexuelle Mißhandlungen und Verletzungen der Kinder kamen in den Fabriken vor. Zehnjährige Mädchen wurden von Syphilis angesteckt.[91]

Das ausschlaggebende Argument für die Beschlußfassung im preußischen Landtag war letztlich die bedrohte Militärtauglichkeit der

Jugend. Im Jahre 1839 trat in Preußen der erste beschränkte Arbeitsschutz in Kraft. Das Gesetz verbot die regelmäßige Arbeit von Kindern unter 9 Jahren in Fabriken, in Berg-, Hütten- und Pochwerken (§ 1); außerdem die Beschäftigung von Jugendlichen unter 16 Jahren, die nicht einen dreijährigen regelmäßigen Schulunterricht oder ein Zeugnis darüber vorweisen konnten, daß sie die »Muttersprache geläufig lesen« können und »einen Anfang im Schreiben gemacht« haben (§ 2). Besondere sanitäts-, bau- und sittenpolizeiliche Anordnungen und Strafbestimmungen sollten dazu dienen, bei Gefährdung des sittlichen oder gesundheitlichen Wohls der Fabrik-Kinderarbeiter einschreiten zu können.[92]

Die gesetzlichen Bestimmungen waren leicht zu umgehen, weil ihre Durchführung staatlicherseits nicht überwacht wurde. Der Arbeitsmißbrauch der Kinder wurde also kaum eingedämmt.

Im Jahre 1853 wurden die Schutzbestimmungen erweitert, so daß ab 1855 Kinderarbeit nur noch nach dem vollendeten 12. Lebensjahr gestattet war. Zur Aufsicht über die Einhaltung der Schutzbestimmungen konnten Fabrik-Inspektoren im Bedarfsfalle eingesetzt werden. Zunächst wurden lediglich drei Inspektoren berufen, und zwar im wirtschaftlich entwickeltsten Teil Preußens, dem heutigen Nordrhein-Westfalen. Weitere folgten allmählich. Obgleich sich die Kontrollbeamten teilweise intensiv bemühten, wurden die gesetzlichen Vorschriften in großem Umfange weiter rücksichtslos mißachtet. Eine Revision der Berliner Fabriken im Jahre 1856 ergab z. B., daß die Arbeitszeit der Kinder, die höchstens zehn Stunden betragen durfte, in mehr als der Hälfte der Betriebe willkürlich weit überschritten wurde und daß Kinder mit acht und neun Jahren weiterhin in Fabriken arbeiteten.[93]

In anderen deutschen Staaten wurden ebenfalls Kinderschutzgesetze erlassen; sie blieben hinter den preußischen jedoch noch zurück. Mit der Gründung des Deutschen Reiches wurden 1871 die preußischen Gesetze auf ganz Deutschland ausgedehnt.[94] Es dauerte noch Jahrzehnte, bis sich die öffentlich und amtlich erhobenen Proteste gegen die gesundheitsschädigenden und verwahrlosenden Umstände der Kinderarbeit generell auswirkten. Besondere Verdienste kamen dabei den Fabrikinspektoren zu, deren Zahl in den 1870er Jahren erheblich vergrößert wurde. Sie erstatteten regelmäßig Bericht über Art und Verhältnisse der beaufsichtigten Fabriken, über die Beschäftigung von jugendlichen Arbeitern, getrennt nach Zwölf- bis Vierzehnjährigen und Vierzehn- bis Sechzehnjährigen, und im besonderen über den Unfallschutz.[95]

Noch 1874 gab es Fabriken, die Kinder unter acht Jahren ständig beschäftigten, Tabak- und Zigarettenfabriken, in denen 25% aller Arbeiter Kinder waren, Phosphorzündholzfabriken mit 50% Kinderarbeitern. Noch 1879 wurden vierjährige Kinder in Ziegeleien beschäftigt; auch im Bergbau waren noch Kinder tätig: Grubenjungen zum Karren, Schleppen und Türhüten; in Glashütten gab es Arbeiter, die im Alter von fünf Jahren dort angefangen hatten.

In den Berichten der Fabrikinspektoren aus den Jahren 1876, 1877 und 1878 wurden zunehmend nachdrücklicher die dumpfen und feuchten, niedrigen und engen, mangelhaft ventilierten Arbeitsräume kritisiert, die charakteristisch für die Entwicklung der Fabriken aus dem Kleingewerbe waren. Ein anschauliches Bild davon, wie die Arbeitenden auf engem Raum zusammengepfercht wurden und von ihren Gesundheitsschäden, wird von den Schleifereien vermittelt: Am Schleifstein zu arbeiten, bringt Augen- und Lungenschädigungen, Einklemmen des Bauches, Einpressen der Brust, Heraustreten der Schulterblätter mit Überanstrengung der Arme und der Rückenmuskulatur. Die Knaben sind selbst ein Stück eingespannter Akkordmaschine, den das Schleifstück haltenden Schleifklotz gegen den Schleifstein pressend; die Männer: welker, magerer Körper, verengte Brust, krummer Rücken, immerwährendes Hüsteln und Atemnot (die baldige Zukunft der hier arbeitenden Kinder). Als gesundheitsschädlich wurden allgemein in den Berichten bezeichnet: Kinderarbeit in Phosphorzündholzfabriken, Appreturanstalten, Papp-, Zigarren- und Holzbearbeitungs-Maschinenfabriken sowie das Schieben der schweren Karren und das Kohlenaufschütten in Ziegeleien.

Insgesamt lassen die Fabrikberichte trotz hoher Beanstandungen (bis zu 5% der Aufsichtsfälle) doch eine Besserung der Zustände und vor allem einen kontinuierlichen Rückgang der Kinderarbeit in den meisten Industriezweigen erkennen.

Die Verminderung der industriellen und gewerblichen Kinderarbeit im letzten Viertel des 19. Jahrhunderts ist jedoch keineswegs allein durch vermehrte staatliche Kontrolle zu erklären. Sie war in vielleicht noch stärkerem Maße dadurch bedingt, daß die Zahl der Mittel- und Großbetriebe zunahm – eine Entwicklung nach der Industrialisierungsphase von 1850/70, die sich in allen Teilen des Deutschen Reiches bemerkbar machte. Man kann daher sagen, daß humanitäre Ziele erst in dem Maße erreicht wurden, wie erhöhte Ansprüche in den Produktionsverfahren die Kinderarbeit in maschinenbetriebenen Unternehmen unrentabel machten. Wie Zahlen und Beispiele im vorigen Abschnitt zeigten, blieb sie weiter in den Produktionsbereichen üblich, in denen sie noch rentabel war.

## Erst die Arbeit – dann die Schule (und umgekehrt)

Die Kinder, die nicht auf die Felder, in Werkstätten und Fabriken geschickt wurden, kamen zur Schule. Je stärker die wirtschaftliche Produktivität wuchs und sich die Lage der handarbeitenden, nichtbesitzenden Bevölkerung anzuheben begann, desto mehr Kinder konnten die Schule besuchen, die ihnen Lesen, Schreiben und Rechnen sowie die wichtigsten kirchlichen Lieder und Gedichte beibringen sollte. Selbst dieses Elementarschul-Programm wurde im 18. Jahrhundert und weit bis ins 19. Jahrhundert oft nicht erreicht. Auf dem Lande wurde die Mitarbeit der Kinder noch lange für unentbehrlich gehalten, so daß der Unterricht im Sommer nur spärlich besucht wurde. Von Ulrich BRÄKER wissen wir:

> »Ich bin in meinen Kinderjahren [in den 1740er Jahren, d. V.] nur wenige Wochen in die Schule gegangen.«[96]

In seiner Biographie findet man kein Zeichen des Bedauerns – vielleicht eine wortlose Reaktion auf damalige Schulzustände.

Der Schulmeister Christian Friedrich SCHUBART – der später als Journalist den Tyrannen von Württemberg so erzürnte, daß dieser ihn zehn Jahre lang in der Festung Hohenasberg einkerkern ließ – klagte 1767 einem Freund:

> »Sie haben 28 Schüler, und ich habe über 100 Troßbuben ... Sie haben einen Senior, der menschlich denkt zum Scholarchen [Schulvorsteher, d. V.], und ich muß mich unter das Joch zweier Baalspfaffen [Götzenpriester, d. V.] schmiegen, die der Neid in allen ihren Handlungen beseelt.«[97]

Seit der zweiten Hälfte des 18. Jahrhunderts wurden nicht nur überfüllte Klassen und eine unverständige Schulaufsicht, sondern vor allem auch die pädagogische und methodische Unzulänglichkeit vieler Schulmeister kritisiert. Gerade auf dem Lande gab es viele, die von Beruf Handwerker (oft Schneider) oder entlassene Militärs waren. Unter Lehrern mit dieser Vorbildung zu lernen, danach sehnten sich anscheinend wenige Kinder. Der Lernerfolg war denn auch äußerst gering. Es wird als zutreffend für viele Gegenden Deutschlands angegeben, daß im 17. und 18. Jahrhundert 25% der Kinder zur Schule gingen und noch nicht einmal 10% lesen und schreiben lernten.[98]

Obgleich das Allgemeine Landrecht 1794 in Preußen die Schulpflicht für alle Sechs- bis Vierzehnjährigen vorsah, besuchten in Berlin im Jahre 1818 von 27000 schulpflichtigen Kindern 8000 überhaupt keine Schule (etwa 29%). Im Jahre 1827 waren es noch 20% der schulpflichtigen Kinder.[99]

Seit dem Anfang des 19. Jahrhunderts begannen sich die Regierungen der deutschen Länder immer mehr darum zu kümmern, daß die Kinder die Schulen besuchen. Ohne auf die Ursachen der Armut einzugehen, wurde in einem Gutachten der Berliner Regierung aus dem Jahr 1819 nachdrücklich beklagt, daß »Eltern ihre Kinder von dem Besuch der Schule abhalten und zugleich zu anhaltender Arbeit zwingen«; sie beschäftigten sie

> »auf mehr oder minder verderbliche Weise, welche die Kinder durch Entziehung des Unterrichts unwissend, durch Anstrengung vor der Zeit physisch verkrüppelt, und durch Mangel an Muße gemütlos macht«.

Zuvor wird in dem Regierungsbericht als »Übel« dieser Erziehung bezeichnet:

> »... die Kinder behalten durchaus keine Muße, ihr Gefühl durch das Anschauen der Natur, durch Hineingehen in sich selbst, durch eine innere Fröhlichkeit und Laune zu entwickeln, und so müssen sie wohl gemütlos und fühllos werden.«[100]

Die Berichterstatter hatten durchaus recht, wenn sie die seelische Verkrüppelung der Kinder mit deren harter Arbeitsbelastung erklären. Doch: Wie konnten sie darbende, elende Eltern überzeugen, ihre Kinder in die Schule zu schicken statt zum Geldverdienen in die Fabriken, Werkstätten, auf die Felder oder zu Gelegenheitsarbeiten auf die Straße?

Viele Kinder nahmen die Doppelbelastung auf sich oder wurden gezwungen, neben der Arbeit Lesen, Schreiben und Rechnen zu lernen. Der Erfolg spricht für sich:

> »1. Von den 715 durch die Polizei ausgemittelten, in Fabriken arbeitenden Kinder können nur 234 rechnen, dagegen sind 481 ... im Rechnen völlig unwissend.
> 2. Von den 715 obgedachten Kindern können nur 351 etwas schreiben, dagegen sind 364 ... dieser Fertigkeit unkundig.
> 3. Von denselben haben es zum Lesen gebracht 455, nicht lesen können 260 ...
> 4. Religionskenntnisse besitzen nur 39, dagegen sind 676 ... unwissend in diesem Gegenstande.«[101]

Die Fortschritte während des 19. Jahrhunderts sind nicht stetig; sie wurden durch gegensätzliche Interessen oft gehemmt. Zweifellos erhöhte sich erheblich die Zahl der Schulgänger und verbesserten sich die Schulverhältnisse. Jedoch viele Kinder müssen weiter die Schule mit dem Gefühl des Schulversagens verlassen haben: Nach einer Statistik des Jahres 1891 erreichten in den Berliner Gemeindeschulen, die schulgeldfrei und deren Schüler zu 60% Arbeiterkin-

der waren, nur 58% aller Schüler das eigentliche Lehrziel, die Entlassung aus der obersten Klasse.[102] Zum Vergleich: Im Jahre 1970 hatten in einem statistisch entsprechenden Arbeiterbezirk rund 72% der Bevölkerung einen Hauptschulabschluß.[103]
Mehr noch als in der Stadt war auf dem Lande die Einstellung zu einer Bildung ›für alle‹ ambivalent. Als besonders drastisch ist die Kritik des Grafen ZINNEBERG (1883) an der Verbesserung des ländlichen Schulwesens und der Einführung von Arbeitslehrerinnen für Bauernmädchen zu zitieren:

> »Schon hat unser Schulwesen den Keim des Verderbens in die weiblichen Dienstboten verpflanzt. ... Die Mägde, welche musterhaft ihren Stall regierten ... welche von früh morgens bis abends spät ... bei der Arbeit waren, sie sind verschwunden. ... Man verpflanze doch auf das Land nicht die Vielwisserei. Das Beste, was die Landschulen bieten und die Erziehung gewähren kann, ist die Liebe zu Arbeit und Tätigkeit, zu Entbehrung und Sparsamkeit. Demgegenüber ist es höchst gleichgültig, ob die Bäuerin etwas besser lesen oder schreiben kann.... Die überflüssig lange Zeit, welche die Kinder in der Schule zubringen müssen, gewöhnt sie an Bequemlichkeit und Müßiggang, und das ist die Anklage gegen das siebente Schuljahr.«[104]

Das sind die Worte eines Mannes, der offenbar befürchten muß, etwas weniger von der Arbeit der Landkinder zu profitieren, wenn sie ein Jahr länger zur Schule gehen, und dem es höchst verwerflich erscheint, daß vielleicht in einem Mädchen vom Lande der Wunsch erwachen möchte, über den Stall, in dem es sein Leben verbringt, hinauszugucken.
Allenthalben stießen widerstreitende Interessen bei dem Kampf um das Für und Wider des Schulbesuchs aufeinander. Eltern waren gegen den Schulbesuch, weil er ihr Einkommen schmälerte, wenn das Arbeits- bzw. Betteleinkommen der Kinder sank; zudem mußte Schulgeld gezahlt werden. In den Industrie-Klöppelschulen verdiente ein fünfjähriges Kind zwar schon 4 Groschen,[105] aber selbst das blieb hinter den Betteleinnahmen zurück.
Die Unternehmer waren gegen schulbedingten Arbeitsausfall aus Arbeitszeitgründen und Profitinteressen; solange Kinderhände noch geschickt und flink genug waren, um die in der Manufaktur geforderten Tätigkeiten auszuführen, war der Kinderarbeitslohn der billigste Produktionsfaktor. Um den Arbeitsprozeß nicht durch die Schulstundenzeit unterbrechen oder einschränken zu müssen, wurden deshalb sogar in oder neben Fabriken besondere Fabrikschulen eingerichtet, in denen der Unterricht in die frühen Morgen-

stunden oder auf den Abend verlegt wurde. Das Schulgeld dafür wurde den Kindern von ihrem Lohn abgezogen; außerdem hatten die Eltern an die Ortsschule, die das Kind dann nicht mehr besuchen konnte, eine Entschädigung zu zahlen.[106]
Die Fabrikschulen traf die entschiedene Ablehnung der Verfechter eines allgemeinen Schulbesuchs. Gegen eine Fabrikschule in Sachsen, in der der Unterricht auf die Mittagspause verlegt worden war, richtete die örtliche Schuldirektion im Jahr 1838 an die Kreisdirektion die Forderung:

»... sollen diese unglücklichen Geschöpfe, die den ganzen Tag in einer durch den feinsten von den Maschinen aufgeregten Wollstaub verpesteten Luft ohne sonderliche Bewegung sich aufhalten müssen, nicht ganz zugrunde gerichtet werden, so müssen sie wenigstens die Mittagsstunde frei haben. Was können diesen beklagenswerten Kindern alle Kenntnisse helfen, wenn sie durch jene Lebensweise an Geist und Körper verkümmern müssen. Es wäre wirklich Christenpflicht, daß von der hohen Staatsregierung der Gebrauch dieser kleinen Kinder in den Spinnfabriken während ihrer Schuljahre ein für allemal und auf das Strengste gänzlich verboten würde.«[107]

So sehr um solche Verbote gekämpft werden mußte und so unzulänglich der Unterricht gewesen sein muß, so läßt sich doch gegenüber dem 18. Jahrhundert zumindest im Blick auf das Lesen- und Schreibenlernen eine ansteigende Tendenz erkennen, die parallel zum wachsenden Bildungsbedürfnis – verstärkt durch die politischen Bewegungen der 1840er Jahre – im Laufe des Jahrhunderts anhält. Seit der Vormärz-Zeit nahmen die Leseangebote der Verlage und das Leseinteresse zu. Hohe Auflagen erreichte insbesondere das literarische Konsum-Angebot für ›unterbürgerliches‹ Lesepublikum: Volksliteratur, Trivialschriften, Fortsetzungsromane ›für die Hintertreppen‹. Arbeiterbildungstendenzen verstärkten sich seit den 1860er Jahren. In der qualifizierten Arbeiterschaft wuchs das Bedürfnis nach Literatur, die über das berufliche Interesse hinausging, weltanschauliche Bildung und Orientierung, politische Ansprüche, Unterhaltung, Kritik vermittelte.[108]
Die schon erwähnten Fabrikinspektoren überwachten immer wirksamer die Einhaltung des Schulbesuchs der arbeitenden Kinder unter 14 Jahren, die nicht länger als sechs Stunden beschäftigt werden durften (bei den Schulentlassenen haben wir bereits im Falle des in der Ziegelei arbeitenden Jungen gesehen, wie wenig das Gesetz beachtet wurde, wenn Familien Not litten).
Im Laufe des 19. Jahrhunderts ging das Analphabetentum zurück.

Nach einer Statistik aus dem Jahre 1864 besuchten in Preußen 91% der schulpflichtigen Kinder den Unterricht der Volksschule. – Der Schulbesuch wurde gegebenenfalls mit Geld- und Haftstrafen erzwungen. – Im Jahre 1871 waren unter den über zehn Jahre alten Personen in Preußen nur noch 12% Analphabeten (15% der Frauen, 10% der Männer); im Jahre 1899 gab es unter den Eheschließenden 1,2% Frauen und 0,7% Männer, die ihren Namen nicht schreiben konnten.[109] Faktisch war um 1900 das Analphabetentum behoben, wenn auch Erwerbsarbeit viele Jungen und Mädchen vor Durchlaufen der Schulpflicht, also vor vollendetem 14. Lebensjahr, der Schule entfremdete und Lese- und Schreibfähigkeiten in Anfängen steckenblieben.

## Parteilichkeit für das Kind

Im 19. Jahrhundert wurde in mühseligen Schritten dem Recht des Kindes auf bloßes Kindsein mehr und mehr Rechnung getragen, wenn auch die Einbindung in die Schule eine von Erwachsenen auferlegte Disziplin forderte. Die allmähliche Entlastung von der Arbeit und von der größten Not aber ist im Hinblick auf die Grundrechte der Kinder als wichtigster Fortschritt festzuhalten. Dieses Fazit ist mit großer Vorsicht aufzunehmen. Viele sind noch bloß Duldende, wagen nicht, elementare Rechte zu fordern, werden eingeschüchtert durch die traditionelle Moral der Mühseligen und Beladenen und auf das Jenseits vertröstet. Vergegenwärtigen wir uns noch einmal ein Beispiel. Nikolaus OSTERROTH, dreizehnjähriger Ziegeleiarbeiter in den 1880er Jahren, trifft auf einem Heimweg von der Ziegelei den Kaplan:

> »Mit freundlicher Teilnahme fragte er mich aus, was ich arbeite, wie es mir gefalle, und was ich verdiene. Ich konnte mich nicht mehr halten und fing heftig an zu weinen, als ich ihm mein schweres Leid klagte. Und der Herr Kaplan war so gut und teilnehmend, daß ich ihm die Hand hätte küssen mögen. Er tröstete mich und sagte, daß die Arbeit der Fluch der sündenbeladenen Menschheit sei. ›Im Schweiße des Angesichts sollst Du dein Brot essen‹, habe der liebe Herrgott gesagt. Alle Menschen müßten arbeiten, der eine mit dem Kopf, der andere mit der Hand. Herr v. Tretmühl [der Ziegeleibesitzer, d. V.] müsse vielleicht mehr arbeiten als einer seiner Arbeiter. Aber der liebe Herrgott habe den Fluch von der Arbeit genommen und habe sie dadurch geadelt, daß er selbst frei-

willig der Sohn des Zimmermanns von Nazareth wurde. Man müsse das Joch, das Gott einem auferlege, mit christlicher Geduld tragen ...«[110]

Das tat der getröstete Junge dann auch, sprach täglich jene Gebete, die ihm der Kaplan anempfohlen hatte; einige Monate später wurde er blutbrechend aus der Ziegelei fortgeschafft.

Wie groß Vernachlässigung und gesundheitliches Elend der Masse der Arbeiterkinder noch im 19. Jahrhundert war, das ist an einer nackten Aufzählung fürsorgerischer Arbeitsgruppen und Einrichtungen abzulesen, die von karitativ gesinnten Bürgern, konfessionellen Trägern, auch einzelnen Unternehmern, geschaffen wurden. Der »Deutsche Verein für Armenpflege und Wohltätigkeit« richtete z. B. jugendwohlfahrtspflegerische Arbeitsgruppen ein zur Fürsorge für das schwächliche Kind, das arme aufsichtslose, das verwaiste, das verwahrloste – für das vernachlässigte, das mißhandelte, das in der Fabrik arbeitende Kind trat der »Central Verein für das Wohl der arbeitenden Klassen« ein.

Damit die Notzustände überhaupt gesehen, öffentlich zum Bewußtsein gebracht und Verpflichtungen des Staates zu generellem Kinderschutz und zu sanktionierender Ansprüche anerkannt wurden, bedurfte es massiver sozialer Anklagen, politischer, konfessioneller und persönlicher Sozial-Initiativen. Solche Bürgerinitiativen verknüpften wirtschaftliche mit sozialen und pädagogischen Zielen »zur Hebung des öffentlichen Wohlstandes und damit der öffentlichen Sittlichkeit«.[111] Sie trugen dazu bei, daß das Phänomen der Massenarmut um so weniger übersehen wurde, je mehr sich die technischen und materiellen Möglichkeiten der Wirtschaft steigerten, der bürgerliche Wohlstand wuchs, der Besitz- und Bildungsbürger seinen Status fand.[112]

Eine der ersten Privatinitiativen – nicht ohne das Beispiel PESTALOZZI denkbar – ging von dem Schriftsteller Johannes Daniel FALK aus; er begründete die »Gesellschaft der Freunde der Kinder in Not«, richtete eine Erziehungs- und Rettungsanstalt für verwahrloste Kinder aus den kriegsverwüsteten thüringischen Dörfern ein – sie hatten sich auf den Schlachtfeldern von 1813 gegen Sturm und Winterkälte Hütten aus Leichen gebaut – und suchte »Vaterhäuser« für die Kinder, also Pflegestellen. Der »Lutherhof« in Weimar wurde zu einer Zentrale für diese Erziehungs- und Ausbildungshilfe.[113]

An vielen Orten begründet und ausgedehnt wurde vor allem die Tätigkeit für die Tagesbetreuung von Kindern erwerbstätiger Mütter – in Form von Kleinkinderschulen nach Art des ›Galeriesystems‹

BILD 20 Unbekannt: *Englischer Kleinkinder-Schulraum im Galeriesystem nach Wilderspin-Methode* (19. Jht.).

(Bild 20)[113a] wie in Spiel- und »Pflegeanstalten der Kindheit« (FRÖBEL). Es entstanden Bewahranstalten für Kinder vom zweiten Lebensjahr an: Krippen und Kindergärten (Gründung des ersten deutschen Krippenvereins 1851 in Dresden), Beschäftigungsanstalten für aufsichtslose, schulpflichtige Knaben (erste Einrichtung 1828, Horte ab 1871).[114]
Aus derartigen Initiativen erwuchsen die sozialpädagogischen, -politischen und fürsorgerischen Vereine, die Kommissionen und großen Verbände des 19. Jahrhunderts wie die Innere Mission (seit 1848), der Caritasverband (seit 1897), der Verein für Socialpolitik (seit 1872). Sie bemühten sich ebenso um wirtschaftliche und soziale wie um Bildungsfragen junger Handwerker, Arbeiter, Heranwachsender und Kinder. Getreu der liberalen Doktrin des 19. Jahrhunderts folgten die Regierungen häufig erst den Spuren des aktiven Einsatzes einzelner, der Verbände und der Kirchen.
Im Laufe der zweiten Hälfte des 19. Jahrhunderts, der Veränderung der Lebensverhältnisse durch mehr und mehr Industrien, erhielten die Kinder einen weiteren Fürsprecher: die Arbeiterbewegung. Allein die Streikbewegungen zeigen ihre anwachsende Widerstandskraft; in den Jahren 1890 und 1891 gab es in Deutschland 226 Streiks.[115] Die sozialen Protestbewegungen steigerten sich bis zum Anfang des Ersten Weltkrieges um mehr als das Zehnfache. Die Zahl der Streiks erreichte mit 3 500 und 3 000 in den Jahren 1906 und 1910 ihre Höhepunkte; nicht erfaßt sind dabei die »kampflosen Bewegungen« ohne Arbeitseinstellungen.[116]
Die Arbeiterschaft konnte nicht mehr als Objekt behandelt werden; sie mußte als politische Kraft anerkannt werden. Das soziale und das politische Selbstbewußtsein der Arbeiterklasse hatten eine eigene

Stimme bekommen; sie konnte die Sozialansprüche für sich und für ihre Kinder selbst vertreten. Die Stimmen, die für die Rechte des Kindes auf Schutz und Hilfe und ein menschenwürdiges Leben, auf humane Erziehung und Bildung eintraten, vermehrten sich um die der Arbeiter selbst.

So traten seit den 1870er Jahren in den Reichstagsdebatten vor allem die Sozialdemokraten als Kämpfer für den Schutz der arbeitenden Kinder auf; in den Parteiorganisationen wurden auch die sozialdemokratischen Frauen aktiv.

Im Jahre 1903 war das »Gesetz betreffend Kinderarbeit in gewerblichen Betrieben« erlassen worden; die darauf fußende Erhebung im Jahre 1904 wurde jedoch nicht veröffentlicht. Daraufhin begannen im Jahre 1905 die sozialdemokratisch organisierten Frauen damit, Kinderschutzkommissionen zu bilden (bis zum Kriegsausbruch hatte sich ihre Zahl auf 200 erhöht). Die Frauen kontrollierten in eigenen Untersuchungen, ob die neuen Schutzbestimmungen übertreten wurden, sie standen an Straßenecken, gingen in Häuser und Versammlungen und leisteten Aufklärungs- und Informationsarbeit unter den Eltern. Sie bemühten sich, nicht nur die gesetzlich verbotene, sondern jede Kindererwerbsarbeit zu beseitigen. Sie prangerten Kinderverwahrlosung und -mißhandlungen an.[117] Nicht selten rührten sie dabei an jahrhundertealte Tabus oder Selbstverständlichkeiten. Mit der Kritik an der Kinderarbeit trafen sie nur zu oft auch materiell Bedrängte in ihren eigenen Reihen. So wurde das bewußte Eintreten für die Rechte des Kindes ein Teil des politischen und des gewerkschaftlichen Kampfes der Arbeiter. Sie begründeten damit zugleich allgemeine Rechte auf Verbesserung ihrer Arbeits- und Bildungssituation und also ihrer Position in der Gesellschaft.

Die sozialpädagogischen und jugendpolitischen Bestrebungen und Aktionen der freien und parteipolitischen Träger wurden im 20. Jahrhundert weiter ausgebaut. Ein harter historischer Weg führte schließlich in der Weimarer Republik zu einem gesetzlich verankerten Jugendwohlfahrts- und Erziehungsrecht. Die verantwortliche Beteiligung von Männern und Frauen aller Bevölkerungskreise und die Mitentscheidung der Vertreter aus den Vereinigungen der Freien Jugendwohlfahrtspflege wie der Jugendbewegung in der ›kollegialen‹ Behörde des Jugendamtes sind als Ausdruck der geschichtlich erkämpften und weiterführenden Entwicklung zu bewerten. Die NS-Diktatur brachte sie nicht nur zum Stillstand: Sie beschlagnahmte, was sie für eigene Zwecke zurechtbiegen konnte.

## Und unsere Gegenwart?

Kinder, die in Armut und Elend leben, begegnen uns bei der Wanderung durch die Geschichte zu allen Zeiten. Noch vor wenigen Generationen mußten Heranwachsende in unserem Mitteleuropa froh sein, wenn sie Arbeit fanden; ansonsten waren sie auf das Betteln angewiesen. Vor wenigen Jahrzehnten begegnete uns Elend und Armut in den Straßen unserer Städte – im Zusammenhang des faschistischen Krieges und seiner direkten Folgen. Sie scheinen gegenwärtig überwunden. Doch das 20. Jahrhundert hat – außer einem großen Maß an Kinderhilfe zugleich ein neues unübersehbares Kinderelend hervorgebracht: Es zeigt sich ohnmächtig, die weltweit hungernden Kinder zu sättigen.

Wenn zu Beginn dieses Kapitels die erbärmliche Not der Bettelei im vorindustriellen Europa ausführlich geschildert wurde, so nicht deshalb, weil es angenehm ist, sich über vergangenes Leid erheben zu können – im beruhigenden Gefühl, daß es einen nichts mehr angeht. Seit die Welt so viel enger zusammengerückt ist, rückt auch das Elend scheinbar weit entfernter Weltteile immer näher, und die Schilderungen hierzulande vergangenen Elends haben noch immer ihre Gültigkeit für viele Länder der ›Dritten Welt‹.

Nicht, daß die Bilder unserer vergangenen Armut mit denen der jetzigen armen Länder identisch wären! Wohl aber sind Not, Hunger und Kinderelend miteinander vergleichbar. Noch heute bringen in Indien viele Frauen verarmter Kasten ihre Kinder unter freiem Himmel zur Welt oder gebären sie mitten in den Straßen der Slums von Bombay, so daß europäische Reisende voller Entsetzen die Augen abwenden; noch in diesem Jahr verstümmeln Tausende von bettelarmen Eltern in den Elendshütten von Kalkutta ihre Kinder, um sie mitleidswürdiger beim Betteln erscheinen zu lassen. Haben wir, die wir bequem in unseren Fernsehsesseln sitzen, ein Recht, uns über diese Ärmsten der Armen deshalb zu entrüsten?

Auch in den reichen Industrienationen ist der Anspruch auf ein menschenwürdiges Leben, auf kulturelle und rechtliche Gleichrangigkeit, auf persönlichen Spiel- und Bewegungsraum bisher keineswegs für alle Kinder erfüllt worden. Obgleich wissenschaftliche Ergebnisse und empirisch erarbeitete Einsichten in der Öffentlichkeit weit verbreitet sind, handeln die modernen Gesellschaften durchaus nicht in allen Bereichen so, wie es dem Stand des Wissens, dem Anspruch der Kultur und den gegebenen materiellen Möglichkeiten entspräche.

Vor zweihundert Jahren hat der Dichter Christoph M. WIELAND das

Spielen als »die erste und einzige Beschäftigung in unserer Kindheit und ... die angenehmste unser ganzes Leben hindurch« bezeichnet; und er beklagte:

> »Arbeiten wie ein Lastvieh ist das traurige Los der niedrigsten, unglücklichsten und zahlreichsten Klasse der Sterblichen; aber es ist den Absichten und Wünschen der Natur zuwider.«[118]

Das »Arbeiten wie ein Lastvieh«, das WIELAND meint, wurde den Kindern abgenommen. Was aber trat an seine Stelle? Ein Spielen, das so erfüllt, daß es in das Erwachsenenleben hineinreicht?

# 4. Kinder werden Kinder

›Kindheit‹ und ›Kindsein‹ wurden zu einem gesellschaftlichen, sozialen und emotionalen Sachverhalt erst im Laufe einer jahrhundertelangen Entwicklung. In Familie, Literatur und Schule, in Philosophie, Theologie und Kunst wurde das ›Bild‹ des Kindes entdeckt und die ›Welt des Kindes‹ – des wohlerzogenen Kindes – aufgebaut.[1] Das brachte für die heranwachsenden jungen Menschen im Laufe der Neuzeit faktisch eine Herabminderung einer vorher gleichberechtigenden Position in der Welt der Erwachsenen: eine Abtrennung vom alltäglichen (auch nächtlichen) Miteinander, von vordem gemeinsamer Arbeit im Haus und draußen.[2] Zugleich aber entstand eine schützende Distanz und ein Schonraum für Kinder mit bereichernden Elementen: einer besonderen Spielsphäre und einer eigens für Kinder geschaffenen Literatur.
Für den neuen Schutz hatten die (ungefragten) Kinder einen hohen Preis zu zahlen. Sie erlebten mehr und mehr disziplinierende Einschränkungen. Hinzu kam eine neue Funktion der schon früher üblichen Gewaltanwendung gegenüber Kindern. Die körperliche Züchtigung ging einher mit demütigenden, sogar sadistischen Maßnahmen oder Worten der Erwachsenen, so daß bei den Kindern das Gefühl der Abhängigkeit und des Zwanges zum Gehorsam zu einer beherrschenden Lebenseinstellung geworden sein muß.[3]
Förderung und Einschränkungen des aufwachsenden Kindes sind bis in das 18. Jahrhundert vor allem bei den Oberschichten anzutreffen, die sich auf diese Weise fortschreitender Disziplinierung und Zivilisierung unterwarfen. Seit dem 18. Jahrhundert folgten Familien mittlerer gesellschaftlicher Position dem damals modernen Erziehungsstil und prägten ihn mit einer stärkeren Emotionalität, die das private Leben innerhalb der Familie stärker nach außen abschirmte.[4] Noch im 19. Jahrhundert findet sich ein solches Erziehungsmilieu kaum bei den ärmeren Bevölkerungsklassen, die

sich auch dadurch in sozialer Hinsicht und in ihren Gefühlseinstellungen noch weiter von den übrigen entfernt fanden. Erst seit dem Ende des 19. Jahrhunderts ist eine gewisse Anpassung ›nach oben‹ zu beobachten.

## Einstellungswandel der besitzenden Klassen

> »Und eh' ich meine Kindlein weinen laß'
> im tiefen, tiefen See,
> scheid ich von Laub und grünem Gras,
> ich arme junge Lilofee.«

Der Liedertext wird manchem als ein Rest vergangener Sentimentalität erscheinen. Doch die Schilderungen allein schon von Thomas PLATTER, Ulrich BRÄKER und JUNG-STILLING zeigen, daß die mütterliche Einstellung der Lilofee noch vor zehn Generationen keineswegs allgemein verbreitet war.

Wir müssen uns klarmachen, daß Eltern-Kind-Beziehungen in den Zeiten, in denen Kinder ausgesetzt, getötet oder verkauft, verteufelt und verstoßen, zu Säugammen gegeben, in fremde Häuser geschickt, in Klöster oder andere Institutionen gesperrt wurden, von völlig anderen Einstellungen beherrscht waren als den uns heute geläufigen. Zumindest diejenigen unter den Eltern bzw. Elterngenerationen, die auf eine ›Entfernung‹ der Kinder bedacht waren, müssen von ihren eigenen existentiellen Fragen so in Anspruch genommen worden sein, daß sie entweder kein Gespür für das Lebensrecht von Kindern oder vielleicht Angst vor ihren Heranwachsenden gehabt haben. Die Gleichgültigkeit gegenüber Kindern war nicht an eine bestimmte soziale Stellung gebunden; sie war allgemein. Das Kleinkind wurde als unnütz betrachtet. »Wer ein Kind sieht, sieht nichts«, hieß es in einem Sprichwort.[5]

Damit es nicht zu sehr störte und sich nicht verletzte, wurde es in endlose Meter Wickelband geschnürt – wie es auf dem Relief des alten Findelhauses in Florenz zu sehen ist (Bilder 21 a/b). Es lag in einem Winkel, auf einem Haufen Spreu oder Stroh oder war unter der Decke aufgehängt, während die Großen tagsüber mit sich und ihrer Arbeit beschäftigt waren. Das kleine Kind, das hilfloser ist als ein neugeworfenes Tier, das nicht allein essen, sich nicht fortbewegen, nicht sprechen kann, wurde kaum als zur Familie gehörend betrachtet. »Selten [einige sagen nie]«, betrachteten die Mütter ihre Kleinkinder »als menschliche Wesen, die dieselben Empfindungen der Freude oder des Schmerzes haben könnten wie sie selber«.[6]

BILDER 21 a/b Andrea della Robbia: *Wickelkinder* (Reliefs am Findelhaus in Florenz) (16. Jht.).

Zärtlichkeit, aufmerksame Pflege oder gar verständnisvolles Umgehen mit dem Kind waren nicht üblich, ja, wären befremdlich erschienen. In den Oberschichten wurde das Kind genauso hart wie bei den Armen, wenn möglich sogar noch strenger, behandelt. Man war auch hier überzeugt, wenn der Säugling zu einem festen Bündel geschnürt worden war, hatte er den Hauptteil seiner Versorgung erhalten und konnte ›abgelegt‹ werden.[7] Gestillt wurde er sicherlich nicht zu den von ihm gewünschten Zeiten. Wenn er Glück hatte, bekam er so viel Nahrung, daß er nicht verhungerte, so viel an Schlafraum im Elternbett oder -lager, daß er nicht erstickte oder erdrückt wurde, und gewann so viel Widerstandskraft, daß er trotz Schmutz und Krankheiten, trotz Ein- und Abschnürung in seinen Bandagen überlebte.

Sobald das Kind sich allein behelfen und helfen konnte, wurde es in die Haushalts- und Wirtschaftsgemeinschaft einbezogen als ein noch ›kleiner‹ Erwachsener. Mit den ihm verfügbaren Kräften mußte es sich, wie alle übrigen Angehörigen des Haushalts, um Bewirtschaftung und Erhaltung des Besitzes, um die Sicherung des Lebensunterhaltes aus der Eigenwirtschaft mit kümmern. Bei täglichen Arbeits- und Dienstleistungen lernte es praktisch alles, was die Großen konnten und taten. An ihren Vergnügungen und Unterhaltungen nahm es ebenso unbeschränkt teil.

»Vor dem 16. Jahrhundert gab es keine Absonderung der verschiedenen Altersgruppen und keine eigene Welt für Kinder...

Erwachsene und Kinder waren nie voneinander getrennt... Sie kannten dieselben Spiele, Geschichten, Tänze und denselben Zeitvertreib.«[8]

Auf den Bildern des ›Bauern‹ BRUEGHEL etwa wird es uns anschaulich vorgestellt: Betrunkene Männer und Frauen greifen nacheinander, spielen miteinander, es wird viel gegessen und getrunken, dazwischen tanzen die Kinder. Bestätigend lesen wir bei Ph. ARIÈS, wohl einem der besten Kenner der Kindheitsgeschichte:

»... Spezialisierung der Spiele erstreckt sich gegen 1600 nur auf die frühe Kindheit; vom dritten oder vierten Lebensjahr an verwischt sie sich und hört dann ganz auf. Von *da* an spielt das Kind, sei es mit anderen Kindern, *sei* es im Kreise der Erwachsenen, dieselben Spiele *wie* die Großen.«[9]

Die ersten Lebensjahre und das Hineinwachsen in die Welt der Großen wurden für die meisten Kinder überschattet: durch Prügel. Vielleicht konnte man den Kleinen ihr festes Wickelbett nur wünschen, schützte es doch vor den Züchtigungen durch die Erwachsenen, die noch im 19. Jahrhundert umwickelte Kleinkinder mit der Peitsche schlugen, sogar Säuglinge auf diese Weise erziehen wollten.[10]

»Mutter, Mutter, ich wollte, ich wäre nie geboren!« Ich erinnere mich, daß so ein kleiner Junge während einer Phosphor-Brandnacht des letzten Weltkrieges in einem Luftschutzkeller schrie. Es hätte ebensogut die Stimme eines viel gequälten Kindes aus früheren Jahrhunderten sein können; nur hätte eines der unbeachteten Kinder jener Zeit nicht die Worte gekannt, um seine Gefühle auszudrücken; vielleicht konnte es im Alter von drei Jahren nicht einmal sprechen, weil sich niemand mit ihm beschäftigte.

Die körperliche Strafe war ein traditionelles Erziehungsmittel, um Gehorsam zu erreichen und um die ›Seele zu retten‹. Man stellte sich noch bis in die Neuzeit hinein lange vor, selbst wenn Kinder unschuldig geboren wurden – nicht als Wechselbälger oder sonst vom Teufel und von Dämonen Besessene –, ergreife die allenthalben in der Welt verbreitete Sünde von ihnen Besitz. Ihr Fleisch müsse gepeinigt werden, damit es dem Teufel oder bösen Geistern darin nicht wohlsein könne.[11]

Lange Zeiten hindurch wurden Kinder regelmäßig, auch vorbeugend, gezüchtigt. Selbst ein humanistischer Pädagoge wie J. L. VIVES (1499–1540) wiederholte noch:

»Nimm niemals die Rute vom Rücken eines Knaben weg; vor allem Töchter sollen keinerlei Zärtlichkeit erfahren. Denn Zärtlichkeit schadet Söhnen, aber Töchter zerstört sie völlig.«[12]

Königliche Kinder wurden nach den gleichen Maximen geschlagen. Z. B. wurde LOUIS XIII., der Vater des Sonnenkönigs, nach dem 25. Lebensmonat regelmäßig jeden Morgen mit einer Peitsche geschlagen, oft auf die nackte Haut. Sein Vater, der ›allerchristlichste König von Frankreich‹, HENRI IV., schrieb an eine der Gouvernanten:

> »Ich muß mich beschweren: Sie haben nicht bestätigt, daß Sie meinen Sohn gepeitscht haben. Ich wünsche und befehle Ihnen, ihn jedesmal zu peitschen, wenn er ungehorsam ist oder sich schlecht benimmt; denn ich weiß genau, daß es nichts in der Welt gibt, das besser für ihn sein könnte als das. Ich weiß es aus Erfahrung, da ich selbst davon Nutzen gehabt habe; denn als ich in seinem Alter war, wurde ich oft gepeitscht. Darum wünsche ich, daß Sie ihn peitschen und ihn begreifen machen warum.«[13]

Es sei betont, daß HENRI IV. keineswegs als ein grausamer oder unbeherrschter Bösewicht gesehen wurde – im Gegenteil, er galt als sehr freundlich und leutselig. Er befolgte allein die in seiner Zeit üblichen Erziehungspraktiken, wie sie von fast allen Pädagogen und auch kirchlicherseits vertreten wurden, und wiederholte, was er in der eigenen Kindheit erduldet hatte, gegenüber seinem Kind. So wie er, wiederholten Millionen Väter in ganz Europa an ihren Kindern, was sie selber als Unmündige erleben mußten. So wurden jahrhundertelang Säuglinge, Kleinkinder und auch größere Mädchen und Jungen geprügelt und mißhandelt. Am längsten hielt sich diese Grausamkeit in Deutschland; noch in den 1960er Jahren billigten 80% der Eltern das Schlagen, volle 35% das Schlagen mit Rohrstöcken.[14]

Einzelne wandten sich früh gegen die lieblose und gewalttätige Erziehung. Eines der eindrucksvollen Zeugnisse ist von Thomas MORE überliefert, dem Verfasser der Schrift »Utopia« (MORE wurde 1535 auf Befehl HENRY VIII. von England aus politischen Gründen hingerichtet). Thomas MORE schrieb an seine Töchter:

> »Die Natur hat in ihrer Weisheit Eltern und Kinder miteinander verbunden und sie geistig mit einem Herkules-Knoten aneinander gefesselt. Dieses Band ist die Quelle meiner Fürsorge für Eure unreifen Geister – eine Fürsorge, die mich veranlaßt, Euch oft in die Arme zu schließen. Dieses Band ist der Grund, warum ich Euch seidene Kleider gab und Euch nie weinen hören konnte. Ihr wißt, wie oft ich Euch geküßt, wie selten ich Euch geschlagen habe. Meine Peitsche war stets eine *Pfauenfeder*, und selbst sie verwendete ich nur zögernd und vorsichtig, damit keine traurigen Striemen Eure zarten Gesäße verunzierten. Wer nicht weint,

> wenn er seine Kinder weinen sieht, ist brutal und nicht würdig, Vater genannt zu werden.«[15]

Dem letzten Satz nach hätten die meisten Eltern nicht nur um 1500, sondern noch im 18. Jahrhundert nicht Eltern genannt werden dürfen, da ihre Erziehungspraktiken darauf abzielten, die Kinder einzuschüchtern und sie weinen zu machen. Das ist eines der erschütternden Ergebnisse der Quellenuntersuchungen, die Lloyd DE MAUSE und seine Mitarbeiter in ihrem Buch mit dem deutschen Titel »Hört Ihr die Kinder weinen« ausführlich darlegen.

Wahrscheinlich war in den als ungebildet verrufenen Klassen der Bevölkerung die Kindererziehung weniger durchdacht auf Unterwerfung ausgerichtet, denn im 18. Jahrhundert verurteilten Moralpädagogen die armen Eltern, weil sie ihre Kinder nicht streng genug erzögen.[16] Dabei hatten sie die systematische Kontrolle des kindlichen Tuns im Sinn; der Einwand konnte nicht gegen Milde oder gegen ein Zuwenig an Schlägen gerichtet sein. Geschlagen wurden auch die armen Kinder zur Genüge, wie zum Beispiel Ulrich BRÄKER und der kleine Hausierer Peter PROSCH; erinnert sei auch an den traurigen Bericht des Thomas PLATTER über das enttäuschte Verlangen nach einer zärtlichen Annahme durch die Mutter.

So wie die tätliche Erziehungspraxis nicht nur als Abreaktion von Affekten gedeutet werden darf, sondern durchaus die damalige Überzeugung ernst zu nehmen ist, daß eine strenge Erziehung zum Besten des Kindes sei, so müssen auch die Formen der Zuwendung als solche aufgefaßt werden, selbst wenn sie heute als sinnlos oder sogar schädlich anzusehen sind. Gegensätzliche Komponenten der Erziehung und Pflege stehen eng nebeneinander in dem Bericht aus gehobenen Handwerkerkreisen in Halle an der Saale, um 1700, der die damalige pädagogische Vorstellungswelt aufschlußreich beleuchtet:

> »Es war ein liebes Kind, sehr klug, aber dabei auch eigenwillig. Wenn es was haben wollte, so bekam es nichts und wurde mit der Rute geschlagen; wann es sich am größten erzürnet, gab man ihr [es war ein Mädchen, d. V.] zu trinken. Davon die Krankheit kam. Und mag ich wohl sagen, daß es nicht groß von ihr [der Mutter, d. V.] in acht genommen [d. h. behütet, d. V.] wurde. Denn sie war und blieb nicht viel zu Hause. Ich mochte eifern, wie ich wollte. Einsmals fiel das Kind in ein Kellerloch und stak bis unter die Arm darin, daß ich es rauszog, und wohl lang dort gesteckt hatte. Einsmals war es einen ganzen Tag verloren, bis es meine Eltern aufgerappet [aufgesammelt, d. V.]. Denn sie hatten es sehr

lieb. Doch ihre Liebe schadete dem Kind mehr, weil sie ihm Wein, Branntwein und alles gaben. Insonderheit aß es gerne Bücklinge.«[17]

Das Mädchen starb an Fieber, im Alter von erst drei Jahren! – Wenn man den Bericht noch einmal auf die Erziehungsvorstellungen hin durchliest, fällt wohl auf, daß die Erwachsenen viel zu hohe Ansprüche an dieses kleine Kind stellten und offenbar jede Regung eines kindlichen Willens als Eigensinn bestraften. Außerdem ließen sie es an aufmerksamer Pflege fehlen. Der Berichterstatter war übrigens ein erfahrener Barbier, ein praktischer Arzt nach damaligem Verständnis, und verurteilte die weitverbreitete Traktierung von Kleinkindern mit Alkohol. Gegen die herrschenden Gewohnheiten vermochte er sich nicht einmal in der eigenen Familie durchzusetzen.

Es dauerte lange, bis erkannt wurde, daß Kinder durch eine zärtliche, liebevolle Behandlung und aufmerksame, rationale Pflege am besten gedeihen und daß diese Zuwendungen menschlich angemessene, lohnende Aufgaben sind. Es begann wohl damit, daß man sich in der gehobenen Gesellschaft seit dem 17. Jahrhundert immer öfter dem Kinde als Kind (nicht als nur zu beruhigendes Etwas oder als erste Arbeitshilfe) zuwandte, es verhätschelte, gelegentlich mit ihm herumspielte. Erwachsene bekannten, wie Thomas MORUS lange zuvor, daß es ihnen Freude mache, sich mit Kindern zu beschäftigen. Nachdem sie ihre kleine Enkelin bei sich aufgenommen hatte, die von der Mutter deswegen verstoßen worden war, weil das Erstgeborene doch nur ein Mädchen war, schrieb eine französische Adlige im Jahre 1762 in einem Brief:

»Ich liebe sie rundherum. Ich habe ihr gerade die Haare abschneiden lassen: sie ist als Zauskopf frisiert – eine Frisur, die wie für sie geschaffen ist. Ihr Teint, ihr Hals und ihr kleiner Körper sind bewundernswert. Sie tut hundert kleine Dinge: sie liebkost, sie verteilt Klapse, sie macht das Kreuzzeichen, sie bittet um Verzeihung, sie knickst, sie küßt die Hand, sie zuckt die Achsel, sie tanzt, sie schmeichelt, sie faßt einen beim Kinn: kurz, sie ist in jeder Beziehung reizend. Ich vergnüge mich ganze Stunden mit ihr ... Ich möchte auf keinen Fall, daß so etwas stirbt.«[18]

Diese hochgestellte und wohlhabende Großmutter geniert sich nicht mehr, sich persönlich um ein Kleinkind zu kümmern und ihm sehr viel Zeit zu widmen. Wenn sie dieses Kind, das Entzücken der älteren Aristokratin, nicht aufgenommen hätte, wäre es sicher von der Mutter auf bewährte, indirekte Art getötet worden: wahrscheinlich dadurch, daß sie es einer Amme übergeben hätte (im

zweiten Kapitel wurde skizziert, welche tödlichen Folgen das haben konnte).
Es ist schwer zu erklären, woher die neuen Regungen zugunsten des Kindes rührten. Zu denken ist an die jahrhundertelangen Warnungen der Kirche vor der Sündhaftigkeit des Menschen, auch des Kindes, die vielleicht allmählich als weniger beherrschend empfunden wurden. Es sei allerdings daran erinnert, daß noch im 17. Jahrhundert ein Bischof unbeanstandet sagen durfte: »Kindheit ist das Leben eines Tieres«, und: Jesus Christus mußte in den »Abgrund der Menschheit« hinabsteigen, als er die Gestalt eines Kindes annahm.[19]
Fragen wir weiter nach neuen Impulsen, so ist auch vorstellbar, daß immer mehr Menschen sich beobachtend der Umwelt näherten, sich gleichsam mehr empirisch verhielten und kleine Kinder, auch Bettelkinder, betrachten lernten. Dabei könnten Gefühle aufgekommen sein, verdrängte und solche aus ungestillter Sehnsucht: allein gelassen, so schmeichelnd und ›gewinnend‹ beim Betteln nach Zärtlichkeit, so verlangend nach Zuwendung und Wärme wie nach Brot. Das subjektive innere Erlebnis in der Begegnung mit dem Kind, das sie selber einmal waren, das sie wiedererkannten, das sie nun real berührte, bewegte, anrief – das könnte wohl ein Ansatz gewesen sein für eine Veränderung der Einstellung, für den Beginn eines umstrukturierenden Prozesses in der Persönlichkeitsbildung.
Kinder, die unter solchermaßen veränderten Blickwinkeln aufwachsen durften, wurden selber zu aufmerksamen Vätern und Müttern neuer Kinder. Die Bilder, die in ihnen lebendig blieben, trugen sie in ihrer Haltung, in ihrer Person, in ihrer Familiengeschichte mit. So lernten sie einander verstehen, einen Sinn, ein Herz füreinander gewinnen. Allmählich konnte in der Abfolge der Generationen, indem immer neue und immer mehr Kinder von einer langsam zahlreicheren Schar von Eltern liebevoller und aufmerksamer erzogen wurden, eine vertrautere und persönlichere Einstellung zu Kindern aufkommen. Die Erklärung für diesen Wandel ist beileibe nicht umfassend. So wurde nicht berücksichtigt, inwiefern materielle Gegebenheiten ihn begünstigt haben. Aber hier soll festgehalten werden, daß das zentral Bewegende und Neue vom Ergriffensein vieler einzelner ausgegangen sein muß. Diese Ergriffenheit vom Sein des Menschen in der Welt wurde zu einem gesellschaftlich bewegenden Moment, das in einer Zeit in den Menschen Fuß faßte, als auch viele andere Traditionen in Bewegung geraten waren.

Die Intimität und Gefühlskultur, die Abschließung der Familie im eigenen Innenraum dehnte sich von den oberen Gesellschaftskreisen, vornehmlich dem Adel, auf die Schichten des Bürgertums aus, die im Laufe des 17. und 18. Jahrhunderts in den deutschen Ländern ihre Söhne heranwachsen sahen zu Akademikern, Juristen und Dichtern, zu Gelehrten und Beamten. In diesen ›Kleinfamilien‹ haben sich möglicherweise am frühesten die Formen der Privatheit herausgebildet,[20] die den Kindern den damals weitestgehenden Schutz- und Schonraum gewährten (wie im folgenden Kapitel über das Kinderspiel gezeigt werden wird, mit glücklichen Ausprägungen z. B. bei Jean PAUL, quälend repressiven bei Anton REISER und JUNG-STILLING).

Je stärker das Private, das Leben in der eigenen abgeschirmten Familie betont wurde, desto entschiedener vollzog sich der Rückzug aus dem offenen Verkehr des Alltagsgemisches vor dem Hause. Mit der Ausformung des familialen Lebensmilieus war eine wachsende Aufmerksamkeit für Erziehung, Unterricht und Bildung der Kinder verbunden – ein weiteres Merkmal bürgerlicher Kultur. Aus dem unbeachteten, anonymen Wesen Kind wurde ein hohes gesellschaftliches Gut.

## Erörterungen über das Kind

Je städtischer die Gesellschaft wurde, je stärker das Bürgertum als gesellschaftlicher Faktor hervortrat, um so mehr wurden Kinder zum Objekt elterlicher Planung. So wie Ingenieure Projekte entwarfen, galt in dem 18. Jahrhundert, dem »pädagogischen Jahrhundert«, das ›Projecte machen‹ den Kindern. Um ihrer guten Erziehung willen verfolgten die Erwachsenen sie mit Blicken und Worten. Auf Überredung, Überzeugung und indirekte Lenkung wurde mehr Wert gelegt als je zuvor. Doch hörte das Prügeln der Kinder und das Ängstigen mit Schreckensgestalten nicht auf, selbst nicht in den hohen Häusern. Je vornehmer, je anspruchsvoller und je puritanischer die Elternhäuser, desto mehr wurde das Kind in das Korsett eines bestimmten Wohlverhaltens einzuschnüren versucht.[21] Dabei spielten nicht allein religiöse und traditionelle Maßstäbe, sozialer und beruflicher Ehrgeiz eine Rolle: In dem Jahrhundert der Aufklärung sollte auch die Kindererziehung ›mit Vernunft‹ aus dem Naturrecht heraus entwickelt werden.

Im Jahre 1762 veröffentlichte Jean-Jaques ROUSSEAU seinen weit über die Grenzen Frankreichs berühmt gewordenen und viel gelesenen Erziehungsroman »Emile oder über die Erziehung«. Er verkündete darin die individualisierende »natürliche Erziehung«:

> »Die Natur will, daß Kinder Kinder sind, bevor sie zum Erwachsenen werden. Wollen wir diese Ordnung umkehren, erzeugen wir frühreife Früchte, die weder Saft noch Kraft haben und bald verfault sein werden – auf die Art erzeugen wir junge Doktoren und alte Kinder. Die Kindheit hat ihre eigene Weise zu sehen, zu denken und zu empfinden. Nichts ist unsinniger, als ihr die unsrige unterschieben zu wollen. Es wäre genauso unsinnig, wollte man verlangen, ein Kind solle mit zehn Jahren Urteilsfähigkeit besitzen, als fünf Fuß [d. h. ca. 150 cm – damals war die Akzeleration noch unbekannt, d. V.] groß sein. Wozu sollte ihm wohl Vernunft in diesem Alter nutzen!«[22]

ROUSSEAU vertritt zwar noch die alte Einschätzung von Kindern als unverständigen Dümmlingen – weil sie nicht über den Verstand von Erwachsenen verfügten. Er fordert aber: Diese Tatsache haben die Erwachsenen, die verständiges Verhalten für sich in Anspruch nehmen, als Naturgegebenheit anzuerkennen, und sie haben ihre Erziehung darauf einzustellen.

ROUSSEAU will das Kind vor Laster und Irrtum schützen und es gegenüber schädigenden Einflüssen aus einer Gesellschaft abschirmen, in der noch nicht die »natürliche Ordnung« herrsche, in der alle Menschen gleich seien. Die Erziehung solle sich bis zum 12. Lebensjahr des Zöglings in einer »wohlgeordneten Freiheit« vollziehen ohne Verbote und ohne Züchtigungen. Bis dahin solle das Kind nur der »Gewalt der Dinge« unterworfen sein, niemals der Laune des Erziehers oder einer Pflicht.

> »Behandelt euren Zögling seinem Alter gemäß. Weist ihm sofort seinen richtigen Platz an und haltet ihn dort so fest, daß er sich nicht von ihm zu entfernen sucht. Dann wird er, noch bevor er weiß, was Vernunft überhaupt ist, die beste Schulung durchmachen, die ihn zu ihr hinführt. Befehlt ihm nie etwas, was immer es auch sein mag – absolut nichts. Suggeriert ihm nicht einmal die Vorstellung, daß ihr die geringste Autorität über ihn haben könntet. Er soll nur wissen, daß ihr stark seid und er schwach ist und daß er euch durch diese Tatsache notwendigerweise ausgeliefert ist. Er soll es wissen, erfahren und spüren, rechtzeitig spüren, das harte Joch auf seinem stolzen Haupt, das die Natur dem Menschen auferlegt, das schwere Joch der Notwendigkeit, unter das sich jedes endliche Wesen beugen muß. Er soll diese Notwendigkeit in den Dingen sehen, niemals in der Laune der Menschen.«[23]

Es ist eine unentrinnbare, aber innerhalb des auferlegten Rahmens freilassende pädagogische Situation, deren Erfahrungen und Gesetze vom Kind positiv aufgenommen und verinnerlicht werden sollen. ROUSSEAUS Anspruch, die natürliche Entfaltung des Kindes zu vertreten, ist also an eine sorgfältig gelenkte und dirigierend-beobachtende Kalkulation gebunden. Das Kind darf nur das kennen und anerkennen lernen, was seine Autorität als angemessen erachtet.

Dieser Grundsatz solle auch die Auswahl der Lektüre bestimmen (Kinderliteratur war – wie im sechsten Kapitel berichtet wird – im 18. Jahrhundert zu einem Gegenstand großen Interesses geworden):

> »Da es nun absolut nicht ohne Bücher geht, so gibt es eins, das meiner Meinung nach die beste Abhandlung über die natürliche Erziehung liefert. Dieses Buch wird das erste sein, das mein Emile zu lesen bekommt. Es wird für lange Zeit das einzige sein, woraus seine ganze Bibliothek besteht, und dort immer einen besonderen Platz einnehmen. Das wird der Text sein, zu dem all unsere Unterhaltungen über die Naturwissenschaften nur den Kommentar bilden. Es wird zum Maßstab unsrer Urteilsfähigkeit während unsrer Fortschritte und, soweit unser Geschmack nicht verdorben wird, wird seine Lektüre uns immer Freude machen. Welch herrliches Buch ist denn das? Aristoteles? Plinius? Buffon? Nein. Es ist *Robinson Crusoe.*«[24]

Man beachte, das ROUSSEAU seinem Zögling – der nach heutigen Begriffen noch im Grundschulalter ist – weder Märchen noch andere freie Geschichten, die die Phantasie beflügeln könnten, anbieten will, sondern ein einziges Buch, das er nach Nützlichkeitserwägungen auswählt. Denn der Roman solle noch »vom übrigen Schwulst« befreit werden, d.h. von den ›nur‹ abenteuerlichen Episoden, die das Kind in diesem Lebensalter nicht dabei unterstützen könnten, nützliche, praktische Fähigkeiten zu entwickeln:

> »... lenkt zuerst seine ganze Aufmerksamkeit auf die Industrie [hier: Gewerbe (fleiß), d. V.] und die Handwerke, wodurch ihm die gegenseitige Nützlichkeit [und Abhängigkeit der Menschen, d. V.] klar wird. Führt ihn von Werkstatt zu Werkstatt und leidet nicht, daß er einer Arbeit zusieht, ohne mit Hand anzulegen, und daß er eine Werkstatt verläßt, ohne genau die Gründe für alles, was dort geschieht oder zumindest für das, was er beobachtet hat, zu kennen.«[25]

Diese Erziehungsforderung, die sich – in heutigen Worten – mit Gedanken der polytechnischen Bildung berührt, verrät deutlich ihre Herkunft aus dem Jahrhundert der Arbeits-, Zucht- und Waisenhäuser. Der wesentliche Unterschied gegenüber den dort herrschenden Praktiken war jedoch, daß ROUSSEAUS Emile sozusagen freiwillig, aus Interesse, alle diese handwerklichen Tätigkeiten lernen sollte: Sein Erzieher bringt sie ihm nahe und erwartet oder bewirkt, daß sich der Heranwachsende mit kindlicher Neugier dafür begeistert. Die geschickte heimliche Beeinflussung soll also das Kind widerstandslos lenken und gleichzeitig seine Lebenszuwendung und sein Selbstbewußtsein fördern.

Unklar bleibt, warum diese Kindheit als »ein Leben in Einfachheit und Freiheit« bezeichnet wurde.[26] Denn über seine Technik der Manipulation ist sich der Autor völlig klar:

> »Es gibt keine vollkommenere Unterwerfung als die, der man den Schein der Freiheit zugesteht. So bezwingt man sogar seinen Willen. Ist das arme Kind, das nichts weiß, nichts kann und erkennt, euch nicht vollkommen ausgeliefert? Verfügt ihr nicht über alles in seiner Umgebung, was auf es Bezug hat? Seid ihr nicht Herr seiner Eindrücke nach eurem Belieben? Seine Arbeiten, seine Spiele, sein Vergnügen und sein Kummer – liegt nicht alles in euren Händen, ohne daß es davon weiß? Zweifellos darf es tun, was es will, aber es darf nur das wollen, von dem ihr wünscht, daß es es tut. Es darf keinen Schritt tun, den ihr nicht für es vorgesehen habt, es darf nicht den Mund auftun, ohne daß ihr wißt, was es sagen will.«[27]

Kann der Anspruch autoritärer Erziehung noch kompromißloser formuliert werden? Glücklicherweise ist es bis jetzt noch nicht gelungen, ihn zu verwirklichen; selbst im nationalsozialistischen Deutschland konnten nicht alle Jugendlichen in solche entindividualisierten Marionetten verwandelt werden. In Abwandlungen und Abschwächungen aber übten ROUSSEAUS Vorstellungen in ganz Europa einen außerordentlich starken Einfluß aus. Viele Pädagogen bemühten sich, das ROUSSEAUSCHE Ideal auf die eine oder andere Weise in die Wirklichkeit zu transportieren; Robinsonausgaben entstanden sogar, die im oben beschriebenen Sinn bearbeitet waren. Vor allem aber konnten sich viele autoritätsbewußte Eltern mit gutem Gewissen auf den lange anerkannten ROUSSEAU berufen, wenn sie ihre Kinder Anregung und Förderung mit Ausgeliefertsein an die Erwachsenenwelt bezahlen ließen.

## Nichtbesitzende Klassen blicken nach oben

Die Ausprägung einer Kindheit, in der die Heranwachsenden sorgfältig gelenkt und nach Plan erzogen wurden, blieb im 18. und auch noch weitgehend im 19. Jahrhundert wesentlich auf die höheren Stände beschränkt (Bild 22). Für Kinder der ärmeren Klassen gab es keinen gesonderten Lebens- und Schonraum; sie teilten weiterhin das Leben der Erwachsenen in ungesicherter Existenz und unterlagen der gleichen Ausschöpfung ihrer Arbeitskraft. Sie wurden aber auch weniger entmündigt als aristokratische und bürgerliche Kinder und nicht hinaufstilisiert und als unschuldig idealisiert und mit rigiden Vorschriften zivilisiert (Bild 23).[28]

In bäuerlichem Milieu und in den städtischen Unterschichten hielt sich noch lange über das 18. Jahrhundert hinaus die ältere Einstellung gegenüber dem kleinen Kind als einem unfertigen, nicht ganz menschlichen Wesen. Aus dem Jahre 1741 wird von Säuglingen berichtet, »die in den Gossen liegen und auf den Misthaufen Londons verotteten«[29] (Bild 24). Die Gleichgültigkeit gegenüber Kleinkindern war in den ärmeren Klassen Mitteleuropas nicht geringer, wie folgender Bericht der späten 1760er Jahre aus bäuerlichem Umkreis zeigt:

> »Eine Stunde vor der Ankunft in meine Heimat ging mir mein liebes Weib entgegen. Vor Freuden, daß sie mich wieder sah, fuhr sie mir um den Hals, weinte und sagte: ›Mein Schatz! Gott hat unsre zwei Kinder zu sich genommen, und du triffst zu Hause keines mehr an.‹ Je nun, als Vater betrübte es mich doch auch und tat mir im Herzen leid, daß ich sie nicht mehr gesehen habe; ich sagte zu ihr: Mein Schatz! bekümmere dich nicht so viel und gib dich zufrieden, es war ja der Willen Gottes; ...«[30]

Unter der herkömmlichen Formel fand sich der Vater mit dem Tode seiner Kinder ab, so wie es in den wohlhabenden Klassen zwei Jahrhunderte zuvor auch noch üblich gewesen war.

Diese unterschiedliche Entwicklung macht verständlich, warum es gerade die oberen Stände waren, die dem indirekten Kindermord u.a. durch Errichtung von Waisen- und Findelhäusern in den größeren Städten der meisten Staaten Europas entgegenzuwirken suchten. In dem damaligen Deutschen Reich gingen z. B. von dem Waisenhaus in Halle, das 1698 von dem Pietisten A. H. FRANCKE gegründet worden war, eine Reihe ähnlicher Gründungen aus: so etwa in Gotha, Königsberg, Stettin und sehr viel größere in Wien und Prag. Doch die wirtschaftlich bedingten sozialen Mißstände waren zu schwerwiegend und verbreitet (das vorangegangene

Kapitel war diesen ausführlich gewidmet), als daß die Not der Kinder durch Wohltätigkeit hätte behoben werden können. Die Findelhäuser und Heime wurden bald zu eng, da von allen Seiten immer mehr Kinder eingeliefert wurden; d. h. die Eltern machten sich immerhin bereits die Mühe, ihre unerwünschten Kinder dorthin zu bringen, statt sie einfach in die Gosse zu werfen.[31] Doch auch diese Gewohnheit blieb in Deutschland bis in das 19. Jahrhundert bekannt. Ein Zeitgenosse schrieb noch 1846 von Berlin, einer der ersten deutschen Großstädte:

»Es kommt aber nicht so selten vor, daß sich Eltern ihrer Kinder durch offenes Verbrechen ›entledigen‹; ... Hierher gehören alle sogenannten Kindermorde: Wenn junge Mütter ihr Neugeborenes umbringen, weil sie nicht wissen, wie sie es ernähren sollen. Die Berliner Zeitungen bringen nicht selten die Nachricht, daß man in Kloaken solche unbekannten Gebeinchen gefunden hat.«[32]

Um die Mitte des 19. Jahrhunderts entrüsteten sich jedoch Adel und Bürgertum über diese althergebrachten Praktiken, die jetzt auf die Armen beschränkt waren, und warfen den unteren Klassen (wie in den vorangegangenen Kapiteln, besonders im dritten, mehrfach

BILD 22 (linke Seite) Marie E. Godefroid: *Die Söhne des Marschalls Ney* (1810).

BILD 23 (oben) Unbekannt: *Küche einer Berliner Arbeiterwohnung* (kurz nach 1900).

zitiert) moralische Verkommenheit, viehische Brutalität und Roheit vor.

Die soziale Distanz scheint allmählich unüberbrückbar: Hier die wohlerzogenen Kinder, die spielend beschäftigt, auch traktiert, zum Lesen angeleitet, vielleicht auf eine höhere Schule geschickt werden – dort die Kinder, die die Sorge um die nackte Existenz rücksichtslos an die Erwachsenenwelt kettet; die gesellschaftlichen Verhältnisse behinderten, daß aus diesen Kindern auch Kinder wurden. Die notwendigen Veränderungen mußten erkämpft werden. Nicht nur Forderungen auf Lohnerhöhung, sondern vor allem auch nach Verkürzung der täglichen Arbeitszeit wurden auf der ersten großen Protestversammlung am 26. April 1848 von mehr als zehntausend Arbeitern und Handwerkern vor dem Schönhauser Tor in Berlin erhoben. Der Bauarbeiter BÖTTICHER begründete im Blick auf das Familienleben:

> »Dann sind vierzehn Stunden Arbeit viel zuviel. Mit dem Hin- und Herlaufen (den Arbeitswegen, d. V.) werden achtzehn daraus(!). Ein Familienvater kann daher kaum das Lallen seiner Kinder hören. Wenn er nach Hause kommt, schlafen sie schon,

BILD 24 Samuel Hartlib: *The Orphans Cry, We Perish, We Die* (1650).

und wenn er ausgeht, sind sie noch nicht wach.«[33]

Erst zwei Generationen später etwa konnten Stimmen der Arbeiterdichter von dem zärtlichen Gefühl und von der Aufmerksamkeit der armen Mütter für ihre Kinder künden:

»Wenn die guten blassen Mütter vom Kindbett aufstehen, haben sie feine Sinne, um ihre Kinder verstehen zu lernen ... Mütter haben unendlich feine Eingebungen, sie kennen die Augen der Kleinen und spüren die Bilder und Gedanken, die darin auftauchen. Sie spüren auch am Zittern seines Leibes, daß es Klänge und Geräusche hört ... Dann nimmt die Mutter das Kind auf den Arm, um mit ihm spazieren zu gehen, um ihm glänzende Dinge zu zeigen. Kleines Baby! sieh, was leuchtet, höre, was singt, sieh alles Schöne ... Noch etwas später lehrt man die Kinder lächeln ... Lächeln heißt ... als Glück fühlen, daß man lebt.«[34]

Aber dies galt durchaus noch nicht für die Mehrzahl der Kinder aus den unteren Schichten. Noch 1908 muß ein Sozialbericht aus großstädtischen Randbezirken darauf aufmerksam machen:

»Die Kinder vermehren sich schnell – stumpfsinnig durch frühzeitige Arbeit, durch das Elend und seine Auswüchse: ... die kleinen sechsjährigen Jungen, rachitisch, im Wachstum zurückgeblieben, athrophiert, ohne Hoffnung, ermüdet ... Mädchen, von der Familie ausgenutzt ... niemals ohne ein Kind auf den Armen, eins am Rock ... der Brustkorb verkrümmt ...: ›Mama macht es nichts aus, ein Kind zu kriegen; die Last damit habe ich.‹ – Es gibt ein Verbrechen, das die Menschlichkeit verletzt, das Verbrechen, zuviel Kinder zu haben.

... dem Volk erscheint der Kindersegen wie ein Reichtum, der einzige, über den es verfügen kann: ... eine ›schöne Familie‹: elf Kinder. Ob sie alle leben, weiß man nicht: Sobald eins zehn Jahre alt war, verschwand es ... ›Ich kenne sechs meiner Brüder und Schwestern nicht.‹«[35]

Auch das ist das Bild einer ›Kernfamilie‹ – einer mit anonymer Kinderschar; die früh in den Fremddienst geschickten älteren Geschwister waren für die Jüngeren schon gleichgültig. Hat sich seit den Jahrhunderten des Thomas PLATTER und des Peter PROSCH wirklich nichts geändert?

Für das späte 19. Jahrhundert muß als wichtigste gesellschaftliche Voraussetzung für eine Kindheits- und Jugendphase die materielle Entlastung genannt werden, die lange vordem das bürgerliche Kind kennengelernt hatte. Seit der Kampf gegen die erwerbsmäßige Kinderarbeit reale Erfolge zeitigte, wurden viele Kinder vom gesundheits- und entwicklungsschädigenden Arbeitsdruck befreit.

Damit stellten sich aber auch Verschlechterungen in der familiären Stellung der Kinder ein. In einer Untersuchung über die Sozialisation in Schule und Fabrik wird darauf hingewiesen, daß die Kinder, die ihre Position im Erwerbsleben verloren, zugleich erlebten, wie ihre Stellung in der Familie gemindert wurde; sie wurden abhängig gemacht von der Groschenzuteilung durch die

Erwachsenen oder größere Geschwister. Erziehung als versagende und unterdrückende Gewalt konnte sich so für Kinder in Arbeiterfamilien unmittelbarer und entrechtender auswirken als zuvor und war im allgemeinen sehr viel härter als bei den Kindern des Bürgertums.[36]
In der Mehrzahl der allmählich etwas besser gestellten Arbeiterfamilien vollzog sich seit dem ausgehenden 19. Jahrhundert die Sozialisation der Kinder teils traditionell, teils in Anpassung an ›bürgerliche‹ Formen. Auf die Hilfe ihrer Kinder konnten viele Mütter und Väter nicht verzichten. Häusliche Arbeiten – Saubermachen, Waschen, Einkaufen –, Holzbeschaffung aus dem Walde – Suchen und Abfahren gekaufter Stämme, Sägen, Hacken, Aufschichten –, Bearbeiten kleiner Feld- oder Gartenstücke in Randsiedlungen der Großstädte und der vielen Kleinstädte, Grasrupfen an Wiesenrainen, Säubern von Hühnerställen und Kaninchenkästen – all das waren im 19. und frühen 20. Jahrhundert noch gemeinsame Arbeiten von Erwachsenen und Kindern. Fertigkeiten und Funktionen wurden im praktischen Umgang vermittelt. Es wurde wenig erklärt, eher durch Tun überzeugt. Emotionale Zuwendungen ergaben sich aus der Arbeitssituation, viel seltener im Spiel. Diese Erziehung bezog Aggressionen ohne weiteres ein (beim ersten Rufen konnte es schon heißen: »Komm endlich rein!«). Der imperative Umgangston zwischen Eltern und Kindern wurde noch lange als selbstverständlich aufgefaßt und entsprechend der Respekt durch ›Kopfnüsse‹ oder härtere Maßnahmen befestigt.
Die Anpassung an die Erziehungsnormen, die die besitzenden Klassen im Laufe der vorangegangenen Jahrhunderte entwickelt hatten, konnte für die Kinder des Proletariats fruchtbar und förderlich werden, wenn die materielle Belastung der Familie nachließ, die Bildungssituation günstiger und die emotionale Sicherheit größer wurde.

# 5. Spielen

Ich heiße Kindheit,
dem Spielen gilt mein ganzer Sinn,
den Ring zu fangen
und den Ball zu werfen.

Als kultureller Faktor stellt das Spiel eine mächtige gesellschaftliche Kraft dar; es findet seine Resonanz in der sozialen, emotionalen und schaffenden Fähigkeit des Menschen. Kinder, Dichter und Wissenschaftler, Arbeiter, Bettler und Künstler – jeder Mensch, der auf seine Sinne horcht, der mit seinen Gedanken spielt, der aus produktiver Arbeit Freude gewinnt, kann von ihm ergriffen werden. Von der Macht, die das Schau-Spiel ausstrahlt, wußte auch die Kirche, und sie hat sich dieser Wirkung schon in früher Zeit bedient. Offenbar haben alte Kult- und Kirchen-Riten, Zeremoniale, Leidensspiele u. ä. eine Tradition von Spielformen geschaffen, die allmählich verweltlicht wurden. Wie stark diese verweltlichten Spiele noch von kirchlichen Inhalten durchtränkt waren, zeigt sich sogar noch in den Kinderspielen. So beschreibt Felix PLATTER das, was er in den 1540er Jahren in Basel als etwa Achtjähriger mit den Nachbarskindern tat, in folgenden Worten:

> »Wir Knaben, so jung wir waren, wollten unterweilen auch Spiele machen. In meines Vaters Höflein wollten wir auch den Saulus spielen, weil wir etliche Sprüche aus der Bürger Spiel gelernt hatten. Der Roll war Saulus und ich der Herrgott, ich saß auf dem Hühnersteglein und hatte ein Scheit für einen Strahl, und als der Roll auf einem Scheit vorüber ritt gen Damaskus, warf ich den Strahl nach ihm und traf ihn auf ein Auge, daß er blutete und greinte, indem er sagte, er sei arm und von den Seinen verlassen, darum plagten wir ihn; es werde uns auch noch dazu kommen [d. h. sie würden dafür eines Tages noch bestraft werden, von Gott]. Das ging mir zu Herzen, ich habe oft daran gedacht in der Fremde, wo [d. i. wenn] mir etwas Widerwärtiges widerfuhr.«[1]

Das Zitat ist übrigens die einzige reine Kinderspielszene, die Felix beschreibt, und sie dürfte kaum deshalb von ihm aufgeschrieben worden sein, sondern wegen der moralischen Ermahnung.

Die Bewertung des Spiels hat in der modernen Gesellschaft eine weit über das Pädagogische hinausgehende Bedeutung bekommen. Spielerziehung soll sich frei spielende entdeckende, fragenstellende und problemsuchende Prozesse fördern, erkennbar an der Fülle der Untersuchungen, die in den vergangenen Jahrzehnten zur Kreativitätsforschung betrieben worden sind. Der Forschungswettbewerb galt der Ausschöpfung ungenutzter »gesellschaftlicher Reserven«. Heute werden in den technologisch-wissenschaftlichen Gesellschaften Spiele und Spielen oder die dadurch zu mobilisierenden Leistungs- und Erfindungskräfte ebenso wie Spielmethoden und spieltechnisches Instrumentarium allgemein genutzt und in vielen gesellschaftlichen Sektoren zu spezifischen Zwecken verwandt: in der Kindererziehung und dem Unterricht, der Heiltherapie und der Altenpflege bis zum Computereinsatz für Entscheidungs- und Alternativmodelle und den Spielen-wir-das-mal-durch-Modellen und -Experimenten. Auch Technik und Wissenschaft, Militär und Wirtschaft bedienen sich der Strategie des Spiels.
Es fragt sich, ob die Gesellschaft gegenwärtig nicht vor dem Problem steht, bislang gültige, zentrale Vorstellungen über die Erziehung grundsätzlich zu überdenken und am Oktroyieren, Vorschreiben, Drohen, Einschränken zu zweifeln beginnen sollte. Immer nachdrücklicher sollte das Ziel erörtert werden, Einfallsreichtum nicht von kleinauf zu beschneiden, sondern in Spiel und Werk, im Tun und Reden seinen Ausdruck finden zu lassen, mit einem utopischen Bild vor Augen: Menschen, die spielerisch-planend arbeiten, sich ihrer Phantasie als motivierender Kraft zu bedienen vermögen, die ihre Projekte zu durchdenken, mit anderen zu diskutieren und zu realisieren verstehen. Von neu gewonnenen Standorten aus muß dieser Mensch einer veränderten Position und Situation gerecht werden und weiterführende Wege herausfinden können. In der Kommunikation des Spiels – womit und mit wem es sich auch immer befassen möge – eröffnet sich der erste soziale Ort für die weitergehenden Perspektiven. Spiel und kreative Arbeit werden aus der gleichen Quelle gespeist: aus der produktiven Kraft des Menschen, aus seiner Lust an Tätigkeit und Bewegung, am Suchen und Finden, am Probieren und Kombinieren und an der gestaltenden Darstellung seiner Einfälle und Pläne. Die Kraft der Vorstellungen, Träume, spontanen Einfälle, die das Spiel durchdringt, und die konzentrierte Hingabe an Spielobjekt und Spielbewegung, Spielbewegtheit und Ergriffensein können zu eigenwilligen Konstruktionen und Kombinationen, zu Eingebungen und Fragestellungen führen, die dem nüchternen Verstand verschlossen sind.

In den Spielbeobachtungen und Überlegungen zum Spiel mischen sich beinahe unbemerkt Wünsche der Erwachsenen, nicht verwirklichte Möglichkeiten der eigenen Kindheit in die Situation ihres Kindes einzubringen.

Wenden wir uns jetzt dem zu, was das Kinderspiel so bedeutungsvoll macht. Wird doch ein Kind, das nicht spielen kann, in der heutigen Gesellschaft als schwer gehemmt und gestört oder sogar als behindert betrachtet.

Die Interessenzusammenhänge, in denen das Spiel auftritt, haben eine Vielfalt von Untersuchungen, Stellungnahmen und Erläuterungen hervorgerufen: kultur-philosophische, analytische, psychologisch-pädagogische, auch sozial- und kulturgeschichtliche, nicht zuletzt kommerzielle. Jeder, der mit spielenden jungen Menschen umgeht, wird herauslesen, was seiner Sozialisation und seinen Wünschen am ehesten entspricht. Hier und im folgenden soll mit Spiel alles das bezeichnet werden, was Kinder aus eigenem Antrieb und auf natürliche Weise vertraut macht

> »mit den Dingen, mit ihrer Umwelt und mit ihren eigenen Fähigkeiten ..., um letztlich unabhängig zu werden«. Das entspricht einem inneren Bedürfnis der Kinder, »ihre Intelligenz und andere geistige Funktionen ... zu entwickeln, Kontrolle ihrer Bewegungen ... in spezifisch strukturierten Situationen zu lernen, die Inhalte ihrer Erfahrung in Übereinstimmung mit der in [ihrer] Welt vorgefundenen Ordnung zu organisieren.«

Das Spielzeug ist ein Mittel, ein »Zeichen, das auf den Übergang von Realität in Phantasie hinweist und auch die Verbindung zwischen beiden Bereichen aufrechterhält«. Phantasie hilft dem Kind, die bewußte Aufarbeitung dieser (seiner personalen) Erfahrung zu leisten.[2]

Der sozialisierende und gesellschaftliche Wert des Spiels und des Spielens liegt also darin, daß sich kulturvermittelnde und -bereichernde Kräfte und Fähigkeiten herausbilden und differenzieren können; der persönlichkeitssteigernde Wert ist in den befreienden, bewirkenden und glücksverheißenden Möglichkeiten zu sehen, die dem Spiel innewohnen: ebenso in Entladung, Befreiung von alltäglicher Beengung wie in verheißender Erfüllung, deren Abglanz das gewöhnliche Leben bereichern, verschönern oder wenigstens erträglicher machen kann. In Ausdruck und Darstellung, Rollen und Mitteln des Spiels korrespondiert der Spielende mit der Umwelt. In der Kommunikation formt sich das Spiel und wird selbst zum Kommunikations-, zum Umgangsmittel.

Doch vergessen wir nicht die verbreitete Wirklichkeit hinter diesen

idealtypischen Bildern: Kinder werden mit Hilfe von Spielzeug abgeschoben; Spielen wird als bloßes Zeitausfüllen betrachtet; vor allem die Wiederholungsspiele erscheinen vielen Erwachsenen stumpfsinnig. Solche Beurteilungen variieren nach familialpsychischer Situation, sozialer Lage, nach Wohnmilieu und Lebensnot, auch nach dem Alter und dem Geschlecht der Kinder.
Der Blick zurück in die Geschichte des Spiels in der Frühen Neuzeit und im 19./20. Jahrhundert unter dem Einfluß der industriellen Wandlungen soll nicht als systematische Aufarbeitung mißverstanden werden. Es geht allein darum, aus der historischen Distanz einige Spielauffassungen, verbreitete Spielbedingungen und Spielerfahrungen vorzustellen – vornehmlich, um scheinbar Selbstverständliches in Frage zu stellen, als veränderbar sehen zu lassen.

## Vom Spiel zum Kinderspiel

Im 16. Jahrhundert, der Epoche des Humanismus und der Renaissance in Deutschland, der Reformation und katholischen Reform, stritten miteinander eine Reihe grundsätzlich verschiedener Auffassungen über Spiel und Lebensfreuden der Menschengesellschaft in dieser Welt. Im 18. Jahrhundert begegnen wir einer demgegenüber kind-pädagogisch bewußten Welt. Grundlegende Kenntnisse über den Wandel verdanken wir Philippe ARIÈS' Geschichte der Kindheit[3]: Man hat gelernt, das Kindsein als besondere Lebensphase wahrzunehmen; Kindsein und Spielen werden klarer als früher bedacht; bei den verschiedenen Ständen der Gesellschaft – in Adel und Großbürgertum, unter den gewerblichen Bürgern und auch in der wohlhabenden Bauernschaft – erhält das Kind eine eigene Position: nach dem, was sich für es schickt, woraufhin es erzogen werden soll, wo seine Pflichten liegen.
Die Pädagogen des 18. Jahrhunderts schärften nicht nur den Blick für das dem Kinde Eigentümliche. Ihre sorgfältigen Beobachtungen des Spiels und ersten Lernens lassen die Erzieher auch auf neue Methoden der Beeinflussung, der Unterdrückung und des Lehrens und Lernens kommen. Mehr Kinder als je zuvor werden im 18. Jahrhundert beim Lesen, Schreiben, Rechnen, beim Üben des Lateinischen und mit dem Auswendiglernen von Gebeten und Kirchenliedern auf Schulbänken festgehalten. Während das spielende Kind entdeckt wurde, verschulten es die Erwachsenen auch schon. Selbstverständlich hatten sie dafür ihre guten pädagogischen und ökonomischen Gründe.

Zu Beginn der Frühen Neuzeit, im 16. Jahrhundert, fühlten sich die Menschen in einer Fülle von Lebensgewohnheiten heimisch, die später als mittelalterlich bezeichnet wurden. Für die Menschen, die in Feld, Wald und an Flüssen ackerten, ernteten, Holz fällten, jagten, fischten und flößten, waren Feste und Feiern, Spiel, Tanz und religiöse Schauspiele Erlebnis und Ausdruck ihrer Kultur, ihrer Lebens- und Sinnenfreude.
Spiele waren in der ländlichen Tradition des Volkes, in jahreszeitlichen und religiösen Gebräuchen verwurzelt; nicht nur an persönliche Bedürfnisse für geselliges Beisammensein, sondern auch an Dutzende örtlicher Fest-, Feier- und Heiligentage gebunden. In den Städten war die Zahl der Feiertage nicht geringer, eher noch erhöht durch Tage für besondere Schutzheilige der verschiedenen Gewerbe.[4]
Bei den Festen muß es ausgelassen hergegangen sein, mit Dudelsack, Schellen und Pfeifen. Würfel-, Karten-, Brettspiele waren allerorten ebenso bei jung und alt beliebt. Überhaupt: Erwachsene und Kinder spielten und tanzten und feierten gemeinsam, wie sie auch gemeinsam arbeiteten und zusammen schliefen. Spiel und Lustbarkeiten hatten einen mächtigen Kritiker: die christliche Kirche. In ihrer Tradition hatte das Spiel – wie in anderen Religionsgemeinschaften auch – in Zeremoniell, Mysterien-Schauspiel und Prozession einen religiös-kulturellen Charakter erhalten. Bei weltlichen Festen wurden sie spaßhaft verdreht:

> »Man sieht Pfarrer und Geistliche Masken und monströse Gesichter in ihren Amtsstunden tragen. Sie tanzen im Chor als Frauen, Kuppler oder Minnesänger gekleidet. Sie singen zotige Lieder. Sie essen Blutwürste am Flügel des Altars, während der zelebrierende Priester die Messe liest. Sie spielen dort Würfel. Sie weihräuchern mit stinkendem Rauch von alten Schuhsohlen. Sie laufen und hüpfen schamlos durch die Kirche. Schließlich fahren sie durch die Stadt und in die Theater in schäbigen Wagen und Karren und erregen das Gelächter ihrer Gefährten und der Zuschauer durch schändliche Darstellungen mit unanständigen Gebärden und gemeinen und unzüchtigen Versen.«[5]

Kinder müssen diese Angriffe auf die Kirche durchaus verstanden haben, denn sie waren in aller Munde und die Darstellungen sinnenhaft und unterhaltsam.
Vergeblich versuchte die höhere Geistlichkeit jahrhundertelang, solche Darstellungen und auch jegliche Art Tanz als etwas Teuflisches und Heidnisches zu verhindern. Die Überzeugung von der Sündhaftigkeit der Menschen ließ sie Spiel und Lebensfreude

offiziell anprangern und verurteilen. Schon im Zustand der Sünde geboren, brachte jedes Kind ein neues Übel in die Welt; der fromme Mensch mußte mithin gegen die Ausbreitung der Sünde – vor allem auch gegen die Selbstbefleckung – gewappnet werden. Alles, was sich in ihm an natürlichem Verlangen bewegte, war sündhaft, schadete der unsterblichen Seele. Erziehung war der Kampf mit dem Teufel, der sich im Fleische einnistete. Ihm mußte der Besitz des Körpers entrissen werden durch hartes und andauerndes Kasteien, durch Schläge, systematische Peinigungen körperlicher und seelischer Art. Als Autorität dieser lustfeindlichen Erziehung galt der Kirchenvater AUGUSTINUS, Theologe und Philosoph im 4. Jahrhundert. Seine Lebenserinnerungen – es sind für ihn Sündenbekenntnisse Gott, seinem Herrn, gegenüber – verzeichnen unter der Überschrift »Spielen und Strafen«:

> »Sünde war es gleichwohl, wenn ich im Schreiben oder Lesen oder im Nachdenken über den Lernstoff zurückblieb hinter dem, was man von uns verlangte ... aber schöner war es halt, zu spielen, und dafür straften mich Menschen ... Fürwahr, ein trefflicher Richter, der meine Schläge ganz in der Ordnung findet, weil ich als Knabe Ball spielte und dieses Spiel mich abhielt, mir rasch die Kenntnisse anzueignen ...«[6]

Das Durchdrungensein von dem Gefühl der eigenen Sünde wurde zum Erziehungsziel.

Gegenreaktionen zu der Erziehung durch Schläge, Askese und Liebesentzug sind bereits aus dem Mittelalter bekannt: aus Klöstern und Ordensgemeinschaften, in denen Kinder auf ihr späteres Leben als Mönch oder Geistlicher vorbereitet wurden oder die Klosterschule besuchten. Beobachtungen ließen in den Mönchen Mitgefühl für die besondere Situation von Kindern unter Erwachsenen und ein besseres Verständnis entstehen.[7] Als sich ein Abt über die ihm anvertrauten Jungen beklagte – »Wir hören nicht auf, sie Tag und Nacht zu schlagen, und sie werden nur schlimmer und schlimmer« – wurde ihm erklärt:

> »Da sie keine Liebe und kein Mitleid, kein Wohlwollen und keine Zärtlichkeit in Deiner Einstellung zu ihnen spüren, verlieren sie in Zukunft ihren Glauben an Deine Güte und nehmen an, alle Deine Handlungen gingen aus Haß und Böswilligkeit ihnen gegenüber hervor. Sie sind ohne die Erfahrung wahrer Nächstenliebe aufgewachsen, und daher betrachten sie jeden mit Mißtrauen und Argwohn ... Sind sie keine Menschen? Sind sie nicht von Fleisch und Blut wie Du? Wärest Du gerne so behandelt worden, wie Du sie behandelst ...«

Solche Erfahrungen mußten über Jahrhunderte hinweg wiederholt werden, um in das gesellschaftliche Bewußtsein einzudringen. Das Recht auf Züchtigung hat die Kinder des christlichen Abendlandes verfolgt. Überwunden ist es noch immer nicht, auch wenn heute immer weniger Eltern glauben, daß Schläge die Kinder besserten.[8]

Die widersprüchliche Haltung gegenüber den Spielen, die in den Gesellschaften der Frühen Neuzeit einen so großen Raum einnahmen, zeigte sich einmal in der vorbehaltlosen und unterschiedslosen Bejahung der Spiele durch die große Mehrheit, zum anderen in dem absoluten Verdammungsurteil der mächtigen und ihre Mitglieder intensiv beeinflussenden Kirche. Schließlich trat seit der Renaissance eine einflußreiche und aufgeklärte Minorität von Vertretern einer innerweltlichen, auf die individuelle Entwicklung hin orientierten Moral hervor, die mit neuen, rationalen Begründungen das Spielen ablehnten.

Moralisten der Zeit um 1500 mißbilligten das Spiel, weil es unsinnig, ohne Sinn, sei. Ohne Unterscheidung von Kinder- und Erwachsenenspiel empfahl Sebastian BRANT seinen Lesern:

»Veracht' das Spiel zu aller Zeit,
Daß dich nicht trübe Gier und Neid,
Denn Spiel entstammt unsinnger Begier ...
Die hielt ich fast für Narren ganz,
Die Lust und Freude haben am Tanz
Und springen herum grad wie die Tollen,
Im Staub sich müde Füße zu holen ...
Da tanzen Pfaffen, Mönch' und Laien ...
Da läuft man, wirft umher wohl eine,
Daß man hoch sieht die bloßen Beine ...«[9]

Sebastian BRANT prangerte in seinem »Narrenschiff« alles an, was er für lasterhaftes Tun, unehrenhaft und unzüchtig hielt. So kam er auch auf das Kinderspiel – allerdings nur auf mutwillige Kinder und in der Empfehlung für nützliches Verhalten der Eltern:

»Wer seinen Kindern übersieht
Mutwillen und sie nicht erzieht,
dem selbst zuletzt viel Leid geschieht.«[10]

Gegenüber der Spielverpönung verschaffte sich jedoch auch die alte und wieder neue Spielfreude Gehör. Von LUTHER wird berichtet, daß er riet: »Und lasse sich niemand zu klug dünken und verachten Kinderspiel«; eine Äußerung des englischen Philosophen LOCKE liest sich beinahe wie ein Kommentar dazu:

»Die Lust zu spielen aber, welche ihrem Alter und ihrer Gemütsart von der Natur weislich zugeteilt worden, sollte vielmehr zur Erhaltung ihrer Lebensgeister und Verbesserung ihrer Stärke und Gesundheit aufgemuntert als gehemmt oder eingeschränkt werden. Und die Hauptkunst ist, daß man alles, was sie zu tun haben, ebenfalls zum Scherze oder Spiele mache.«[11]

Eine solche Unbefangenheit wurde dem spielenden Kind in der Wirklichkeit jedoch immer seltener entgegengebracht. Die neuen Vertreter weltlicher Moral, wie Sebastian BRANT, schafften es ebensowenig wie die Geistlichen, dem Spiel den Garaus zu machen. Bis ins 18. Jahrhundert finden sich auch in der Malerei reichhaltige Darstellungen von Spielszenen. Spiele und Zerstreuungen, Musik und Tanz und die Gemeinsamkeit bei großen und kleinen Festen nahmen in der Bevölkerung und in den wohlhabenden Häusern einen weit größeren Raum ein als heute. Die Kinder – etwa vom dritten oder vierten Lebensjahr an – erfreuten sich mit anderen Kindern und mit Erwachsenen derselben Spiele. Stufenweise, so stellt ARIÈS fest,[12] verloren aber die Spiele ihren vielfältig gemeinschaftlichen Charakter. Anscheinend wurde zum Repertoire der Kinderspiele, zum ›Monopol‹ der Kinder, was die Erwachsenen aufgegeben hatten. Spielzeuge und Spiele wanderten (dem Weg der Märchen und der Lesestoffe gleichsam folgend) zunächst aus den oberen Klassen der Gesellschaft ab, in denen die Erwachsenen davon Abstand nahmen; sie lebten jedoch im Volk und bei den Kindern der oberen Klassen weiter. So dienten Puppen noch um 1800 eleganten Damen als Mannequins, die nach den neuesten Moden angezogen wurden; mit Hampelfrauen und -männern spielten in den 1740er Jahren noch höchste Damen der Gesellschaft.

Allerdings hatte man schon im 17. Jahrhundert unterschieden zwischen Spielen für Erwachsene und Adlige sowie Spielen für Kinder und Personen, die sich nicht gesittet zu betragen wußten; doch im 18. Jahrhundert wurden auch spezifische, sonst traditionell gepflegte Spiele von Leuten von Stande nicht länger gespielt: Wer sich balge, auch Ball- oder andere Bewegungsspiele ausgelassen treibe, zeige wenig Erziehung. In dieser Zeit bildete sich ein Kompromiß heraus: Um der moralischen Reinheit des Kindes willen und um es zu erziehen, untersagte man ihm Spiele, die von nun an als verderblich eingestuft waren, und empfahl ihm diejenigen, die als gut galten.

Eine weitere Einstellung zu Kind und Spiel bildete sich im 16. Jahrhundert heraus, die bis in die Gegenwart fortwirkt: Die Erziehung des verständigen Menschen habe so früh wie möglich zu beginnen. So wie seit langem das Kinderspiel bei den Armen nur dann geduldet wurde, wenn es nicht von häuslichen Pflichten und Erwerbsarbeit abhielt, so wurde das Spiel bei den an Bildung und Ausbildung interessierten Eltern als Zweitrangiges angesehen. Eine frühe Bemerkung dazu findet sich schon im Humanismus bei dem Philosophen und Theologen ERASMUS VON ROTTERDAM, der den Anspruch – nicht die Erziehungswirklichkeit – in der ersten Hälfte des 16. Jahrhunderts reflektierte. Er lehnte scharf die Ansicht ab:

»... man müsse die Knaben selbst bis zur Mannbarkeit bei den Küssen der Weiber, den Hätscheleien der Ammen, den Spielereien und zweideutigen Scherzen der Kindermädchen und Diener belassen und sie von den Wissenschaften wie von Giftstoffen gänzlich fernhalten.«

[Im Gegenteil:]

»Sobald das Kind geboren wird, ist es empfänglich für das, was den Menschen kennzeichnet. Daher wende ihm ... schon in den frühesten Jahren eine besondere Sorgfalt zu.«[13]

Wie sich die Bilder gleichen, ist man versucht zu sagen. Der Vergleich von damals und heute sei erlaubt, obwohl unterschiedliche soziale und ökonomische Bedingungen die Kinder auf eine andere Persönlichkeitsentwicklung festlegen sollten. Geht nicht heute wieder (oder noch) der Streit um die Bewertung emotionaler Sicherheiten, die das Kind im Spiel und freien Umgang gewinnt, und wissenschaftlich-intellektuellen Fähigkeiten, die in Lehrgängen, Straßen mit genauen Verkehrsregeln, erworben werden! Ein anderer mag sich bei der Forderung des ERASMUS VON ROTTERDAM ehrgeiziger Eltern der Leistungsgesellschaft erinnern, die ihre Kinder mit ›Lernspielen‹ dem Intelligenztraining unterwerfen.

Seit dem 16. Jahrhundert wurde der Widerstreit zwischen Spielen und Lernen, Gewährenlassen und Belehren zugunsten der rechtschaffenen, tugendsamen Zukunft des Kindes vielfältig bedacht. Großartige Synthesen wurden frühzeitig gefunden, jedoch nur zu wenig anerkannt. COMENIUS, wie sich der Prediger KOMENSKÝ aus Ostmähren nannte, schrieb das »Informatorium der Mutterschul« (1633), eine Belehrung für Mütter der breiten Bevölkerungsschichten, wie die kleinen Kinder im Spiel und erstem Lernen am ehesten zu fördern seien. Seine Schrift liest sich wie ein Spiegel der damaligen besten Spielmöglichkeiten. Kinder sollen nach Herzenslust spielen:[14]

»Weil ... ein fröhlich Herz des Menschen Leben ist, also sollen sich auch die Eltern darum bemühen, daß es ihren Kindern an Freude und Trost nicht mangele.«

»Im ersten Jahr verlustiert man sie mit dem Wiegen, mit Singen, mit Spielen, mit Herumtragen, mit Händen Klitschen, mit allerlei Klipperwerk (Spielzeug). ... Im andern, dritten und vierten Jahr, wenn man mit ihnen zärtelt, spielet, läufet, jagt, der Music zuhöret, etwas Schönes mit ihnen ansieht etc. ... Was man merken kann, was dem Kinde lieb und angenehm ist, ihm solches nicht weigert, sondern ihm eine solche anmutige Kurzweil verschafft, die ihren Augen, Ohren und anderen Sinnen lieb ist, das hilft zur Gesundheit des Leibes und Gemütes.«

»Laß sie Ameislein werden, welche immer herumkriechen, -tragen, -schleppen, einlegen, umlegen; nur ... muß man ihnen dazu helfen ... sich also mit ihnen zu spielen nicht schämen.«

[Als Spielzeug soll man ihnen geben:] »Bleyerne Messer, die stumpf sind; hölzerne Wehren; alte unnötige Bücher; hölzerne Pauken, Pfeifen, Pferde etc.; kleine Wähnlein; Schlitten, Mühlen, Häuslein usw.«

[So können sie] »ihren Leib üben, daß das Gemüt frisch und die Gliedmaßen des Leibes behend werden. Die Kinder bauen und kleiben auch gerne von Leim, Spänen, Holz oder Steinen Häuser, welches ein Anfang ist der Baumeisterei ... Womit nur die Kinder spielen wollen, und ohne ihren Schaden können, das soll man ihnen lieber helfen denn wehren.«

Beachtenswert bleibt bis heute – trotz der archaisch anmutenden Wortwahl –, wie sich COMENIUS den Übergang vom Spiel zur Übung des Verstandes vorstellte, ein seit Humanismus und Reformation nicht mehr aus dem Auge gelassenes Erziehungsziel. COMENIUS meinte, als kleine Kinder lernten sie die Anfänge aller Wissenschaft und Künste: Geographie, indem sie von der Kenntnis ihrer Wiege zur Kenntnis der Stube, des Gehöftes, der Straßen und Felder gehen; Rhetorik mit Äußerung und Betrachtung von Gebärden; Poesie mit Freude an Reimen und Rhythmen. In der Anweisung »Wie die Kinder im Verstande zu üben« empfahl COMENIUS, »daß die Kinder täglich auf der Gassen oder sonst zusammenkommen und miteinander spielen«. Eltern und Ammen könnten zwar viel für sie tun:

»... aber doch ihre Gespielen ... viel mehr; es sei gleich, daß sie einander etwas erzählen oder sonst miteinander spielen, denn unter den Kindern vermag viel das gleiche Alter, gleiche Art, gleiche Gedanken: die Erfindung des einen ist den andern nicht zu hoch ... unter ihnen ist ... ein freies Fragen von allem, was kommt, welches alles mangelt uns Alten, wenn wir mit Kindern umgehen wollen.«

So fruchtbar, entwicklungsfähig, fortschrittlich der Ansatz von COMENIUS erscheint, so ist er doch nur einer unter verschiedenen Konzepten, die von der Spielwirklichkeit in unterschiedlichsten Formen aufgesogen wurden. Außerdem gewinnen Anregungen in neuer Umgebung veränderte Bedeutungen. Die bei COMENIUS spieloffen anmutenden Ratschläge für kleine Kinder fanden sich in der 2. Hälfte des 18. Jahrhunderts wieder bei der Gruppe der Pädagogen, die sich Philantropen, also Menschenfreunde, nannten, die BASEDOW, CAMPE, HEUSINGER, SALZMANN, TRAPP. Doch welch Unterschied: HEUSINGER z. B. beschrieb das Greifen und Basteln, Bewegen, Malen des kleinen Kindes als Vorschule, kaum als Spiel;[15] CAMPE verlieh seinem Lesebuch, das der Belehrung, der Erziehung zur Tugend und zur Geschicklichkeit in den Wechselfällen des Lebens dienen sollte, zwar unterhaltsame Züge, aber mit der klar ausgesprochenen Absicht, dadurch leichter belehren zu können:

> »... weil ich wußte, daß die Herzen der Kinder sich jedem nützlichen Unterricht nicht lieber öffnen, als wenn sie vergnügt sind.«[16]

Von dem »nützlichen Unterricht« der Philantropen, dem das Vergnügen der Kinder dienen mußte, soll hier nicht weiter die Rede sein. Er ist ausführlich und kritisch untersucht worden, zuletzt von Donata ELSCHENBROICH. In der Quellensammlung »Zur Naturgeschichte der bürgerlichen Erziehung« macht Katharina RUTSCHKY mit einer Vielzahl aufregender und beschämender Dokumente zur damaligen Kindererziehung unter dem Titel »Schwarze Pädagogik« (1977) bekannt. Wenden wir uns deshalb hier dem Erleben der Kinder selbst zu, der Betroffenen also, soweit sie ihre Spielerinnerungen schriftlich festgehalten und veröffentlicht haben.

## Spielerinnerungen

In Autobiographien des 18. und 19. Jahrhunderts begegnen sich Kinder und Erwachsene als zwei Seiten der Gesellschaft, so wie wir es im 20. Jahrhundert gewohnt sind. Kinder spielen sich – als Unmündige abgeschirmt – in die Welt der Älteren hinein, die eine streng normative Ordnung zu beherrschen scheint (Beispiele aus dem 18. Jahrhundert werden von JUNG-STILLING und Karl Philipp MORITZ betrachtet). In der gleichen Epoche ist freundliches lustvolles Gewährenlassen der Kinder bekannt, sei es in wohlhabender Umgebung bei Jean PAUL und Carl SCHURZ oder bei dem arm aufwachsenden Ulrich BRÄKER. In mehreren Berichten fällt der kindliche Umgang mit winzigen Ausschnitten der Erwachsenenwelt auf (mit Steuerbüchern des Vaters bei Peter ROSEGGER, mit den Eisenbahnen bei Anna MALBERG, mit Weggeworfenem auf der Schutthalde bei Karl BRÖGER). Die Erwachsenenwelt ist noch bedrängender zugleich die Arbeitswelt bei Wilhelm RAABE. Schließlich wird von der spiellosen Kindheit die Rede sein müssen, von Kindern, die ihr Kindsein vergessen müssen.

Ulrich BRÄKER schilderte seine arme Kindheit um 1740/50 – noch vor der Industrialisierung – in einem abgelegenen Alpendorf zwischen Arbeit und Spiel:

> »Wenn mich der Vater nur mit langanhaltender oder strenger Arbeit verschonte oder ich eine Weile davonlaufen konnte, so war mir alles recht. Im Sommer sprang ich in der Wiese und an den Bächen herum, ... kletterte auf die Bäume und suchte Nester ... War ich dann müd, so setzt' ich mich an die Sonne und schnitzte zuerst Hagstecken, dann Vögel und zuletzt gar Kühe; denen gab ich Namen, zäunt' ihnen eine Weid' ein, baut' ihnen Ställe und fütterte sie ... Ein andermal richtete ich Öfen und Feuerherd auf und kochte aus Sand und Lett [Lehm, d. V.] einen saubern Brei. Im Winter wälzt' ich mich im Schnee herum und rutschte bald in einer Scherbe von einem zerbrochenen Napf, bald auf dem bloßen Hintern, die Gähen [Steilhänge, d. V.] hinunter. Das trieb ich dann alles so, wie's die Jahreszeit mitbrachte, bis mir der Vater durch den Finger pfiff oder ich sonst merkte, daß es Zeit über Zeit war.«[17]

Diese spielfrohe Zeit endete schon für den achtjährigen Jungen. Eines Tages trug ihm der Vater auf, von nun an die Ziegen zu hüten, damit er den Hütejungen nicht mehr halten müsse. Ulrich sagte sich: »Im Kohlwald, da bist du frei, da wird dir der Vater nicht immer pfeifen und dich von einer Arbeit zur andern jagen.«[18] Der kleine Junge hoffte also weiter, der Arbeit Spielgelegenheiten abzugewinnen. Woher er die Kraft und die Phantasie dafür nahm, ist schwer zu sagen. Der Vater scheint ihn hart eingespannt zu haben:

> »Die mehrern Mal' überlud er mich; ich hatte die Kräfte noch nicht, die er mir nach meiner Größe zutraute, und doch wollt' ich dann stark sein.«[19]

So wie in dem zuerst beschriebenen Beispiel des Sommers mischen sich hier Spaß und Ernstsituation: Er schafft sich eine Kuhherde und versorgt sie, er kocht »einen sauberen Brei« – das bedeutet mehr als mit Eierpampe spielen. Ihm verbinden sich die nützliche, im Spiel gelingende Arbeit mit der Lust am Schnitzen, Bewegen,

Formen und am Befühlen des Holzes, des Lehms. Die Freude am geschickten schnellen Vorwärtskommen scheint ihn vollends beim Berghinunterrutschen zu beherrschen.

Die Erinnerungen des Ulrich BRÄKER sind weder als allgemeingültig für Kinder der ärmeren Bevölkerungsschichten noch als bloß individuell zu deuten. Phantasie, Vitalität und eine gewisse frohe Zuwendung zur Welt müssen ihm mit Geburt und in frühester Kindheit eigen gewesen sein; eine solche Vermutung liegt nahe, wenn man sich vergegenwärtigt, wie andere Kinder in ähnlichen sozialen Verhältnissen ihre Last erduldet haben. Peter PROSCH z. B. erwähnte in seiner Biographie überhaupt keine Spiele. Hat er sie später nur nicht mehr für erwähnenswert gehalten? Seinem Bericht nach sah er sich um seine Spielkindheit betrogen.

Ohne Zweifel wurde bald deutlich, daß nicht nur die ökonomischen Verhältnisse der Familie und die Anlagen des Kindes, sondern auch die Spielbereitschaft der Eltern eine wichtige Rolle gespielt haben mögen. Jean PAUL, als Pfarrerssohn 1763 im Fichtelgebirge geboren – übrigens im letzten Jahr des Siebenjährigen Krieges zwischen Preußen und Österreich –, schilderte eine offene Atmosphäre des täglichen Zusammenlebens, das Gewährenlassen durch den Vater, das hier das »Idylleben«, wie Jean PAUL es nannte, prägte:

> »Am Morgen saß er an einer Fensterecke und lernte seine Sonntag-Predigt auswendig, und die drei Söhne ... trugen abwechselnd die volle Kaffeetasse zu ihm, um noch froher die leere zurückzuholen, weil der Träger aus ihr die ungeschmolzenen Reste des gegen Husten genossenen Kandiszuckers frei nehmen durfte ... In der langen Dämmerung ging der Vater auf und ab, und die Kinder trabten unter seinem Schlafrock nach Vermögen an seinen Händen. Unter dem Gebetläuten stellten sich alle in einen Kreis und beteten das Lied einstimmig ab: ›Die finstre Nacht bricht stark herein.‹ ... Um dieselbe Zeit geschah es dann, daß wir Kinder uns auskleiden und in bloßen langen Schlepphemden auf und ab herumhüpfen durften. Idyllenfreuden verschiedener Art wechselten.[20]

Jean PAUL beschreibt dann, wie der Vater »unverstimmt vom Kinderlärm« komponierte, und wie er des Abendglückes voll gewesen sei, wenn der Vater nach dem Abendessen noch einen »Lustnachtisch des Winterabends« zugelassen habe: Da erzählte die Viehmagd in der Gesindestube, bei besonderen Süßigkeiten, absonderliche Märchen.

Der Vater gehörte also zu jenen, die damals noch nach alter Sitte Mägde, Knechte, Dienstpersonal am Familienleben teilhaben ließen und der Tradition noch Rechnung trugen, daß in der Hausgemeinschaft Gesinde und Kinder rechtlich gleichgestellt waren.[21] Der kleine Junge als Angehöriger einer etablierten bürgerlichen Familie genoß offenbar den von seiner engeren Umgebung abweichenden Umgang. Trotz der Einbeziehung der Magd haben wir es aber bei der geschilderten sozialen Situation mit einer ›modernen‹ Familie, der Kleinfamilie zu tun, die sich im 17./18. Jahrhundert gerade bei Pfarrern, Beamten und Intellektuellen herausgebildet haben soll, »also bei einem Personenkreis, der weder mit der Verwaltung des eigenen Besitzes noch mit der Produktionstätigkeit direkt zu tun hatte«.[22] Der vielen bewundernswert erscheinende Vater, der Pfarrer, war nicht von des Tages Arbeit gedrückt, er brauchte seine Kinder allein zur Schularbeit anzuhalten; er fühlte sich beim Komponieren nicht gestört, wenn die drei Jungen in der Wohnstube über Tische und Bänke lärmten.

Die sozial bevorzugte Lage und ein den spielenden Kindern zugewandtes Temperament prägen auch das folgende Bild, das aus ländlicher Umgebung stammt.

Carl SCHURZ notierte in seinen Lebenserinnerungen, die er um 1900 niederschrieb, als einen der frühesten Eindrücke, die ihn als etwa Dreijährigen, in den 30er Jahren des 19. Jahrhunderts, zeigen:

> »Ein Abend im Familienzimmer, der ›Stube‹; eine Lampe mit einem grünen Schirm auf dem Tisch; ich sitze auf meines Großvaters Knie und er gibt mir Milch aus einem Glase zu trinken; ich verlange mehr; mein Großvater läßt einen großen, mit Milch gefüllten Zuber bringen und auf den Tisch stellen ... setzt mich nackt in den Zuber, in welchem mir die Milch beinahe bis an den Mund hinaufreicht ... und wie ich nun, nachdem ich genug getrunken, anfange, in der Milch mit den Händen zu platschen, und ihn über und über bespritze, läßt er sich auf einen Stuhl fallen und lacht immer unbändiger ... Wenn er nichts Besseres für mich zu tun wußte, so gab er mir eine alte Jagdflinte mit Steinschloß, das er mich lehrte zu spannen und abzudrücken, so daß es Funken gab. Dann durfte ich in der ›Stube‹ und den anliegenden Schlafkammern umherjagen und so viele Hasen, Rebhühner, Füchse, Rehe und Wildschweine schießen, wie meine Einbildung aufzujagen wußte. Das konnte mich stundenlang unterhalten, und mein Großvater war dann nicht zufrieden, bis ich ihm die wunderbarsten Geschichten erzählte von dem Wild, das ich geschossen, und von den Abenteuern, die ich in Wald und Feld bestanden hatte.«[23]

Der sozialkritische Einwand liegt nahe: Wer konnte es sich damals leisten, ein Kind in kostbarer Milch planschen zu lassen? Gerade deshalb ist auch zweifelhaft, ob sich diese Spielsituation oft wiederholt hat (Carl SCHURZ kann sich daran nicht erinnern), denn sie ist gewiß untypisch für die vor-industrielle, ländliche Heimat in Deutschland. – In der zweiten Szene kommt das Kind zur phantasievollen Gestaltung des bei den Erwachsenen sicher bewunderten Jagens; der Glücksfall hier: Er darf nicht nur auf seine Weise und ungefährlich jagen, sondern der Großvater zeigt sich erpicht auf die Geschichten, die er darüber erfindet. Man übersetze sich dieses in eine gegenwärtige Spielumgebung!

Johann Heinrich JUNG, genannt STILLING, wuchs um die Mitte des 18. Jahrhunderts unter einem pietistischen Vater auf, der den Sohn in einer »pädagogischen Provinz« einer rigorosen christlichen Tugenderziehung unterwarf. JUNG-STILLING berichtet später, daß ihm als Knabe »unvermerkt« durch unausgesetzte Beschäftigung mit »idealische(n) Personen und Handlungen« die Laster »zum größesten Abscheu« geworden seien. Aus Angst vor fremden Einflüssen habe ihm der Vater niemals erlaubt, mit anderen Kindern zu spielen: Mit sieben Jahren kannte er noch nicht einmal die Nachbarskinder.[24]

Das Verhalten dieses Vaters war damals sicher kein Sonderfall. Unter dem Eindruck wachsender Scharen von Bettlern und Tagelöhnern in den Städten und der zunehmenden Gegensätze zwischen Stadt-Bürgern und einfachen Leuten wurden die Straßen als Spielort immer mehr verpönt. Es kam sogar zu Verboten und Strafandrohungen. In Wiesbaden bestimmte 1749 eine hohe Kirchenbehörde:

> »Als wird denen Eltern bei drei Gulden Straf hierdurch ernstlich anbedeutet, ihre Kinder von dato an zu Hause zu behalten und selbige auf die Werktage fleißiger zur Schule [dann zum Lernen und zur Katechismuslehre, d. V.] ... an –, dergestalt von den Straßen und publiken Plätzen der Stadt abzuhalten und selbige nicht auf eine mehr als heidnische Art, als wie die ungebundenen Kälber, auf denen Straßen und Gassen zu männiglicher Ärgernis und Verdruß herum laufen zu lassen.«[25]

JUNG-STILLING erinnert sich daran, daß der Vater, Wilhelm, ihm einen waldigen Spielbereich zugewiesen habe, der vom Vater ständig kontrolliert worden sei:

> »Diese Gegend, Stillings Baumhof und ein Strich Waldes, der an den Hof gränzte, wurde von unserm jungen Knaben also täglich bei gutem Wetter besucht und zu lauter idealischen Landschaften gemacht. Da war eine egyptische Wüste [hier betete er als der

heilige Antonius, d. V.] ... In einer andern Gegend war der Brunn der Melusine; dort war die Türkei ... Nach diesen Oertern wallfahrte er täglich, kein Mensch kann sich die Wonne einbilden die der Knabe daselbst genoß ... So war die Erziehung dieses Kindes beschaffen bis ins zehnte Jahr. Eins gehört noch hierzu. Wilhelm [der Vater, d. V.] war sehr scharf; die mindeste Uebertretung seiner Befehle bestrafte er aufs schärfeste mit der Ruthe.«[26]

Der erwachsene JUNG-STILLING erinnert sich der »Wonnen« des Kindes bei den Illusionsspielen in dem zugewiesenen Käfig. Die Erziehung des Vaters muß erfolgreich – im väterlichen Sinne – gewesen sein, da der Sohn noch in reiferen Jahren sich nur an Freuden zu erinnern wußte. Es mutet wie ein spätes Erbe AUGUSTINUS' an, wenn JUNG-STILLING in allem dem Vater recht gab, »der ihn zum Einhalten göttlicher und menschlicher Gesetze fähig zu machen« suchte.[27]

Ein anderes Dokument für ein streng religiöses Erziehungsmilieu gibt Karl Philipp MORITZ. Er läßt seinen Romanhelden Anton Reiser in seiner Welt, d. h. der der Quietisten, aufwachsen, denen es noch entschiedener als den Pietisten um eine mystische Einigung mit Gott in einem von eigenen Gefühlen losgelösten Leben ging. Wieder wird der autobiographische Roman in der dritten Person niedergeschrieben. Von dem Neunjährigen wird berichtet:

»Hinter dem Hause, wo sein Vater in P. logierte, war ein großer Baumgarten: hier fand er zufälligerweise einen Schiebkarren und machte sich das Vergnügen, damit im ganzen Garten herumzuschieben.

Um dies nun aber zu rechtfertigen, weil er anfing, es für Sünde zu halten, bildete er sich eine ganz sonderbare Grille ... [Er redete sich ein, das kleine Jesulein bei sich zu haben], dem er zutraute, daß er sich nicht weigern werde, mit ihm zu spielen, und also auch nichts dawider haben werde, wenn er ihn ein wenig auf dem Schiebkarrn herumfahren wollte. Nun schätzte er es sich aber doch für ein sehr großes Glück, eine so hohe Person auf dem Schiebkarren herumfahren zu können, und ihr dadurch ein Vergnügen zu machen; und da diese Person nun ein Geschöpf seiner Einbildungskraft war, so machte er auch mit ihr, was er wollte, und ließ sie oft kürzer, oft länger an dem Fahren Gefallen finden, sagte wohl auch zuweilen mit der größten Ehrerbietigkeit, wenn er vom Fahren müde war: ›So gern ich wollte, ist es mir doch jetzt unmöglich, dich noch länger zu fahren.‹

So sah er dies am Ende für eine Art von Gottesdienst an, und hielt es nun für keine Sünde mehr, wenn er sich auch halbe Tage mit dem Schiebkarren beschäftigte.«[28]

Sicher ist das Kind nicht wieder so rigoros auf eine religiöse Heilserwartung bis in seine Spiele hinein verpflichtet worden, wie es in der Zeit des Pietismus und seiner verschiedenen Formen verbreitet war. Die Begegnung mit den Normen der Erwachsenenwelt waren und blieben indes für das spielende Kind ein Problem. Sehen wir uns eine unscheinbare Szene bei Peter ROSEGGER an:

»Wie ich mir später die Bücher, die ich nicht kaufen konnte, selber machte, so habe ich mir auch die großen Städte der Welt, die ich nicht sehen konnte, selber gemacht.

Die jahrelange Kränklichkeit meines Vaters verschaffte mir das Baumaterial. Die Hustenpulver vom Doktor, der spanische Brusttee vom Kaufmann, die Medizinflaschen vom Bader waren stets in gutes, oft sogar schneeweißes Papier eingeschlagen; aus diesem Papier schnitzte ich mit der Nähschere meiner Mutter ... allerlei Häuser, Kirchen, Paläste, Türme, Brücken, bog sie geschickt zur passenden Form und stellte sie in Reihen und Gruppen auf den Tisch. Das gesuchteste Material hierfür waren wohl die alten Steuerbücheln mit ihren steifen Blättern; und kam es freilich vor, daß über der ganzen Hauptfronte eines Herrenpalastes das ›Datum der Schuldigkeit‹ stand oder ein Kirchturm statt Fenster und Uhren lauter ›Posten der Schuldigkeit‹ hatte.

Als es aber ruchbar worden war, daß ich meine Prachtbauten mit den blutigen Steuersummen der Bauern aufführte, da gab's eine kleine Revolution ... indem mein Vater einmal mit der flachen Hand mir einige öffentliche Gebäude unter den Tisch hinabwischte.«[29]

Offensichtlich wußte der Junge nicht, was es mit der Steuer auf sich hatte, es wurde ihm auch nicht erklärt. Er erfuhr allein das Spielverbot, die Einschränkung. Dieses scheint oftmals schwerer zu wiegen als die materielle Ungunst der Spielsituation – sofern das Kind sich mit Phantasie ihr zu nähern weiß. Keineswegs gilt das den Habenichtsen immer wieder eingeredete: Arm, aber glücklich! Viel häufiger sind die Beispiele einerseits dafür, daß Kinder in eingeschränkten Verhältnissen angehalten werden, mit ihrem Spielzeug wie mit einem Wertgegenstand pfleglich umzugehen – sofern man sie überhaupt spielen ließ –, und andererseits dafür, daß wohlhabende Kinder nach ihren Einfällen frei schalten und walten dürfen. Aufgrund ihrer besseren materiellen Lage verfügen sie über einen größeren und freieren Spielraum. So berichtete Anna MALBERG, die Tochter eines Berliner Eisenbahn-Direktorium-Mitgliedes, in dem »Bilderbuch einer reichen Kindheit« über die Spiele ihres vierjährigen Bruders Titi:

»Das Kind war ein mechanisches Genie. Es zerstörte seine Spielsachen, aber es setzte sie wieder zusammen, bastelte, klebte (mit Spucke und gekauter Semmel), bohrte und schraubte, als habe es die technischen Handgriffe dafür mit auf die Welt gebracht. Am liebsten machte Titi ›ganz was anderes‹ aus den zerstörten Sachen. Wagenrädchen waren seine besondere Leidenschaft ... Vater, mit Leib und Seele Eisenbahner, ... nahm den Jungen – übrigens auch mich – mit in die Maschinenwerkstätten auf dem Bahnhof, hinaus auf die ›Strecke‹, in die Lokomotivschuppen, ins Telegraphenbureau ... Wo er ging und stand, legte Titi Schienen ... Das ganze Haus fiel darüber, aber da es Titi so wollte, mußten sie liegen bleiben und durften nicht verschoben werden.«[30]

Eine reiche Spielsituation – im doppelten Sinn des Wortes. Stellen wir dem eine ›reiche‹ Spielsituation eines armen Kindes, ebenfalls aus der Zeit des deutschen Kaiserreichs, der Epoche der Hochindustrialisierung, gegenüber. Von dem kleinen Arbeiterkind, das tagsüber »sich selbst zu hüten« hatte und frühmorgens mit einer Brotscheibe in der Hand auf die Straße geschickt wurde, schreibt der Arbeiterdichter Karl BRÖGER in autobiographischer Absicht:

»Langsam trollte Ernst über die Straße, ... und verschlug sich in das wellige Gelände von Schutthaufen, kleinen Kehrichthalden und Schottersteinbergen, ... Dort saß schon ein Dutzend Spielgenossen, ältere und jüngere, ernst und sachlich mit der Untersuchung der verschiedenen Haufen befaßt.

Ernst hatte nur wenig Glück bei diesem Bergwerksbetrieb. Mehr als rostige Nägel oder einen invaliden Kochtopf hatte er noch nicht gefördert. Daran läßt sich leicht das Glück ermessen, daß er eines Tages einen Öldruck ausgrub ... ein Reiter ... mit gezogenem Schwert ... Er hatte einen herrlich blauen Panzer an und auf dem Kopf einen adlergeschmückten Helm.

Die anderen Buben kamen in Bewegung, und an seiner blutigen Nase konnte Ernst ermessen, wie groß ihr Neid war. Nach heftigem Geräuf war er in den Hof geflüchtet und saß jetzt im hintersten Winkel ... trunken von Glückseligkeit ...

Immer hatte Ernst schmutzige Hände und auch sein ... Gesicht prangte in allen Zeichen eifriger Wühlarbeit. Die Mutter schalt, aber davon wurde Ernst nicht sauberer. Arme Kinder haben keine Gärten mit reinlichen Sandwegen. Sie treiben sich in Schuttgruben und Bauplätzen umher, fallen wohl auch in eine Mörtelpfanne und riechen selten gut... Manches liebe Mal saß er auf seiner Schutthalde und trug herzliches Verlangen nach einer Scheibe Brot. Wenn ihm doch jetzt ein kleines Mädchen in den Weg laufen wollte, das an einem Schmalzbrot kaute! Was ... würde Ernst machen? Natürlich seinen Teil von dem Brot nehmen ... [Aber es kam kein Mädchen, sondern ein Wagen mit einem hochbeinigen Schimmel, dessen stolze Haltung und edler Bau das Kind so beeindruckten, daß es Straße und Brot vergaß, das Pferd Tag für Tag erwartete und straßenweit begleitete, d. V.] Ernst träumte nachts von seinem Schimmel und bewahrte lange den Glanz aus diesen Träumen. Auf dem Schimmel ritt Ernst aus dem grauen Land seiner Kindheit.«[31]

Karl BRÖGER bleibt nicht in der Erlebnissphäre seines kleinen Helden, er stellt sie überhöht heraus, ohne jedoch ein Typisches zu zerstören: die bei Kindern erstaunliche Bereitschaft, Entwertetem, Weggeworfenem einen neuen Sinn zu geben, im Spiel Konventionen zu verachten. Diese Bereitschaft schuf in der industriellen Gesellschaft, gar in der industriellen Wegwerfgesellschaft, ein neues Spielreservoir. Aber Kinder nutzen es in spontanem Verständnis häufig allein als Mittel, an den sie anziehenden Seiten der Gesellschaft teilzuhaben, deren Weggeworfenes sie erlangen:

»Vom Vater wollte Ernst eine Erklärung des Bildes [,das er auf der Schutthalde gefunden hatte, d. V.] und war sehr befriedigt, daß der Reiter Bismarck hieß und ein Preuße war. Er wollte auch ein Preuße sein, vorausgesetzt, daß die Preußen wirklich alle reiten und blaue Panzer tragen.«[32]

Der Junge schwebt in ersten Einbildungen der Preußen- und der Bismarck-Verehrung – das Eindringen der politischen und militärischen Welt in das Kinderspiel ist unvermeidlich. Fast möchte man das Urteil der reichen Spielsituation des kleinen Jungen wieder streichen, denkt an frühe Verführung, an die Pflicht, vor dem Krieg zu warnen.

Die Beurteilung der Spielfälle hat es bis jetzt unterlassen, die individuellen kindlichen Handlungssituationen auf gesellschaftliche Konsequenzen hin zu befragen. Aus eigener Erfahrung sei hier eingefügt: In den Jahren nach 1945 wurde die Fehde um das Kriegsspielzeug und um das Für und Wider der deutschen Märchen neu entfacht. Ihre Grausamkeiten wurden herausgestellt, als seien darin die Ursachen der Nazi-Greuel zu finden, als entwüchse daraus der Militarismus! Die Herstellung kriegerischen Spielzeugs wurde verboten, als wären dadurch die Aggressivitäten aus der Welt zu

BILD 25
Friedrich A. Fröbel: *Erste Gabe: Der Ball* (Spielerziehung statt schulähnlicher Unterweisung der Kleinkinder) (1838)

schaffen: Der deutsche Bleisoldat wurde im Feuer zerschmolzen wie der Zinnsoldat in Andersens Märchen.

Doch anstelle der Bleisoldaten erschienen die Indianer; und hatten die Kinder keine kämpferischen Figuren mehr, so bauten sie Armeen aus Knöpfen auf. Mit Verboten sind die Ursachen zerstörerischer Elemente nicht zu beheben, solange sie in der Erwachsenengesellschaft nicht beseitigt sind:

> »Wer ... den Bleisoldaten wirklich besiegen will, der muß den Krieg in der Erwachsenenwelt überwinden! ...
> Der Hurone ist doch nur eine finstere Maske, hinter der sich der Bürger X oder Y verbirgt, der seinem Kinde ständig mit Verbot und Unterdrückung den ›Spielraum‹ einengt ... Er wird symbolisch mit ähnlichen Gestalten der Tyrannei in der mörderischen Schlacht vernichtet.«[33]

Im Spiel schaffen die Kinder sich eine Situation, in der sie selbstbestimmt handeln, Vorstellungen und Träume realisieren, die die Welt verändern. Ihre Kraft ist dem phantastischen, die bedrückende Realität umkehrenden Element der frühen Utopien vergleichbar, dem Verlangen nach Errichtung einer gerechten Gesellschaftsordnung. Nach solchen Träumen wird jedes Kind der Wirklichkeit preisgegeben.

Schon das allerkleinste Kind bedarf zum Spielenkönnen einer

BILD 26
*Ballspiele* (Kind/Erwachsener) (1838)

hingebenden Orientierung. Das gilt selbst für ein Spielzeug wie den Ball, den Friedrich FROEBEL als »Mittel zur Pflege des Beschäftigungstriebes« mit pädagogischer Umsicht vorstellte[34] (Bilder 25, 26). Das kleine Kind erlebt den Ball beim Spielen als ein sich bewegendes Etwas. Erst durch dazu gesprochene Worte (von Erwachsenen oder älteren Spielkameraden und dann von ihm selbst) wird das Objekt mit einer Vorstellung verknüpft, welche die Beziehungen zum Gegenstand verstärkt. Beides zusammen erweckt in dem Kind das Verlangen, mit dem Ding selber etwas zu tun, um es zu be-greifen. Eigenes Tun und spielbegleitendes Wort helfen dem kleinen Kind, die Brücke zur Welt und zu sich selbst zu finden.
Doch die Sozialmisere des Kindes ändert sich dadurch allein noch nicht. Familien, in denen Mithilfe und Arbeitsleistung der Kinder gebraucht werden, verdrängen das Spiel, oder sie engen die Spielfreiheit auf eine bloße Beschäftigung ein, die dem wirtschaftlichen Interesse nur allzu schnell weichen muß. Bis in die jüngste Zeit ist das Spiel zugunsten der Arbeit nicht zufällig gerade bei der ärmeren Bevölkerung abgewertet worden.
Wieder treffen sich gegenwärtige Eindrücke und Rückblicke auf Vergangenes, wenn im folgenden Dokumente aus der zweiten Hälfte des 19. Jahrhunderts vorgestellt werden.
Im Spielzeugladen der Base, von dem Wilhelm RAABE im »Hunger-

pastor« berichtet, wird der kleine Hans durch die Beschäftigung mit Puppen und Hampelmännern zur Arbeit »verführt«:

»Sobald Hans Unwirsch seine Hände ... nicht mehr in den Mund steckte, wurde er sogleich von der Mutter und der Base mit dem großen Prinzip der Arbeit bekanntgemacht. Die Base Schlotterbeck war ein kunstreiches Weib, welches sich dadurch einen kleinen Nebenverdienst verschaffte, daß es für eine große Spielwarenfabrik Puppen ankleidete, ... wobei Hans bald und gern hilfreiche Hand leistete. Herren und Damen, Bauern und Bäuerinnen, Schäfer und Schäferinnen und mancherlei andere lustige Männlein und Fräulein aus allen Ständen und Lebensaltern entstanden ... mit Leim und Nadel, bunten Zeugstückchen, Gold- und Silberschaum ... Hans Unwirsch stellte sich gut dazu an, wenn ihm auch die Kinderfreude an diesem Spielzeug natürlich bald verlorenging. Wer in einem Laden voll Hampelmänner aufwächst, den kümmert der einzelne Hampelmann wenig, sei er auch noch so bunt, und zappele er auch noch so sehr.«[35]

Die verkleidende Darstellung RAABES verdeckt die Härten (vgl. S. 96ff): Wie geschickt der kleine Hans betrogen wurde, mag erst beim zweiten Lesen deutlich werden. Unmittelbarer sprechen aus persönlichen Erinnerungen (aus der Zeit von 1875 bis 1904) das Bewußtsein der aussichtslosen Sozialsituation, das persönliche Leiden von Kindern unter frühem Arbeits- und Armutsdruck, unter Versagungen und – oft durch Elend und Trunksucht erzeugtem – familiärem Terror. Die Armut wurde zugleich als Spielarmut erlebt, sonst wäre sie wohl kaum so genau erinnert worden:

»Das Spulen war für uns Kinder eine schreckliche Marter. Da hockten wir Stunde um Stunde auf dem niedrigen Stühlchen hinter dem Spulrad bei der entsetzlich eintönigen und ermüdenden Arbeit, immer nur spulen, spulen, spulen. Der Rücken schmerzte, der rechte Arm, der das Rad drehen mußte, drohte zu erlahmen, die Finger der linken Hand wurden von den scharf gesponnenen Fäden ... blutig gerissen.

Und bei der Kälte in den schrecklich harten Wintertagen verklammten Hände und Füße ...

Lachte dagegen an den warmen Sommertagen die Sonne durch die Scheiben und drang der fröhliche Lärm und das Jauchzen der singenden Nachbarkinder in die Werkstatt, dann wurde die nie endende Arbeit für uns vollends zur Qual. Wie gern hätten auch wir uns an dem fröhlichen Treiben da draußen beteiligt. Aber im Schrank war kein Brot und der Hunger tut so weh.«[36]

»Wenn ich frühmorgens um 6 Uhr in die Arbeit laufen mußte [zum Häkeln von Tüchern für 20 bis 25 Kreuzer bei zwölfstündiger Arbeitszeit, d. V.], dann schliefen andere Kinder meines Alters noch ... Während ich gebückt bei meiner Arbeit saß ... spielten sie, gingen spazieren oder sie saßen in der Schule ... In späteren Jahren überkam mich oft ein Gefühl grenzenloser Erbitterung, daß ich gar nichts, so gar nichts von Kinderfreuden und Jugendglück genossen hatte.«[37]

Im Leben der wohlerzogenen Töchter gab es Muße und Raum genug zum Spielen und Lesen (Bild 27).

»... ich hatte 32 Stunden Schule und habe 40 Stunden gearbeitet. Wenn Ferien waren, wurde für den gleichen Lohn voll gearbeitet [in einer Flaschenbierhandlung, d. V.] ... Auf diese Weise habe ich nie Ferien gehabt, frei war nur der Sonntagnachmittag.«[38]

»So verging unsere Jugend ohne Spiel mit gleichaltrigen Schulkameraden [verdrängt durch Semmel- und Zeitungenaustragen, Holzhacken, Sägen, d. V. (Bild 28)], nur mit der Sehnsucht im Herzen, es auch mal so gut zu haben wie die anderen.«[39]

Diese Äußerungen stammen aus städtischem Arbeitermilieu; durch emanzipatorische Einflüsse der SPD und der Freien Gewerkschaften beeinflußt, sahen sich hier besonders Betroffene veranlaßt oder darin bestärkt, ihre Erinnerungen aufzuschreiben. Im ländlichen Milieu war die Arbeiterbewegung weniger einflußreich, die arbeitende Bevölkerung, die nicht in die Städte floh, weniger kritisch. Noch in den 1920ern bin ich in einer ostelbischen Kleinstadt aufgewachsen, ohne im näheren Umkreis je etwas von Sozialdemokratie oder gar Kommunismus gehört zu haben.

Doch vergleichen wir die Lage der Heranwachsenden in überwiegend agrarischen Gebieten um 1900 mit den Zuständen des 18. Jahrhunderts – vor aller Industrialisierung in Deutschland. Noch immer mußte ein Großteil der sechs- bis neunjährigen Kinder das Elternhaus verlassen und in fremden Diensten arbeiten. Die frühe Fremdunterbringung betraf in einzelnen Gegenden bis zu annähernd 50% der jüngeren Schulkinder. Ein Lehrer aus der Provinz Posen berichtete, daß nur zwei seiner 55 Schüler keine landwirtschaftlichen Arbeiten verrichteten; außerhalb des Elternhauses waren 20 Kinder mit 6 Jahren, 2 mit 7 Jahren, 1 mit 8 und 2 mit 9, die anderen mit 10 oder mehr Jahren in fremden Diensten untergebracht worden. Das waren – nachweislich – keine Ausnahme-Situationen.[40]

Das Los der Kinder, die auf dem Lande verdingt wurden, hatte sich somit für eine Vielzahl unter ihnen gegenüber dem 18. und dem

BILD 27 Auguste Renoir: *Nachmittag der Kinder in Vaugement* (1884).

BILD 28 Unbekannt: *Kleines Kind hilft beim frühmorgendlichen Austragen von Milch und Brötchen* (1872).

frühen 19. bis zum Ende des Jahrhunderts (und noch darüber hinaus) kaum verändert. Sie lebten unter dem gleichen oder noch härteren Arbeitsdruck wie etwa Peter PROSCH; vom Spielen konnten sie allenfalls träumen oder es heimlich zu betreiben suchen, wie es der junge Ulrich BRÄKER beschreibt.
Symptomatisch für die Gefühlssituation fremdverdingter Kinder, für das Sich-verlassen-Fühlen und das Zerrissensein zwischen dem Verlangen nach Zuspruch und Haß, zwischen Grübeleien und Ängsten und hoffnungsträchtigen Phantasien sind die Betrachtungen und Lieder in der Geschichte des kleinen Martin, eines schwedischen Waisenkindes in wechselnden ›Landpflegestellen‹: Der Autor läßt den Jungen verdeckt und spielerisch verschroben den Bauern, seinen Arbeitgeber, verwünschen und ihn singen:

»Auf der anderen Seite...
da blühen Löwenzahn und bittere Bollen.
Da soll mein Bauer, der Schinder von Tollen,
ewig über Disteln schmollen.«

Nachdem der Bauer, »der Stumpfe«, ihm sein Tagespensum diktiert hat: »Wenn du ausgemistet hast, schlägst du heute das Knüppelholz in den Waldstreifen«, verlangen die Melkmädchen im Stall von Martin »Rüben für die Kühe«. Im Spinnwebdschungel und Ratten-, Katzengeruch des Rübenschuppens grübelt Martin:

»Tja, niemals wagen die Menschen, die Arbeit hinzulegen und einen ganzen Tag zu spielen. Sich vorzustellen, daß man einen ganzen Tag, einen Dienstag lang nur spielen könnte – und diejenigen, die melken müßten, spielten dann an einem andern Tag, einem Mittwoch. Pilze mit der Sense abhauen, das wäre lustig. Eine Trommel machen.«[41]

Wie lange wird es einem solchen eingespannten Kind gelingen, sich träumerisch ein schöneres Leben auszumalen – Spiel und Notwendigkeit lustvoll vereinigt? Schon kündigt sich an, daß der frühe Arbeitsdruck schöne Träume als Illusionen wegschiebt. Gerade Erwachsene in arbeitsreicher Umgebung halten es für ihre Pflicht, die Kinder an ihre Wirklichkeit zu binden und ihnen das Recht auf spielerische Lebensentwürfe abzusprechen. Die Düsternis seines Lebens, die bittere Hoffnungslosigkeit und die soziale Ächtung, die das proletarische Kind empfand, ist aus dem Selbstzeugnis eines Mädchens aus der Zeit von 1910 abzulesen, das auf Anregung des Analytikers S. FERENCZI entstanden war und von O. RÜHLE veröffentlicht wurde.[42] Der Vater des Mädchens ist Gelegenheitsarbeiter, Trinker, die Mutter Portierfrau, ausgepumpt, entnervt, verzweifelt bemüht, die Familie durchzubringen. Das Kind leidet darunter so sehr,

> »daß ich voll Angst daran dachte, ich werde als Erwachsene ebenso arbeiten müssen und unter Arbeit verstand ich nur überflüssige Dinge, womit die reichen Leute die Armen quälen«.

Das Mädchen trägt vor der Schule in der Frühe Zeitungen aus, muß also allmorgendlich aus tiefem Schlaf geweckt werden, und erlebt enttäuschendes Warten beim Anbieten kleiner Blumensträuße.

> »Mein ganzes Verlangen war nach einem Reifen oder Ball gerichtet, die einen Sinn hatten und mit denen man spielen konnte.«

Anscheinend hoffte das Mädchen, versagte Freuden in der selbstbestimmten und freien Körperbewegung finden zu können; doch anschließend berichtet es:

> »Gretels Mutter [die Frau eines benachbarten Direktors, d. V.] fuhr im Sommer weg und legte mir sehr ans Herz, ich möge recht viel mit dem kleinen Mädchen spielen und sie sich ja nicht langweilen lassen. Sie würde mir nach ihrer Heimkehr einen Silbergulden schenken, wenn ich es tun wolle ... [Sie widmet sich dem mit Eifer, ist jedoch mehr an den Märchenbüchern als am Spielen interessiert, d. V.] ... Wie sehr schämte ich mich aber vor meiner Mutter, als ich nur eine Krone bekam und mir gesagt wurde, dies sei darum, weil die Kleine über mich geklagt hätte, es wäre langweilig mit mir gewesen. Ich las aus Mutters Augen den Vorwurf, daß ich nicht einmal zum Spielen tauge.«[43]

Das verzweifelte Verlangen des Mädchens nach einem menschenwürdigen Leben, nach dem, was ein Leben schön und sinnvoll macht, die Vergeblichkeit all seines Mühens, Scham und Schändung seiner Kindheit durch fremde Männer – in tiefem Verschweigen – zu überwinden, das alles trieb sie zum Selbstmord, als sie neunzehn war.

Solche Kindheitsfolgen begannen damals auch die Presse und eine weitere Öffentlichkeit zu beschäftigen, zumal man zunehmend auf Kinder, vor allem Jungen, aufmerksam wurde, die ihre Lebensverhältnisse ausweglos sahen. In dem Maße, wie die staatliche Statistik genauer arbeitete und immer mehr Einzelheiten erfaßte, wurden seit dem letzten Drittel des 19. Jahrhunderts mit steigender Genauigkeit auch die Zahlen kindlicher Freitode ermittelt. In Preußen nahmen sich in der Zeit von 1869 bis 1898 1 708 Kinder das Leben; die meisten waren 12 bis 14 Jahre alt, doch es gab auch – und nicht nur vereinzelte – Selbstmorde bereits vom vierten Lebensjahre an. Nach der offiziellen Statistik kam in den Jahren 1869–1873 auf rd. 666 Kinder ein Selbstmord, 1894–1898 auf rd. 500 Kinder ein Selbstmord. In Sachsen kam im Jahre 1900 auf 100 Selbstmorde, im Jahre 1902 auf 42 Selbstmorde ein Kinderselbstmord.[44]

## Eigene Kindheitserinnerung

In den ersten Jahrzehnten des 20. Jahrhunderts nahmen die traditionellen Straßenkinderspiele bei den Kindern, von denen hier berichtet wird, einen breiteren Raum ein als heute; überhaupt war – trotz der vielfach harten Erziehung – der freie Spielraum größer, als seien die Straßen weiter, die Erwachsenen duldsamer oder gleichmütiger gewesen gegenüber dem Straßenkinderlärm; zumindest erschien der kleinen Kinderhorde, die sich in der schräg zum Wasser hinunterführenden Straße am Nordufer (in Berlin) zusammenfand, die Welt dort groß und entdeckungsreich. Schleppkähne lagen auf dem Wasser; Fesselballons standen am Himmel; Pferdewagen rumpelten über das Pflaster.
Unsere Mutter sahen wir am Tage nur selten; morgens, wenn wir aufstanden, war sie schon fort zur Arbeit – den kleinsten Bruder hatte sie zu mir ins Bett gelegt; mittags brachte sie wohl ein Volksküchenessen (es war die Zeit des Ersten Weltkrieges); abends dann hatten wir sie für uns; der Vater war im Kriege.
Kinder, die sich viel selbst überlassen sind, können sich eine Spielwelt schaffen, die von den Dingen um sie herum bis zu den Sternen und Wolken reicht.
Es gab damals schon die Laterna magica, natürlich nicht für uns, doch einmal hatte ich bei den Kindern im Vorderhaus hineinschauen dürfen. Mein eigenes Laternenspiel fand abends vor der Haustür statt, wenn ich in der Dämmerung auf die Mutter wartete: Wenn man in die Scheibenfenster der Gaslaterne blinzelte, konnte man lange Goldfäden aus ihrem Licht herauszwinkern – bis hinunter vor die Füße; wenn sich die Augenlider langsam hoben, zitterten die Lichtbänder, verkürzten sich und sprangen zurück; man konnte sie auf- und abtanzen lassen – ein Bild aus gebrochenen Strichen, eine schräg fliehende Brücke, die man nicht betreten, doch jeden Abend wieder herbeizaubern konnte.
Die Laternen-Tagesspiele waren ganz anderer Art; da lockte nicht die Lichtquelle, sondern der Mast der Laterne: die Jungen zum Hinaufklimmen, die Mädchen zum Herumlaufen – eine Hand am

Mast, den Körper schräg nach außen in schwingend-kreisende Bewegung fallen lassend, bis ihnen schwindlig wurde.
War eine größere Kinderschar beisammen, ging es über die Straße hinüber zum Kanal auf die Sandfläche, die sich unter dem Schatten der Hochbahnbrücke ins Wasser hineinschob.
Mitunter lockten auch verbotene Spiele: z. B. durch die schwarzen Gitterstäbe die grüne Böschung zur Bahnstrecke hinaufzuklettern und dort das Abenteuer in Gestalt schlafender »Pennbrüder« zu suchen; wurde dann wirklich einer entdeckt, rannte die kleine Kinderhorde schreiend davon, am Wasser entlang, als ob sie verfolgt würde, vor der Fenn-Brücke ab in die Tegeler Straße, bis sie an der nächsten Ecke – wieder furchtlos – in ihrer Wohnstraße landete.
Dort war der alltägliche Spielraum – bis in Liesegangs Kohlenhof hinein mit den hohen verdeckelten Wagen, die ein bißchen wie breite Särge aussahen, und dem dichten Buschwerk zum Versteckspielen. Wie klopfte das Herz, wenn man sich in einen Kohlensarg verkrochen hatte und auf das Herumsuchen der anderen horchte!
Abenteuerliche Spannung wurde auch bei Fang-Rennspielen erlebt, bei denen sich die Gefahr von hinten näherte und man sich nicht umgucken durfte; in breiter Kette ging's den Damm entlang:

»Schau Dich nicht um, der Plumpsack geht rum!« oder:
»Alle meine Kinder kommt nach Haus,
der Wolf steht hinter'm Baum!«
»Die Uhr ist eins, er kommt noch nicht,...
die Uhr ist zwölf, er kommt!«

Und dann ging das Rennen los mit Anschlag oder dem Schrei »Erlöst!«, wenn das rettende Frei-Ziel an Baum, Laterne oder Hauswand mit der Hand angeschlagen worden war.
Solcher Art waren Spielerlebnisse auf der Straße und Spielerziehung, die von den Größeren auf die Kleineren einwirkte. Sie wuchsen einfach hinein in die Bewegungs- und Spiellust, in das Kinderlied-Gut, die Kreis- und Ballspiele, lernten Abzählreime und anderen Sing-Sang.
Die Erziehung durch Straßenspiel, Kinderlieder und -reime wurde ergänzt und erweitert durch das Volks- und Küchenlieder-Repertoire der Mütter. Da gab es Lieder für jede Stimmungslage und für die verschiedensten Lebenssituationen. Die Mütter sangen nicht nur Kinderlieder, sondern alles, was ihnen durchs Gemüt zog: Küchenlieder und Choräle, Balladen und Volkslieder,

Schlager aus den Operetten der Jahrhundertwende, Heimat- und Kriegslieder. Da gab es sentimentale und dramatische Texte, erzählende und ironische, spottlustig-leichtsinnige und herausfordernde.

Auf diese Weise wuchsen den Kindern aus Lied und Spiel Vorstellungen über Dinge und Menschen sowie über ihre Beziehungen zu: über groß und klein, jung und alt, Hunger und Not, Recht und Unrecht; aber auch über Glauben, Geliebt- und Verlassensein, Tod und Lebensübermut. Auf diese Art hörten sie von Gefühlssüße und Deftigkeiten, von Gutem und Bösem und Leichtfertigem – denn eine handfeste Moral wurde mitgeliefert.

Lieder, Reimspiele und andere Texte waren nicht nur traditioneller Art, sondern auch zeitgebunden und zeiterfunden; sie gingen mit den Kindern um die Ecken, in die Häuser, durch ganze Straßenviertel, mitgetragen und -verbreitet durch die Mütter. Das war die »Dienstmädchen-Sangesfreudigkeit«, eine eigene Kultur – ausdruckstark, tröstlich und befreiend –, ein Erziehungsmittel besonderer Prägung: Literatur-, Geschichts- und Deutschunterricht, Rhythmus-, Sanges- und Gefühlsbildung zugleich.

Im Wechsel von Alleinsein, engem und intimem Beisammensein in den Küchen, und dem Hinaus auf die Straße fühlten sich die Kinder nicht unbehütet, aber auch nicht eingeengt; sie hatten Entdekkungs- und Bewegungsspielraum. Da wurden Murmeln gekickert, Reifen und Kreisel auf dem Damm geschlagen, Seilspringen und Hopsespiele in Kreidefeldern mit »Himmel und Hölle« geübt, Reihen-, Brücken- und Kreisspiele betrieben: »Seht doch mal den dicken Mann, wie der auf einmal laufen kann!« Ganz ähnlich sangen die Erwachsenen: »Alle Männer laufen ... nur der dicke Schutzmann nicht.«

Doch als die Kinder noch spielten: »Maikäfer fliege, Dein Vater ist im Kriege«, da sangen die Mütter schon: »Marmelade ... das ist der schönste Fraß im ganzen Staate ...«

»Und als der Krieg ein Ende genommen,
da riefen die Kinder, der Vater soll kommen ... kommen,
denn der Krieg hat schon lange ein Ende genommen.«

Spiel und Lied hatten so wieder ein Stück Wirklichkeit gemalt; viele Väter kamen nicht mehr nach Hause. Aus dem Spiel war Ernst geworden.

Der Umzug nach Ludwigslust – Garnisonstadt mit großherzoglichem Schloß – brachte neue Spiel- und Bewegungsweiten in den 1920er Jahren. Die Straße war das alltägliche Spielfeld für die wilden, lauten und ausgelassenen Ballspielkämpfe der Schulkinder

und für das beliebte Ballspielen an den Hauswänden, bei dem immer lange Verslitaneien abgesungen wurden.
Es waren erstaunlich viele Kinder, die sich nachmittags dicht an ihren Wohnecken zum Spielen zusammenfanden oder auch an entfernteren Spielecken trafen – des öfteren weit hinter den Straßen am Rande der Stadt.
Auf der Friedhofseite liefen sie tief in den Kiefernwald hinein, wo es nahe an der Chaussee einen aufgeschütteten Hügel gab, den sie Chimborazo nannten; auch Blaubeeren suchten sie dort manchmal – mehr drinnen im Mischwald zur Bahnstrecke hinüber – und würzig duftende Pfefferlinge, wenn es geregnet hatte.
Aber schöner war der Schloßpark mit seinen vielen dickstämmigen Laubbäumen und tiefsitzenden Ästen zum Herumsteigen, mit Wiesenflächen zwischen kleinen Gehölzen und Baumgruppen, Brücken an schilfigen Teichen, mit breiten schattigen Alleen, kleinen Wanderwegen und heimlichen Waldwinkeln; es gab auch manch altes Gemäuer und offene runde Häuschen: Säulen-Tempelchen oder Lustschlösser. Zwischen Wasserläufen und felsigen Steinen konnten die Kinder in den Gräben Kaulquappen und kleine Frösche fangen, die sie gern wieder von ihren Händen wegspringen ließen; die Tierchen streckten ihre zierlichen Arme und Beine dann aus, als seien sie allerkleinste Menschen; manchmal wurden auch dunkle Kaulquappen mit Schwänzchen in einen alten gußeisernen Topf »umquartiert«, und die Kinder hockten sich drum herum, um »de Padden« bei ihrer Paddelei besser beobachten zu können.
Es gab auch gefährliche Spiele im Schloßpark. Manche Kinder liefen z. B. unter dem Wasserfall der Kaskaden entlang, und alle – Jungen und Mädchen – kletterten unter den Brücken gern über die großen Steine, die dort lagen, halbversunken; einige sahen wie Riesenfrösche aus, die mit schrägem Leib in Schlamm und Wasserpfützen sitzen. Auch bei der Fasanerie war es nicht ungefährlich, weil das Gemäuer nicht mehr richtig fest war, doch die Kinder zogen immer wieder einmal in kleinen Gruppen dorthin; sie konnten unbehelligt über die Maschenzäune steigen und auf den Mauerresten herumklettern. Vögel wurden dort nicht mehr gehalten. Es war etwas Abenteuerliches bei diesen Spielen und Klettereien; manchmal, wenn ein Kind gerade auf den höchsten Mauerrand gelangt war, bröckelten hinter ihm große Steine herunter, und jeder wußte, wie dem da oben das Herz klopfte, wenn er (oder sie) nach einem haltbaren Weg zurück suchte – aber keiner zeigte seine Angst.
Manche Freundes- oder Geschwistergruppen wanderten gern hinaus an die Kiesgruben; dort am Wasser schnitten sie Weidenrohr

oder Pompesel-Rohrkolben. Die Jungen konnten Flöten und Pfeifen daraus schnitzen und klopfen, und jeder sang dabei hingegeben:

»Piepen, Papen, Pasterjahn,
laat de Wiedenflöt' affgahn,
laat's ook nich verdarwen,
laat's recht lustig warden!«

An frostig kalten Wintertagen liefen sie weit hinaus, den Schloßpark hindurch auf die Lewitzwiesen, die im Herbst überschwemmt wurden und im Winter, wenn der Frost kam, eine weite flache Eisfläche bildeten. Niemand konnte dort ertrinken, wenn er einmal einbrach. Alle, die Zeit und Lust hatten, versammelten sich zu den Winterfreuden draußen, wie zu einem großen Volksfest, zum Eislaufen und Schlittenfahren, zum Schlittschuhlaufen oder Schlittern auf meterlangen Bahnen. Von den kleinen Kindern bis zu den Großeltern und den Damen, die in Korb- oder Holzstuhlschlitten geschoben wurden, waren alle Alters- und Einwohnergruppen vertreten.

Zum Rodeln gab es kleinere und wohnnähere Plätze für die Kinder, z. B. im »Irrgarten« an der anderen Seite der Stadt; mit den Kleineren vorn auf dem Schlitten, so sausten die Größeren dort die Hügel hinunter bis an die niedrigen Sträucher hinan, die sie abbremsten.

Im Sommer bauten sie sich in den Büschen des ›Irrgartens‹ verschwiegene Wohnhöhlen, hängten wohl auch eine Matte zwischen den Bäumen im Wald auf, oder sie gingen auf die Hausböden der Ackerbürgerkinder und spielten in Heu- und Strohhaufen Mutter und Kind – und Vater natürlich – oder Doktor. Dabei lernten sie sich ungeniert an ihren Leibern kennen, besonders in der unteren Gegend, und untersuchten mit Sachverstand und leicht wollüstigem Schauern, wie weit ein Strohhalm wohl in den Hintern geschoben werden könne.

Eine andere Freude war das Spielen und Basteln mit Pflanzen – Blättern und Ranken, Blüten und Früchten und Blumenstengeln und das Blumenpflücken auf den Wiesen; zu den Frühlings- und Sommerfesten zogen Scharen von Kindern hinaus in den Schloßpark, um dicke Sträuße für die Mütter heimbringen zu können. Niemand verbot es ihnen damals.

Zu den heimeligsten Spielen gehörte das Laternegehen, wenn der Herbst heraufkam:

»De Ollsch mit de Lücht, dee de Lüe bedrücht,
dee de Eier haalt un se nich betaalt!«

Die Kleinsten sangen andächtig-fröhlich mit: »Laterne, Laterne, die Sonne, Mond und Sterne«, wenn sie mit ihren Papierleuchten durch die Straßen zogen.
Zwischen glücklichem Spielen fehlten nicht Enttäuschungen, die mir Vergleiche mit anderen Kindern einbrachten. Ich träumte lange Zeit von dem Ball, den ich nicht besaß, und am Schluß des Traumes versteckte ich ihn unter dem Kopfkissen. Aber als ich ihn dort am Morgen suchte, war gar kein Ball da. Ich war immer wieder so enttäuscht darüber, daß ich mir schließlich beim Ballspielen im Traume sagte: Du träumst ja nur! Ab jetzt suchte ich morgens nicht mehr den Ball unter dem Kopfkissen. – Das Kind lernte sich also den Wunsch verbieten. Diese Versagung konnte gut durch anderes wettgemacht werden.

## Spiel und die Verhältnisse

Aus den angeführten Spielsituationen ist konkret zu ersehen, wie stark äußere Einflüsse die Spielatmosphäre bestimmen. Das Kinderspiel ist von Sozialmilieu und -status, vom Stand der allgemeinen technischen und ökonomischen Gegebenheiten abhängig. Landschaftliche oder örtliche Einbettung können es variieren. Die Einstellung der Erwachsenen, vor allem der Eltern, kann ihm förderlich oder störend sein. Die Spielfähigkeit des Arbeiter-, Armen- oder Landkindes ist nicht geringer als die des Kindes aus gehobenen sozialen Verhältnissen. Aber die situationsbedingten Reaktionen und Reize aus der Umwelt, die Dinge und Menschen, die Berufs- oder Arbeitsfelder der Eltern und die Räumlichkeiten sind andere, und der Angebots- und Aufforderungscharakter, der von diesen Gegebenheiten ausgeht, der wirkt oftmals einschränkend. Ulrich BRÄKER wußte zwar die Spielfristen, die ihm der Vater ließ, lustvoll auszukosten; da sie aber nur kurz waren, gelangte der Junge sicher nicht zu dem alles vergessenden Spiel, der Verspieltheit, deren ein Kind seiner Phantasie sicher fähig gewesen wäre.
Spieleinschränkung sollte keineswegs eng schichtenspezifisch gesehen werden; das wird schon durch die Beispiele der Pietistenkinder bei JUNG-STILLING und Karl Philipp MORITZ nahegelegt. Empirische Untersuchungen, u.a. von Hildegard HETZER im Wien der zwanziger Jahre[45], haben den Blick auch dafür geschärft, daß das Aufwachsen in wirtschaftlich gesicherten Verhältnissen nicht immer Kinder vor sozialer und psychischer Vernachlässigung schützt.

Dennoch gilt generell, daß das Kind aus Arbeiter- und Hilfsarbeiterschichten auch heute noch benachteiligt wird. Trotz aller Besserung der materiellen Existenzbedingungen ist seine Situation im Verhältnis zum Kinde aus anderen Bevölkerungsgruppen ungünstiger geblieben. Die allgemeine (heute wieder zunehmende) Unsicherheit des Arbeitsplatzes und die immer noch relativ ungünstigere wirtschaftliche Situation in Arbeiterfamilien zwingt die Frau auch als Mutter zu erhöhter Erwerbsarbeit – bei weitgehend unzureichendem Mutterschutz. Somit wird oft das Kleinstkind durch die Doppelabwesenheit von Vater und Mutter in der Entwicklung seiner frühesten Personbeziehungen – und damit seines grundlegenden Spielvermögens – beeinträchtigt; zumindest verzögert sie sich. Sobald es sich körperlich behelfen und mehr noch, wenn es sich zu andern Kindern gesellen kann, wird ihm wenigstens teilweise die Anregung ersetzt, die andere Kinder von den Eltern erhalten.
Solche Kinder bleiben gefährdet, weil der Umgang mit Gleichaltrigen nicht ersetzen kann, was in unserer Gesellschaft eine unabdingbare Voraussetzung für die Personwerdung ist: die vielfältige Identifikation mit Vater und Mutter oder anderer dem Kind zur Verfügung stehender Bezugspersonen. Es mag hier die Behauptung gewagt werden, daß viele Kindheitsprobleme der Gegenwart in der vorindustriellen Gesellschaft viel seltener auftraten, weil die Gemeinsamkeit von Kindern und Erwachsenen bei Essen, Trinken, Schlafen und bei der Arbeit die Kinder vor Einsamkeit schützte. Auch schwer arbeitende Kinder, wie Thomas PLATTER und Ulrich BRÄKER, konnten sich verläßlicher Partner ihres Tageslaufes gewiß sein. Sie wurden verschiedener Lebensweisen – die Ähnlichkeiten mögen größer gewesen sein als heute – leichter gewahr und konnten sich der Rollenmuster, denen sie nachleben wollten, eher bemächtigen.
Bei den vielen Kindern, die in der Zeit der Industrialisierung von arbeitenden Müttern und Vätern in wachsenden unwirtlichen Städten allein gelassen oder auf fremde Arbeitsstellen geschickt wurden, scheint das Gefühl der Verlassenheit das erste Mal in großem Umfang eingebrochen zu sein; zumal gerade unter Arbeiterfamilien verbreitet war, die kleinsten Kinder gegen ein geringes Entgelt in fremde Pflege zu geben.
Den Kindern unserer hochindustrialisierten Gesellschaft werden als Ersatz für die Familienerziehung und als Ergänzung zu ihr Krippen und Kindergärten angeboten. So wie sie gegenwärtig in der Bundesrepublik eingerichtet sind, reichen sie um so weniger aus, desto jünger das Kind ist: Die Zahl der Kinder in den einzelnen

Gruppen ist zu hoch und die personale Zuwendung zum einzelnen Kind zu gering. Das Kleinkind erfährt dort zwar eine spezifische Sozialisierung, wird in Geschicklichkeiten und Fertigkeiten geübt, es lernt sich einzugliedern in die Gruppen und die Tagesordnung; aber Spontaneität und freies Umgehen mit den Dingen, auch freies Spielen können ihm nur unter bestimmten Voraussetzungen und nur zu bestimmten Zeiten gestattet werden. Die Kindertagesstätte kann das personhafte Sich-entfalten des einzelnen Kindes zu wenig unterstützen, weil es im Interesse eines ungestörten Zusammenspiels im institutionellen Ablauf zu vielen Einschränkungen unterliegt. Auch die verläßliche Sicherheit auf der Basis eines Gruppenganzen, einer Lebensgemeinschaft, dürfte das Kind kaum erfahren. Es hängt vielleicht an der »Tante«, aber es kann und soll sich nicht mit ihr identifizieren.

Bruno BETTELHEIM beschreibt in seinem Bericht über die Kibbuz-Erziehung[46] aufschlußreiche Beobachtungen über die Aufgabenteilung zwischen der institutionellen Erziehung im Kinderhaus und dem elterlichen Einfluß in dem täglichen Umgang im Besuchsverkehr. Danach scheint in dem Beziehungsdreieck Eltern-Kinder-Institution (Kinderhaus) alles darauf abgestellt, den Einfluß der Eltern abzuschwächen. So sieht es die freiwillige kollektive Absprache bzw. prinzipielle Vereinbarung auch vor. Um das ›gesellschaftliche‹ Erziehungsziel nicht zu gefährden, soll das Kinderhaus die bestimmenden Funktionen in der Sozialisation der Heranwachsenden ausüben. Die reale Bindung wird durch die volle Versorgung im Kinderhaus und durch die grundlegende emotionale Beziehungsbildung der Kindergruppe geschaffen. Von seiner ersten Kinderzeit an bis zum Alter von achtzehn Jahren erlebt das Kind hier umfassende Verläßlichkeit und Geborgenheit. Dieses sei – so BETTELHEIM – der wichtigste Faktor der Persönlichkeitsentwicklung in der Gemeinschaftserziehung des Kibbuz.

Obwohl die herrschende Erziehungstradition des Elternrechts bei uns eine solche Lösung im Grundsatz ablehnt, ist es doch so, daß faktisch der Einfluß der Elternerziehung zurückgeht. Und darunter haben viele unserer Kinder zu leiden – im Gegensatz zur Kibbuzerziehung, wo es keine versagenden Eltern geben kann. Unsere Kindergärten erfüllen nicht die Funktion des israelischen Kinderhauses und können dem Kind die elterliche Erziehung weder im Blick auf die emotionale Sicherheit noch auf die identifizierende Basis ersetzen.

So hat die Abwesenheit der Eltern angesichts der gegenwärtigen Funktion und Ausstattung der Tagesbetreuungsstätten für viele

Kinder verunsichernde Faktoren im Gefolge. Kinder von Freiberuflichen und von Selbständigen – u. U. sogar von Randgruppenfamilien in Sozialsiedlungen mit häufiger anwesenden Vätern[47] – mögen eine Ausnahmesituation haben. Den größten Nachteil haben wiederum die Kinder aus Arbeiterfamilien zu tragen, in denen noch öfter als in Angestelltenhaushalten neben dem Vater auch die Mutter berufstätig ist.

Offenbar nimmt die Zahl der Kinder zu, die sich allein gelassen fühlen. Arbeiterkinder erfahren überdies in Schul- und Ausbildung spezifische Frustrationen, wenn sie sich dessen bewußt werden müssen, daß sie allein aufgrund ihres sozialen Status' benachteiligt sind. Diese Erfahrung wirkt sich um so stärker aus, wenn dem Kind ein stabilisierender und solidarischer Familienhintergrund fehlt. Bei der überwiegenden Zahl der Grundschulkinder scheint sich der Mangel an Zuwendung, an Aufmerksamkeit und an freier Bewegung in der Erwachsenenwelt in Störungen und Schwierigkeiten kundzutun. Sie leben unter Ängsten, Bedrückungen und Enttäuschungen, resignieren oder werden gleichgültig.

Bis zu 50% der Kinder sind mit mittelschweren (Präventiv-Maßnahmen erfordernden), schweren (der Therapie bedürftigen) und schwersten Störungen (notwendige Unterbringung außerhalb der Familie) belastet. Im internationalen Vergleich schwanken die Belastungszahlen der Stichprobenuntersuchungen zwischen 30 und 50%. In Untersuchungen über Häufigkeit und Schwere von Verhaltensstörungen bei sieben- bis zehnjährigen Kindern wurden folgende Anteile verhaltensgestörter Kinder ermittelt:

- 40% in England (1966; unter 11000 Siebenjährigen),
- 29,5% in Hamburg (1968; unter 1335 Zehnjährigen),
- 49,3% in einer württembergischen Mittelstadt (1971; unter 1335 Sieben- bis Zehnjährigen) bei nur 22% der Kinder, die keine Verhaltensstörungen aufwiesen.[48]

Überdenkt man die Gefährdungen der Kinder von heute im Hinblick auf ihre Spielmöglichkeiten, so richtet sich die Aufmerksamkeit notwendigerweise auf unsere mit Vorschriften gekitteten, betonierten Städte (über 40% der Bevölkerung der Bundesrepublik leben in Städten über 50000 Einwohner) (vgl. Bild 40).

Ich wage einen Verlust zu beklagen, den ich anhand eigener Spielerinnerungen deutlich zu machen suche. Aus dem Armutsmilieu kommend, fehlten nicht die Bedrängungen, als Kind zu helfen und früh Verantwortung zu übernehmen, es fehlte auch nicht an

Konflikten, die aus Existenznöten der Familie herrührten. Aber in der Kindergruppe auf Straßen und Plätzen konnte ich spielend mit anderen Kindern Anschauungen von der Welt gewinnen: Tätigkeiten, Menschen, Dinge als Lebenszusammenhang erfahren, Phantasie im Spiel als Kraft tätig werden lassen, kindliche Erfahrungen in Aktion umsetzen. Spiel zeigte sich als produktive Tätigkeit, die Wissen vermittelte. Je mehr erfahren, je mehr Kenntnis von Zusammenhängen erworben wird, desto reicher werden die Möglichkeiten, Realität zu gestalten.

Der Spielbereich, der heute im Freien zur Verfügung steht, wird mehr und mehr eingeengt. Dadurch ist eine bedenkliche Beeinträchtigung des freien Spiels entstanden; die Anregungs- und Gestaltungsmöglichkeiten, die das Spiel der Kindergruppen auch in der Großstadt noch vor wenigen Jahrzehnten erlaubte, sind fast völlig verlorengegangen. Mit den Straßenspiel-Kindergruppen verschwindet ein wichtiger Freiheitsraum, in dem sich – schon bei Kindern vom Vorschulalter an – Vorstellungs- und Denkweisen und kommunikatives Tun ausformen konnten. Bald dürften diese Kindergruppen nur noch eine historische Kategorie darstellen, die sich allenfalls noch bei altersgemischten Gruppen von Ausländerkindern in den Arbeiterwohnvierteln erhält.

Die Frage liegt nahe, inwiefern der eingeengte Spielbereich durch angemessenes Spielzeug ersetzt werden kann. Die Literatur ist kaum noch übersehbar[49]; die Industrie bemüht sich, den Spielzeugkonsum als unausweichlich hinzustellen. Demgegenüber lohnt es immer wieder, sich grundlegende Spielsituationen zu vergegenwärtigen – vom Spiel, das aus der Umgebung erst Gegenstände schafft, über das Spiel, das mit zufälligen Gegenständen Leben gewinnt (wie das Herumkarren des ›lieben Jesulein‹ bei Karl Philipp MORITZ) bis zu dem Spiel, das sich um den zufälligen Fund des Bismarck-Bildes rankt und den Wunsch in eine prächtige Zukunft trägt.

Ebenso kontrastreich sollte man sich von Erwachsenen angebotene »Spielmittel« vergegenwärtigen: Die italienische Ärztin Maria MONTESSORI hat zu Beginn dieses Jahrhunderts in ihrem Haus für Kinder aus Elendsvierteln Roms und für Behinderte neutral wirkende Materialien erprobt, die den benachteiligten Kindern bei der Ausbildung der Sinne, Erziehung der Muskeln und beim Lesen-, Schreiben- und Rechnenlernen helfen sollten. Bei Spiel und systematischem Lernen galt der Grundsatz: Hilf mir, es selbst zu tun! – Ein Grundsatz, den neuerdings wieder auf den gesamten Erziehungsprozeß anzuwenden gefordert wird.[50]

Im Gegensatz zu den Holzklötzen, Glocken, Tafeln, Stäben, die die Kinder bei MONTESSORI als Spielgegenstände instrumentalisieren, stehen die bis in die Einzelheiten programmierten technischen Spielgeräte. Doch können damit neue Formen des eigenen Ausdrucks und der Kommunikation »gespielt« werden. Medientechnische und elektronische Spielgeräte können sowohl Ausdrucksmöglichkeiten (Aufnehmen, Abhören, Selbstsenden) als auch technische Fertigkeiten fördern (auch Rechenapparate, Kameras usf.). Sich der »technischen Sprache« auf eigene Art zu bedienen, ist heute Bedürfnis vor allem auch derer, die sich im verbalen Ausdruck unterlegen fühlen. Der klassenübergreifende Charakter eines Spielzeugs sollte nicht aus Klassenberührungsängsten zur Zurückweisung von Möglichkeiten verleiten, die auch zur Gruppendarstellung und zu sozialer Konfliktbewältigung oder einfach als Theater- und Laienspielrequisit verwendet werden können. Selbst mongoloide Kinder sind in solche Spiele einzubeziehen, sogar als Zentralfigur (Mann mit unbekannter Sprache trifft auf Expeditionskorps von Wissenschaftlern). Auf erstaunliche Weise gehen die Kinder mit und lernen schnell bei Tonbandaufnahmen die Tastatur zu bedienen.

Auch bei technischem Spielzeug kommt es darauf an, kindliche Impulse nicht stets in genehme Bahnen lenken zu wollen. Jedoch sind der ehrfurchtslose Umgang mit Spielsachen, mit den zweifellos hoch bezahlten technischen Spiel- und Beschäftigungsmitteln, sind freilassende Methoden, die Kindern zur Entfaltung ihrer Initiativen und zur Unabhängigkeit durch Selbsttätigkeit verhelfen, in Deutschland noch immer Ausnahmen. Sie machen zweifellos mehr Mühe als vorschreibende Methoden. Schon bei Titis Eisenbahnspiel (bei dem die Sprungfedern des Sofas krachten) konnte die Großmutter nicht gut zuschauen; aber die Eltern lachten dazu.

Voraussetzung für das Gewährenlassen beim Spielen ist auch, daß das Spielen des Kindes nicht nur als Entlastungsfunktion für Erwachsene benutzt wird; denn: Geh und spiele! heißt ja in Wirklichkeit: Laß mich doch endlich in Ruhe!

Mit dem Willen, Unterdrückung des Kindes zu vermeiden, beginnt der Akt der Befreiung von gesellschaftlichen Zwängen. Er muß seinen Ausgang nehmen bei der Generation, die das Kind und damit sich selbst erzieht, sich dazu erziehen muß, den Erlebnis-, Spiel- und Erfahrungsraum des Kindes offen zu halten. Das bezieht sich zum einen auf den Spielraum, der erst in der industriellen Gesellschaft so eindeutig auf bestimmte Ecken, Plätze, Zimmer festgelegt worden ist. Die Offenheit wird zum anderen für ein freies Fragen,

Hantieren und Umgehen-Können in der Erwachsenenwelt erforderlich, bei dem nicht spontane Äußerungen abgebremst, Tätigkeiten blockiert werden.

Eine so verstandene Erziehung könnte der Sozialgeschichte des Spiels sicherlich ein neues Kapitel hinzufügen. Aber immer noch ist das Neue, das Nichtverstandene, viel zu vielen etwas Abzuwehrendes, Bedrohliches, Verdächtiges. Die aus der antiautoritären Bewegung herausgewachsene emanzipatorische Bewegung hat die Möglichkeiten, aber auch die Schwierigkeiten gezeigt, emanzipatorische Erziehung in einer (noch) kinderunterdrückenden Umwelt zu realisieren. Wie die Geschichte des Spiels und die Fülle der heutigen Spiel-Literatur sichtbar machen, lassen sich Spiele und Spielzeug, Spielhaltungen und -formen (wie auch Beschäftigungs- und Arbeitsmittel, Unterrichts- und Lesestoffe) unter spezifischen gesellschaftlichen und sozialen Bedingungen bzw. Verhältnissen gezielt verändern. Die Skala der Möglichkeiten reicht von der zweckorientierten Manipulation bis zur Vielfalt der offenbleibenden Handhabung in der Konzentration und der Kommunikation des spielenden Suchens und Schaffens.

# 6. Lesen

In dem Maße, in dem ›Kindheit‹ als eigenständige Phase aufgefaßt und allmählich verlängert wurde, verbreiteten sich Auffassungen über das lesende Kind, in denen wir bemerkenswerte Vorformen heutiger Ansichten antreffen. Viele Kritiker gingen damals dagegen an, daß Kinder immer weiter die ›alten‹ Bücher der antiken Autoren, der Kirchenväter und die Heiligengeschichten lasen oder vorgelesen bekamen. Die Kritiker wandten sich zugleich gegen die unbedingte, hohe Geltung der ›alten‹ Sprachen, Latein und Griechisch, in denen sich auch die Heranwachsenden, die Schulen besuchten, vorzugsweise zu üben hatten.

## Moderne Kinderliteratur

In England fand der europäische Literaturstreit seinen prägnanten Ausdruck im »Bibliothekskrieg« des Jonathan SWIFT von 1697, der Bücherschlacht in der St. James Library:

> »Ausführlicher und wahrhafter Bericht über die Schlacht zwischen den alten und modernen Büchern, ausgefochten am vergangenen Freitag in der Königlichen Bibliothek«.[1]

Der Streit über die Vorzüge und den Vorrang der antiken bzw. der modernen Schriftsteller wurde in Frankreich in langjährigen Diskussionen zwischen dem Dichter und Kunsthistoriker Nicolas BOILEAU und dem unentwegten Streiter für die Moderne, Charles PERRAULT, in den letzten Jahren des 17. Jahrhunderts ausgefochten.[2]

In dem Bücherstreit geschah etwas Bemerkenswertes, das für das Kind große Bedeutung erlangen sollte. Gewissermaßen als ornamentales Beiwerk zu den literarisch-philosophischen Auseinandersetzungen entstanden erste Niederschriften von Märchen. Charles PERRAULT war es, der Erwachsenen und Kindern Märchenerzählungen bescherte; etwas noch nie Dagewesenes: Ein bedeutender Literat trat mit Volksmärchen hervor.

Entgegen aller Konvention – mutig, wenn auch nicht unter seinem Namen – bewegte sich PERRAULT, das Mitglied der Französischen Akademie, der Oberaufseher der Königlichen Bauten, auf die phantasievoll-poetische Welt des Kindes zu. Im Jahre 1697 gab der Neunundsechzigjährige die »Geschichten oder Erzählungen vergangener Zeit, mit Moral« heraus. Auch seine Sammlung »Gänsemütterchens Märchen« entzückten junge und alte Leser.[3] Beide Bücher fanden zuerst Aufnahme in den Salons der französischen Aristokraten und kamen von den Damen der Gesellschaft zu deren Kindern und dann zu denen der wohlhabenderen Bürger.

Lange vor der Zeit der Gebrüder GRIMM regten sie eine neue literarische Gattung an. Dornröschen, Rotkäppchen, der gestiefelte Kater, Däumling, gute Feen und andere Märchenfiguren tauchten in den Kinderstuben der oberen Schichten auf, zogen durch Städte und Dörfer und erlösten die Kinder von der unentwegten Wiederholung des Lesestoffes antiker Autoren, der Helden- und Lehrstücke, der biblischen Geschichten, Katechismen, moralisch-erbaulicher und schwer verständlicher, wenn nicht langweiliger Bücher.

Von der Welt des Kindes als einem Triumphzug der Phantasie, des Spiels, der Poesie entwarf Giovanni Battista VICO 1725 ein glanzvolles Bild in seinem Buch über die »Neue Wissenschaft«: »Das Kind bewegt sich in einer Welt von Bildern, Mythen und Spielen.« Die Formen des kindlichen Lebens seien andere als die des erwachsenen Menschen; das Kind habe eine eigene Logik, eine andere Strukturierung, Art und Weise des Auffassens, Begreifens, Kombinierens, eben »phantasievolle Formen«.[4]

In England fand die kinderfreundliche Literatur etwas später eine eigene Ausprägung. Zwar gab es seit 1719 den »Robinson Crusoe« und seit 1726 »Gullivers Reisen«, aber der gallige DEFOE und der beißend-satirische SWIFT hatten sie nicht für Kinder geschrieben. Es waren der kinderfreundliche Buchhändler John NEWBERRY und gleichgesonnene Freunde, die eine spezifisch englische Kinderliteratur herausbrachten. Im Jahre 1750 eröffnete NEWBERRY in London die erste Buchhandlung für Kinder: Eine Kollektion von Büchern für Preise von einem Penny, ja sogar von einem Halfpenny an! In diesen Kinderbüchern bewegten sich urwüchsig lebendige heitere Figuren, die den Kindern nahestanden: Giles Gingerbread, der das »gute Leben« liebt; Tomy Trip, der nicht größer ist als der Däumling, der aber lesen und Geschichten erzählen kann; er reitet auf einem Hund in den Straßen Londons umher, schenkt den Kindern, die ihm gefallen, einen Apfel, eine Orange, eine Leckerei; ja, er tritt gegen den Riesen Woglog auf, verteidigt das Kind. Beliebt wie Tomy Trip war das Mädchen Margery (aus »Goody Two Shoes«), das so arm war, daß es niemals mehr als einen Schuh besaß und das sich vor Freude nicht zu halten wußte, als man ihm eines Tages ein ganzes Paar Schuhe gab: Zwei Schuhe! Zwei Schuhe![5]

Diese dem Erfahrungsbereich der Kinder nahekommende Literatur – von NEWBERRY und Schriftstellern seines Bekanntenkreises geschaffen – lehnte sich an Gestalten in alten Volksbüchern und Wiegen- und Kinderliedern an. Sie war zur vergnüglichen Unterhaltung für Kinder bestimmt – und für deren Eltern, die ja der Lektüre zustimmen und sie bezahlen mußten. Der Preis eines Halfpennies war für Eltern und Kinder der Unterschichten aber zu hoch.

Allzu schnell folgten der Poesie der französischen Kindermärchen und der englischen Kinderbücher die Moralismen der Gouvernantenbücher, deren pädagogischer Realismus und Nutzeffekt die heiteren Kinderfiguren, die befreienden Abenteuererlebnisse, die spontanen Freuden wieder verdrängten. Die phantasievollen und spielerischen Elemente in den Kinderbüchern wurden mehr und mehr verdeckt durch pragmatische Erziehungstendenzen, die besser mit der gesamtgesellschaftlichen Entwicklung im 18. Jahrhundert übereinstimmten. Erinnern wir uns z. B. der Grundsätze, die der berühmte Philosoph, Arzt und Erzieher John LOCKE in seinen »Gedanken über Erziehung« (1693) als die für den Sohn eines gentleman (darunter war durchaus auch ein wohlhabender Bürger zu verstehen[6]) wünschenswerten Ziele formuliert hatte: Tugend (um der Achtung willen), Weisheit (in praktischem Sinne verstanden), Lebensart (weltmännisches, gewandtes Benehmen) und Kenntnisse, die zum Vorankommen notwendig sind.[7]

Solche Ansprüche entsprachen den bürgerlichen Erwartungen, den gesellschaftlichen Lebensbedingungen und dem familialen Streben nach besserer sozialer Stellung. Sie spiegelten sich in der Kinder-, Jugend- und Elternliteratur um die Mitte des 18. Jahrhunderts, in Deutschland im letzten Drittel. Das erste Kindermagazin, das ›Epoche machte‹, wurde 1757 in England von Madame LEPRINCE de BEAUMONT herausgegeben: Dialoge einer weisen Gouvernante mit ihren Schülern. Damit begann die Flut von moralisierenden und belehrenden Kinderzeitschriften und Kinderbüchern – ein Angebot, das es vorher nicht gegeben hatte. Madame de LEPRINCE war schon in Frankreich bekannt durch Unterhaltungs-, Lehr- und Erziehungsbücher aber auch durch Märchen; sie brachte allein 60

Werke heraus. Die Zahl der Autoren, die für Kinder von Aristokraten und ›besserem‹ Bürgertum schrieben, vermehrte sich schnell.[8]
Das Herstellen von Wochenschriften und Kinderliteratur wurde zu einem lukrativen Geschäft, das sich im 19. Jahrhundert auch auf den Versand- und Kolportagebuchhandel ausdehnte. In England trafen sich Herausgeber von Jugendzeitschriften zu Jahresversammlungen, in denen sie – wie in einer Aktionärs-Gesellschaft – ihre Bilanzen ausbreiteten: Es gab Magazine, die mehr als 100 000 Exemplare pro Woche herausbrachten.[9]
Als zu Beginn des 19. Jahrhunderts Charles LAMB, englischer Dichter und Kritiker, nach der Geschichte von »Goody Twoe Shoes« suchte, die 37 Jahre vorher eine wahre Begeisterung in England hervorgerufen hatte, war gerade noch ein verstaubtes Exemplar zu finden – vergraben hinter Schichten von Kinderbüchern aus einer Mischung von Puritanismus und Rationalismus, aus Ideen John LOCKEs und Jean Jacques ROUSSEAUs.[10]

## Leseerfahrungen

Die kinderbezogenen literarischen Prozesse vollzogen sich in Deutschland später als in Frankreich und England, und wir begegnen nur wenigen hier geschriebenen märchenhaften, phantasie- und poesievollen Kinderbüchern. In Deutschland wurde die anerkannte Literatur englischer und vor allem französischer Schriftsteller weit verbreitet.[11]
In den deutschen Ländern gab es bis zur Mitte des 18. Jahrhunderts keine Büchereien für Kinder, kaum eine spezielle Literatur für sie. Bis dahin teilten sich Kinder mit den Erwachsenen auch die Lese- und Bildlesestoffe. Das waren, ähnlich wie noch zur Reformationszeit, bebilderte Bibeln und Spruchbücher, geschichtliche Romane, Helden- und Heiligenbücher, Katechismen und Kupferstich-Kalender, auch unterhaltende Volksbücher, Schelmenromane, Schwankbücher – je nachdem, was in die Hände kam. Als Buch der Leute, die wenig lasen, galt der einfache Bilder-Kalender; hohe Auflagen erschienen in unterschiedlicher Ausstattung.[12]
Einen guten Eindruck von der Beschränktheit und Zufälligkeit der Lesestoffe, die den ›armen Mann‹ und seine Kinder erreichten, vermittelt Ulrich BRÄKERs Erinnerung an seine Kinderjahre auf dem Lande (um 1750):

> »Das Auswendiglernen gab mir wenig Müh'. Besonders übt' ich mich fleißig in der Bibel, konnte viele darin enthaltene Geschich-

ten aus dem Stegreif erzählen und gab sonst überhaupt auf alles Achtung, was mein Wissen vermehren konnte. Mein Vater las auch gern etwas Historisches oder Mystisches. Gerad um diese Zeit ging ein Buch aus, *der flüchtige Pater* genannt. Er und unser Nachbar Hans vertrieben sich manche liebe Stunde damit und glaubten an den darin prophezeiten Fall des Antichrists und die dem End' der Welt vorgehnden nahen Strafgerichte wie ans Evangelium. Auch ich las viel darin, predigte etlichen unsrer Nachbarn mit einer ängstlich andächtigen Miene, die Hand vor die Stirn gestemmt, halbe Abende aus dem Pater vor ... Indessen las ich immer fleißig in der Bibel, doch noch mehr in meinem Pater und andern Büchern; unter anderm in dem sogenannten Pantli Karrer und dann in dem weltlichen Liederbuch, dessen Titel mir entfallen ist.«[13]

Dieses Kind kann also fließend lesen – für die Armen noch ein Jahrhundert später nicht die Regel. Weniger ›modern‹ ist die Lesepraxis des kleinen Ulrich. Er greift selbstverständlich zu den Büchern des Vaters; der Umgang mit ihnen verbindet ihn gleichberechtigt mit der Erwachsenenwelt.

Zum Vergleich nun GOETHEs Schilderung seiner Lesesituation – eines Kindes in vermögendem und gebildetem Bürgerhaus der 1750er Jahre:

»Man hatte zu der Zeit noch keine Bibliotheken für Kinder veranstaltet. Die Alten hatten selbst noch kindliche Gesinnungen und fanden es bequem, ihre eigene Bildung der Nachkommenschaft mitzuteilen. Außer dem Orbis pictus des Amos Comenius kam uns kein Buch dieser Art in die Hände; aber die große Foliobibel, mit Kupfern von Merian, ward häufig von uns durchblättert; Gottfrieds Chronik, mit Kupfern desselben Meisters, belehrte uns von den merkwürdigen Fällen der Weltgeschichte; die Acerra philologica tat noch allerlei Fabeln, Mythologien und Seltsamkeiten hinzu; und da ich gar bald die Ovidischen Verwandlungen [antike Sagendarstellung von Menschen und Göttern] gewahr wurde und besonders die ersten Bücher fleißig studierte: so war mein junges Gehirn schnell genug mit einer Masse von Bildern und Begebenheiten ... angefüllt und ich konnte niemals lange Weile haben, indem ich mich immerfort beschäftigte, diesen Erwerb zu verarbeiten, zu wiederholen, wieder hervorzubringen. Einen frömmern sittlichern Effekt, als jene mitunter rohen und gefährlichen Altertümlichkeiten, machte Fenelons Telemach, ...«[14]

Weder in den Biographien von PLATTER, PROSCH noch von BRÄKER tauchte jemals Langeweile als Begriff oder die Umschreibung dessen auf; diese Kinder mußten von früh an im Haus oder außerhalb arbeiten. BRÄKERs Lektüre scheint zwischen den vielen Pflichten hier und da Platz gefunden zu haben. Bei GOETHE ist es ein pflichtenfreier offener Lebensraum, in dem der kleine Junge probierend, neugierig und lernbereit nach Büchern zu greifen genügend Zeit hat.

Etwas überrascht, daß GOETHE antike Sagen und OVIDs »Verwandlungen« als roh und sittlich gefährlich einstuft, und dem gegenüber den moralisierenden Fürsten-Erziehungsroman des Bischofs von Cambrai von 1699 belobt. Vielleicht ist darin aber allein eine Folge dessen zu sehen, daß GOETHE seine Memoiren als Sechzigjähriger zu schreiben begann und in diesem Alter vielen konservativen Auffassungen huldigte.[15] – GOETHE fährt in seinen Leseerinnerungen der Kinderzeit im Anschluß an den »Telemach« fort:

> »Daß Robinson Crusoe sich zeitig angeschlossen, liegt wohl in der Natur der Sache; daß die Insel Felsenburg nicht gefehlt habe, läßt sich denken [sehr populäre Seefahrer- und Abenteuer-›Robinsonade‹ mit der Schilderung eines Inselstaates, angereichert mit einer Vielzahl wechselvoller Lebensberichte bürgerlicher Existenz, die ein anschauliches Bild der Gesellschaft im 17. und 18. Jahrhundert vermitteln], Lord Ansons Reise um die Welt verband das Würdige der Wahrheit mit dem Phantasiereichen des Märchens, und ... wir ... versuchten, ihm mit unseren Fingern auf dem Globus zu folgen. ... Der Verlag oder vielmehr die Fabrik jener Bücher, welche in der folgenden Zeit unter dem Titel: Volksschriften, Volksbücher bekannt und sogar berühmt geworden, war in Frankfurt selbst, und sie wurden wegen des großen Abgangs mit stehenden Lettern auf das schrecklichste Löschpapier fast unleserlich gedruckt. Wir Kinder hatten also das Glück, diese schätzbaren Überreste der Mittelzeit [Mittelalter, d. V.] auf einem Tischchen vor der Haustüre eines Büchertrödlers täglich zu finden und sie uns für ein paar Kreuzer zuzueignen. Der Eulenspiegel, die vier Haimonskinder, die schöne Melusine, der Kaiser Oktavian [der römische Augustus, d. V.], die schöne Magelone, Fortunatas mit der ganzen Sippschaft bis auf den ewigen Juden, alles stand uns zu Diensten, sobald uns gelüstete, nach diesen Werken, anstatt nach irgendeiner Näscherei zu greifen.«[16]

In der Tat ein drastischer Gegensatz zu der Lesewelt eines Ulrich BRÄKER, eben eine in jeder Hinsicht reiche begünstigte Kindheit.

Die billigen Nachdrucke der ursprünglich in Schriftbild und Holzschnitt kunstvoll gestalteten Volksbücher des 15. und 16. Jahrhunderts waren weit verbreitet. Hinzu kamen – zumindest in besseren Bürgerhäusern – Erfolgsbücher des 17. Jahrhunderts wie ZIGLERs »Asiatische Banise« und GRIMMELSHAUSENs »Der Abentheuerliche Simplicissimus«. Alles das waren Lesestoffe für Erwachsene, die von ›einfachen‹ Leuten auch noch im 18. Jahrhundert gelesen wurden, als das ›gebildete‹ Lesepublikum längst andere Interessen hatte. Eine Literatur für Kinder, d. h. eigens für sie geschrieben, trat in größerem Umfang im letzten Drittel des 18. Jahrhunderts hervor.

Anregungen zur Produktion und Verbreitung pädagogisierender Lern- und Unterhaltungsliteratur für Kinder gingen wesentlich auf die Initiative von Philanthropen und Pietisten zurück. J. B. BASEDOW, der 1774 mit CAMPE und WOLKE das Philanthropinum in Dessau eröffnet hatte, schrieb ein umfangreiches Unterrichts- und Erziehungswerk. Es sollte als Anschauungs-Sachbuch Kenntnisse vermitteln, die deutsche Sprache pflegen und als Mittel der Stände-(speziell Handwerks-)lehre sowie der Menschen- und Sittenlehre dienen; es war für den Unterricht und die Erziehung in der Familie sowie für die Bedürfnisse der philanthropischen Institutionen erarbeitet worden. Gleichzeitig sollten Kinder an den belehrenden Büchern ihre Freude haben, bei der Lektüre also Nützliches und Unterhaltsames gleichermaßen erfahren.[17]

Diese Absichten teilten viele: J. H. CAMPE, Theologe, Schulmann und Buchverleger, schrieb neben zahlreichen Liedern, kindertümlich gehaltenen Fabeln, Kinderzeitschriften eine vielgelesene Robinson-Erzählung, »Robinson der Jüngere«. Dessen Abenteuer und ebenso verständige wie nützliche Handlungsweise und Tätigkeiten werden in einer Rahmenhandlung dargestellt; sie umschließt Informationen und Belehrungen für den Leser. Der Autor fügte folgende Empfehlung hinzu: Die Eltern lesen ihren Kindern Tag für Tag die Robinsonschen Erlebnisse und Abenteuer vor und unterrichten in erzieherisch-belehrenden Frage- und Antwort-Gesprächen die wißbegierigen und tugendbeflissenen Kinder dabei und dadurch.[18] (Am Beispiel des jungen KLOEDEN wird später gezeigt werden, daß sich die in solcher Erziehungsatmosphäre aufwachsenden Kinder den Erwartungen so weit anpaßten, daß sie die Lektüre des »Robinson« lustvoll wiederholten.)

Der Philanthrop Ch. G. SALZMANN, der im Jahre 1784 das Philanthropinum in Schnepfenthal gründete, gehörte mit seinen mehr als 100 Schriften zu den eifrigsten pädagogischen Schriftstellern. »Die Zeiten sind vorbei, wo das Erziehungsgeschäft verächtlich war«, sagt er in seinem »Ameisenbüchlein« und empfiehlt dem Erzieher:

»Erziehe Dich selbst! ... Lerne die Erzeugnisse menschlichen Fleißes kennen ... Gewöhne Dich, mit der Zeit sparsam umzugehen ... die Kinder zur innigen Überzeugung ihrer Pflichten zu bringen.«[19]

Die Aufzählung könnte nicht nur mit einer Vielzahl von Buchtiteln, sondern auch mit der Geschichte des – nun auch in den deutschen Ländern – aufblühenden Geschäfts der Kindermagazine, der Wochenblätter ›zum Besten der Erziehung‹, fortgesetzt werden.[20] Ob Wochenschrift oder Fabel, Kinderreime oder -bücher, Fibel oder Lehrbuch, die deutsche Kinderliteratur des 18. Jahrhunderts ist fast ausschließlich eine mehr oder weniger gefällige Verpackung von Frömmigkeits- und Leistungsidolen, Ansporn zu Tüchtigkeit und guter Gesinnung, wie es dem Zeitbedürfnis zur Heranbildung des strebsamen Bürgers entsprach.

Diese pädagogische Literatur und zugleich Kinderlektüre wurde jedoch nur bei einem verschwindend geringen Anteil der Bevölkerung gelesen. Für Kinder des ›einfachen Mannes‹ war sie schon gar nicht erschwinglich, für die ärmere Stadtbevölkerung ohnehin nicht. Denn selbst die Zeitschrift »Kinderfreund«, die in ihren besten Zeiten in einer Auflage von 100 000 Stück erschienen sein soll, erreichte damit nur 1% der potentiellen Leser Deutschlands und im günstigsten Falle, wenn jedes Exemplar mehrere Leser hatte, maximal 5%.[21]

Die Masse jener Kinder, die um 1800 überhaupt lesen lernten, mußte wohl oder übel mit ihrer Fibel vorliebnehmen; hinzu kamen, auch als Schulübungsbücher, Katechismus und Bibel, gelegentlich ein billiges Heft aus dem Bereich der sogenannten Trivialliteratur.[22] Damit erschöpfte sich bereits der armen Kindern leicht zugängliche Lesestoff. Diese Lesesituation herrschte z.B. im Armutsmilieu eines unteren Zollbeamten in einem westpreußischen Landstädtchen (Beamte niederer Ränge gehörten noch im frühen 19. Jahrhundert ihren materiellen Lebensbedingungen nach zu den untersten Klassen[23]). Karl Friedrich von KLOEDEN (inzwischen war er geadelt worden) erinnert sich an seine Kinderlektüre um 1800:

»Außer Bibel, Gesangbuch [und drei Schulschriften religiösen Inhalts, d.V.] sowie dem Kalender waren wenig Bücher zu finden. ... Lange Zeit waren Beckers hausbackenes Not- und Hilfsbüchlein und Till Eulenspiegels unflätige Späße, die wir uns geliehen hatten, unsere einzige Lektüre. Meine Mutter, die sehr gern las, ... wagte es einmal, den Rektor zu bitten, ihr irgendet-

> was zum Lesen zu leihen. Der gab ihr: ›Das Grab des Aberglaubens‹, hatte aber nachher zu jemand geäußert: Eine Frau könne was Klügeres tun, als Bücher lesen. ... Sie hatte sich Campes Robinson Crusoe zu verschaffen gewußt und übergab ihn mir. Mit wahrem Heißhunger fiel ich über ihn her. ... Alle Erklärungen verschlang ich förmlich ... umsomehr, als mir diese Art von Belehrung völlig neu war; denn außer der mütterlichen hatte ich ja niemals eine Erklärung erhalten. ... wie herrlich ... das Bild einer solchen Erziehungsanstalt in einer Familie wie der Campeschen, in der die Zöglinge ... so verständig fragten, Eltern und Hausfreunde so gern und so verständig belehrten. ... Elfmal habe ich so das Buch hintereinander durchgelesen. Nun ging ich auch, weil mir kein anderes Buch zu Gebote stand, an den ... ›Kurzen Inbegriff aller Wissenschaften‹ ... eine Art kleiner Enzyklopädie.«[24]

Der lesefreudige Junge erhält kein eigentliches Kinderbuch – außer dem damals modernen »Robinson« von J. H. CAMPE. Außer diesem stößt er auf die noch immer verbreiteten, über zweihundert Jahre alten Volksbücher. Indes ist bemerkenswert, daß ihm der Eulenspiegel, den er sichtbar in einer unbearbeiteten Fassung des 16. Jahrhunderts las, unflätig und obszön erscheint. Die neuen Tabus des 17. und 18. Jahrhunderts hatte der kleine Junge so, wie es die Pädagogen der Zeit wollten, voll verinnerlicht.
Der Maler Ludwig RICHTER erzählt in seinen Lebenserinnerungen, daß er um 1810 ermahnt wurde, statt alter Volksbücher, wie dem von der schönen Melusine,

> »... lieber die Bibel, das Gesangbuch oder eine Arbeit zur Hand zu nehmen. ...
> Mein Verlangen nach Büchern war überaus groß; gleichwohl konnte ich es nirgends befriedigen. ... Als mir nun einmal der Vetter Musäus' Volksmärchen gab, ging mir eine neue Welt auf; ich schwelgte darin.«[25]

Die »Volksmärchen der Deutschen« von MUSÄUS (1782/86 veröffentlicht) waren ihrer anspruchsvollen Darstellungsweise nach eher für Erwachsene geeignet. Nicht nur bei dem jungen RICHTER beobachten wir, daß Märchenbücher aus der Erwachsenenbibliothek, wie auch die Sammlungen der Brüder GRIMM, in die Hand von Kindern gelangen – jedoch in zunehmend ›gereinigten‹ Fassungen. Von Auflage zu Auflage wurden gemäß den pädagogischen Maximen der Zeit insbesondere die Schilderungen sexueller Zusammenhänge gestrichen oder bis zur Unverständlichkeit gekürzt.[26]
Zu den Kindern des Proletariats drang selbst davon anfänglich

wenig. Soweit sie überhaupt lesen konnten, blieben ihnen vor allem auf dem Lande bis ins frühe 20. Jahrhundert hinein die alten Lesestoffe: religiöse Geschichten und Erbauungsliteratur. Daneben machten in Stadt und Land die anspruchslose und selten informierende und aufklärerische Kolportageliteratur und Groschenhefte die Runde.[27] Der in einem Arbeiterviertel aufgewachsene Karl BRÖGER schildert in romanhafter Verkleidung seine kindlichen Leseabenteuer in den 1890er Jahren:

»... er [wurde] noch scheuer und zog sich ganz in eine selbstgeschaffene Einsamkeit zurück, die er mit bedenklichen Bücherhelden bevölkerte. Rinaldo Rinaldini, der bayrische Hiesl, Leichtweis und ähnliche Romanhelden der Vorstadt waren die Gäste seiner Einsamkeit. Die billigen Hefte lagen überall herum, und wer hätte Zeit und Verständnis gehabt, Ernst vor dieser ehrenwerten Gesellschaft zu warnen?«[28]

Freilich lasen solche Hefte ebenfalls viele Kinder des Bürgertums; statt der ihnen aufgedrängten langweiligen Pflichtlektüre griffen sie offensichtlich lieber zu der spannenden Unterhaltungsliteratur, die von Pädagogen aller Richtungen als ›Schundliteratur‹ verschrieen wurde. Vielleicht machte sich bei ihnen eine Art kompensatorisches Lesebedürfnis bemerkbar.

Die Lesesituation für Kinder und Eltern in Arbeiterfamilien war nicht nur vom Angebot und von der Beschaffung der Lesestoffe abhängig, sondern auch von der Muße, die für das Lesen aufgebracht werden konnte. Mit der Verkürzung des Arbeitstages, der Wochenarbeitszeit und mit der fortschreitenden Einschränkung der Kinderarbeit nach 1900 wurden schließlich Möglichkeiten und Mußestunden gewonnen. Sie kamen dem Lesen der Kinder des Proletariats besonders zugute, zumal die aufstrebenden Arbeiterorganisationen Lern- und Bildungswillige förderten.[29] Dennoch fehlte es anscheinend an Beratung selbst für Kinder organisierter Eltern. Auf dem Mannheimer Parteitag der SPD von 1906 klagte Clara ZETKIN,

»... daß unsere Literatur die Konkurrenz nicht bestand mit der ganz minderwertigen, billigen, bürgerlichen Kinderliteratur, die auf den Markt geworfen wird. Es ist eine grobe Pflichtvernachlässigung der Eltern, wenn sie ihren Kindern, um etliche Pfennige zu sparen, eine Literatur geben, die im schroffsten Gegensatz steht zu allen Idealen, zu denen sie sich bekennen und die sie in ihre Kinder hineinzutragen vermöchten, wenn sie diesen eine von sozialistischem Geiste erfüllte Literatur bieten könnten.«[30]

Diese Forderung wurde indes nicht verwirklicht, zumal es vor allem in den kleineren Orten schwierig war, überhaupt an Literatur heranzukommen. Der politisch kämpferische Arbeiter Karl RETZLAW hat bis zum Alter von elf Jahren (um 1910) außer den Schulschriften nur Indianerschmöker gekannt; auch dann widmete er sich in seinem Lesehunger nicht klassenbewußten Schriften, nicht einer spezifischen Jugendliteratur, sondern den Büchern der Erwachsenen. In seinen Memoiren schreibt er:

»Seit ich in Berlin war, las ich intensiver ... zuerst ... ›Die Schriften des Waldschulmeisters‹ [Peter Rosegger, d.V.] ... so oft, daß ich sie beinahe auswendig kannte. Ich kam bald zur Weltliteratur und las Dickens, Mark Twain, Zola, Maupassant, Victor Hugo ... die Skandinavier ... Doch den unauslöschlich prägenden Einfluß der Literatur spürte ich erst bei den russischen Autoren. Angeregt durch Zeitungsberichte vom Tode Leo Tolstois [1910, d.V.] las ich ... seine Werke und die Dostojewskis, Turgenjews, Gorkis, Puschkins, Gogols, Lermontows und anderer ... In den Schriften der Russen spürte ich einen die Seele aufrüttelnden Geist und einen Sinn für die Nöte der Mitmenschen.... Ich hatte früh genug erfahren, daß große Armut auch Kulturlosigkeit ist. ... Ich lernte, daß Bildung der Sinn für Schönheit und Kultur ist und genau so wie Charakter erworben werden muß. Voraussetzung ist allerdings die Beseitigung von Armut und Zeit zum Denken.«[31]

In den zwanziger Jahren dieses Jahrhunderts untersuchte Hildegard HETZER in Wien ohne elterliche Sorgfalt aufwachsende Kinder – eine Erscheinung, die sich nicht auf die Armutsbevölkerung beschränkte – und stellte fest, daß ihnen von kleinauf die Vertrautheit mit Büchern fehlte. Auch Bilder verstanden die Kinder, um deren Entwicklung sich keiner intensiv gekümmert hatte, erst mit zwei Jahren, im Unterschied zu anderen, die gleiches mit eineinviertel Jahren zustande brachten. In einer Gruppe 11 bis 13 Jahre alter Mädchen, ebenfalls aus dem Wiener Armutsmilieu, besaßen 52% höchstens zwei Bücher, 20% nur 3–5 Bücher und 13% 6–10 Bücher, einschließlich alter Kalender.[32]

Für das Kind aus den Unterschichten scheint sich in der Beziehung zum Buch gegenüber der Zeit vor fünfzig Jahren nur wenig geändert zu haben, zumindest was den Besitz von Lesestoffen betrifft. In einem Bericht aus dem Jahre 1969 über vergleichende Untersuchungen von Mittelschicht- und Randgruppenfamilien in Obdachlosensiedlungen hessischer Städte wird angegeben, daß von den Mittelschichtkindern 10%, von den Randgruppenkindern 46,7%

(wenn in der Einrichtung eine Spielstube vorhanden war) bzw. 60% (in einer Einrichtung ohne Spielstube) gar keine Bücher besaßen; durchschnittlich verfügten die 90% der Mittelschichtkinder, die Bücher besaßen, über je 50, die Randgruppenkinder über je 4,6–7 Bücher. Von deren Müttern waren 10% gegen das Bücherlesen überhaupt, 10% waren gleichgültig. 80% der Kinder hätten also lesen dürfen, aber 40% taten es nicht.[33]

## Utopie und Märchen

Im Lesen kann sich dem Kind eine Welt eröffnen, doch es muß zuerst jemand da sein, der dem Kind dazu verhilft, der es hineinbegleitet. Nicht nur gesellschaftliche Herrschaftsverhältnisse behindern bis in die Gegenwart hinein Kinder am Lesen, sondern auch subjektive Haltungen Erwachsener: Nichtinformiertsein über das Vorstellungsvermögen des Kindes, Gleichgültigkeit gegenüber seiner sozialen Orientierung oder eigenes Nichtinteresse oder auch einfach Bequemlichkeit halten viele Erwachsene davon ab, ihrer Kinder wegen gewohnheitsmäßige Haltungen aufzugeben.
Lesen kann nicht nur ein Entrücktwerden in eine Gedanken- oder Wunschwelt, in märchenhafte oder utopische Verzauberung bewirken, sondern auch aktive Anteilnahme am lesend Erlebten, ein Sichhineinversetzen in Freuden, Nöte, Umweltsituationen anderer Menschen, in ferne Länder, alte oder zukünftige Zeiten und Zustände. Die meisten Kinder haben eine deutliche Empfindung für die eigene Situation und für die von anderen; dafür, daß etwas nicht in Ordnung sein kann, wenn es so grausame und traurige Geschichten oder ein ganz anderes Leben geben kann als jenes, das sie kennen. Ein Kind hört nicht nur zu, es fragt auch durchaus direkt: »Warum sind Hänsel und Gretel arme Kinder? Warum hat der Mann nur ein Bein?« – »Warum hat der Krieg alle Häuser kaputt gemacht?«
Erfahrungen mit lesenden Kindern bestätigen immer wieder die bekannte Tatsache, daß dieselbe Lektüre außerordentlich verschieden wirken kann, je nachdem, von wem, in welcher Zeit, in welchem Kreis, unter welchen Umständen ein Stoff gehört oder gelesen wird. Haben Kinder, die nach dem Zweiten Weltkrieg in zerstörten Städten aufwuchsen, in Ruinen oder Teilruinen lebten und spielten, Kinder, die noch eine direkte Berührung mit der unmenschlichen Zerstörung hatten, nicht anders auf Märchengeschehen reagiert als Kinder ohne diese Erlebnisse? Was mag es bedeuten, wenn ein

hungerndes und frierendes Bettelkind sich selbst als Märchenfigur erlebt in der Geschichte vom Mädchen mit den Zündhölzern?

Die bildhafte Begabung des Menschen, die produktiven Kräfte der Phantasie greifen mit Sehnsüchten und Vorstellungen über das in Worten Vorgetragene hinaus und reizen zu neuen Fragen, auch an die Zukunft. Diese Neigung erklärte schon die Beliebtheit der gesellschaftskritischen utopischen Romane des 17. und 18. Jahrhunderts:

> »... ein Zweig der Literatur, der bestimmt war, der Aufklärung den Weg zu den unteren Schichten und schließlich zur Gesamtheit der Nation zu eröffnen.«

Die phantastischen Reisen und glücklichen Inseln, die Zukunftsstaaten und andere utopische Themen, wie »Die Insel Felsenburg«, wurden begeistert von dem breiten Lesepublikum aufgenommen, von gebildeten Literatenkreisen allerdings geringgeschätzt.[34] Das phantastische, bedrückende gesellschaftliche Realitäten umkehrende Element der Utopie war den befreienden Wirkungen des Märchens durchaus vergleichbar; Utopien und auch Märchen konnten über diesen Weg aufklärend wirken.

Märchen sind weder nach inhaltlichen Kategorien noch nach soziologischen Funktionen und Wirkungen eindeutig oder generalisierend zu bewerten; sie bergen ebensoviel revolutionären Zündstoff wie beruhigende und verheißende Elemente, können also ebenso zu Opposition und Kritik wie zu passivem oder kämpferischem Mitleid, zum Glauben und Hinnehmen wie zur leidenschaftlichen Hingabe an die Verwirklichung von Idealen führen. Deshalb erschienen manche Märchen und Utopien solchen Lesern, die Veränderungen ablehnten, bisweilen als bedrohlicher gesellschaftlicher Faktor; das gilt bis hinunter zur Vulgärliteratur und zu den Straßenkinderversen. »Nie eigentlich hat man den Kinderreim unzensiert passieren lassen.«[35]

Unerfülltes Verlangen lebt von den Bildern, die das Herz bewegen, und sucht den Ort, zu dem es keinen Zugang findet, aus sich selbst heraus zu schaffen. Lernen aus enttäuschter Hoffnung gehört zu den entscheidenden Elementen in der individuellen und gesellschaftlichen Entwicklung: Dieses Lernen umschließt Sehnsucht. Solange der Mensch den Ort seiner Sehnsucht nicht erreichen kann, sucht er ihn, sucht das Kind ihn beim Lesen und im Spiel, aus sich selbst heraus zu schaffen ... Und dabei sollte ihm Beistand geboten werden – als einer Brücke zur Welt und zum Selbstwerden.

# 7. Verführte, preisgegebene Jugend

Was war es für eine Jugend, die 1933 in Fackelträgerreihen ›mit festem Schritt‹ die Straßen entlangzog? Wer schwor sich auf den Führer ein? Was gaben sie auf? Auf diese Fragen sind schon viele Antworten versucht worden. Sie beginnen meist mit den Anfängen der Jugendbewegung vor dem Ersten Weltkrieg.

In der Wander-, Fahrten- und Lagerromantik war das Verlangen nach einem jugendeigenen Lebensbereich zum Ausdruck gekommen, nach der Befreiung aus der Atmosphäre eines Elternhauses, das als beengend formal und gekünstelt erlebt und empfunden worden war. Viele allzu gehorsam erzogene Kinder, die um die Wende zum 20. Jahrhundert in der Schule und in der Familie noch unter strenger Autorität zu leben und an Gott und an den Kaiser zu glauben gelernt hatten, drängten hinaus aus einer scheinheilig-sentimental gewordenen und problemabweisenden kleinbürgerlichen Intimität mit Spitzendeckchen und Nippes, Kitsch und Staubwedelordnung.

Sie hatten sich selbst zu erkennen gesucht, ihre Person, ihre Körperlichkeit, ihre Bestimmung. Sie fragten nach neuen Formen des Lebens, des Umgangs, der Schönheit (FIDUS war einer ihrer Meister).[1] Sie wanderten in die Landschaft, in die Freiheit der Natur, der Wälder, Felder, Wiesen und in die Körperkultur der Nacktheit. Sie hatten sich ihr eigenes Jugendleben mit Singen und Tanzen, Klampfen, Mundharmonika- und Gitarrespiel geschaffen, alte Landsknechts- und Gesellen-, Rebellen- und Volkslieder wiederbelebt und neue Lieder der jungen Generation; in ihnen fanden ihr Denken und ihre Mentalität fast stärkeren Ausdruck als in ihren Programmen:

»Aber ob wir Neues bauen oder Altes nur verdauen,
wie das Gras verdaut die Kuh;
ob wir in der Welt was schaffen oder nur die Welt
begaffen:
das tut, das tut was dazu.«[2]

So lautete einer von vielen ähnlichen Versen in dem bald in alle Richtungen verbreiteten Liederbuch, dem »Zupfgeigenhansl«.
Es waren Kinder der Mittelschicht, Studenten, Ober-, Fachschüler, aus deren Kreisen die ersten Wandervogelgruppen hervorgingen; bald folgten ihnen freie, konfessionell gebundene, politisch oder weltanschaulich orientierte Gruppen bis hin zur Arbeiterjugend. Ihren Höhepunkt hatte die Jugendbewegung in dem großen Treffen auf dem Hohen Meißner im Oktober des Jahres 1913 erlebt, das wie eine Herausforderung wirkte, wie eine Gegenveranstaltung zu den Jahrhundertfeiern der Völkerschlacht von Leipzig. In der Verkündung ihrer Grundsätze hatte die Freideutsche Jugend ihren Willen kundgetan, ihr Leben »nach eigener Bestimmung, vor eigener Verantwortung, in innerer Wahrhaftigkeit« zu gestalten. Um diese »innere Freiheit« zu verteidigen, hatte sie sich zusammengeschlossen.[3]
Doch als kaum ein Jahr später der Erste Weltkrieg begonnen wurde, war es das Suchen nach dem großen, umwandelnden Ereignis, nach der vaterländischen Bestätigung, das die Jugend genauso dem Krieg zuführte wie die Älteren (Bild 29). Sie glaubten, er werde sie in Menschen mit neuen Verhaltensweisen, Menschen mit neuem Bewußtsein verwandeln, der Gesellschaft nach dem Kriege ein neues Gesicht, einen neuen Geist geben. Es war eine höchst problematische Vision, die Zehntausende junger Menschen dann als Freiwillige auf die Schlachtfelder von Langemarck und Ypern führte, wo die meisten von ihnen im Oktober und November 1914 ihre Gräber fanden.
Wenige der Überlebenden klagten später die alten Geschichtslehrer an, von ihnen verlockt worden zu sein.
Wenn die Begeisterung, mit der viele junge Freiwillige 1914 in den Weltkrieg gezogen und in den Tod gegangen waren, auch nicht für die deutsche Jugend schlechthin symptomatisch gewesen war, so lebte doch nach der militärischen Niederlage ein Mythos vom jugendlichen Heroismus fort, der seit Mitte der zwanziger Jahre in den Feiern von Langemarck sichtbaren Ausdruck fand.
In schroffem Gegensatz dazu standen andere Jugendgruppen, die die Kriegszeit durchaus nicht als die »große heldenhafte Zeit« verherrlichten, sondern z. B. Lieder wie das folgende darüber sangen:

»Du hast Kohlrüben und Eicheln,
und trägst Du nach anderm Begehr,
darfst Du am Bauche Dich streicheln.
Mein Michel, was willst Du noch mehr?« ...

BILD 29 Unbekannt: *Abschied* (typisches sentimentales Kitschblatt) (1914).

»Du darfst exerzieren, marschieren
am Kasernenhof die Kreuz und die Quer
und dann für den Kaiser krepieren.
Mein Michel, was willst Du noch mehr?«[4]

Die Jugend bewegte sich in der ersten Nachkriegszeit zwischen den Extremen nationalistisch besessener Freikorps und Spartakus, geriet in blutige Auseinandersetzungen zwischen räterepublikanischen Kämpfern und fanatisch nationalistischen Putschisten.
Die Jugend, die 1933 im Gleichschritt formiert wurde, kannte die Nachkriegskämpfe nicht aus eigenem Engagement. Als ganz kleine Kinder hatten sie vieles miterlebt; die materiellen Nöte der Jahre nach 1918 hatten sie vielleicht am ehesten wahrgenommen. Mit ihrem Erleben der politischen Krisen und der Inflation verquickten sich die Einflüsse von Eltern und Lehrern. Sie brachten den jungen Menschen aus ihrer Sicht Traditionen der Jugendkultur aus der Vorkriegszeit, Kriegserfahrungen und Nachkriegserleben nahe. Für viele Heranwachsende kamen bald die Erfahrungen mit Gleichaltrigen hinzu, vor allem mit den älteren Jugendleitern. In der Jugendbewegung mit Wandervögeln und Pfadfindern, Naturfreunden und Jugendherbergsvereinen pflegten Jugendleiter auch in der zweiten Hälfte der zwanziger Jahre die Vorstellungen ihrer

Kindheit und Jugendzeit über das ›Hinaus aus der Masse‹, aus den Großstädten, aus der Politik. Größere Anziehungskraft übten auf die Heranwachsenden die stärker militärisch organisierten Jugendbünde aus und die direkt oder mittelbar an Parteien gebundenen sozialistischen, kommunistischen und nationalistischen Organisationen. In der Wirtschaftskrise ab 1929 gewannen sie zunehmend Mitglieder.

## Wohin wollen? Woher nehmen?

Die Generation der Heranwachsenden schleppte ein schwer entwirrbares Knäuel von Wünschen und Enttäuschungen in das Jahr 1933. Sie zu entwirren, müssen nicht nur die allgemeinen Eindrücke konkretisiert, sondern auch die Mühsale des einzelnen jungen Menschen sichtbar gemacht werden, der an der Unsicherheit seiner Lebensgestaltung litt. Denn es war meist nicht eine selbstbewußte Suche nach Idealen, Gruppenzugehörigkeit und sinnvoller Freizeit, sondern eine Not der Orientierung, auf die die meisten nicht vorbereitet waren. Ende der zwanziger Jahre verließen fast immer noch 90% der Jugendlichen die Volksschule als Vierzehnjährige.[5] (In der Bundesrepublik Deutschland besuchten demgegenüber 1974 von den Fünfzehnjährigen immerhin schon rund 68% allgemeinbildende Schulen.)[5a]

In der verwirrenden Vielfalt der gesellschaftspolitischen Landschaft verfolgte sie bald auch die materielle Not. Der Hunger der Inflationsjahre bis 1923 lag für viele in frühester Kindheit. Die Entbehrungen, die ein Arbeiterkind auch in den stabileren Jahren der Weimarer Republik von 1925/26 bis 1929 zu erdulden hatte, erschienen demgegenüber erträglich. Neue Ängste um den Lebensunterhalt überfielen jung und alt in der Wirtschaftskrise ab 1929/30 (Bild 30).

Wie das Suchen nach Orientierung und die Dürftigkeit der materiellen Lebensbasis viele Jugendliche in den Jahren um 1930 bedrängte, das spiegelt sich in den knappen Aufzeichnungen eines Töpferlehrlings aus einer kleinen Ackerbürgerstadt in Mecklenburg. Weil er niemanden hatte, mit dem er seine Gedankengänge und Zwistigkeiten besprechen konnte, schrieb er sie auf: Er hatte erst mit 15 Jahren eine Lehrstelle in einer Töpferei gefunden und wäre doch so gern Schornsteinfeger oder Fleischer geworden; dabei mögen ebensogut seine Erinnerungen an Kletterlust und -kunst wie an die Hungerjahre der Kinderzeit Pate gestanden haben. Aber die

BILD 30 Lea Grundig: *Wartezimmer* (in der Notverordnungszeit) (1931).

Lehrmeister hielten ihn für ›nicht kräftig genug‹. Was sollte auch schon eine arme Kriegsvollwaise an Reserven mitbringen. Also lief er ein Jahr lang als Bursche eines Kolonialwarenhändlers herum – im Winter mit aufgeplatzten und entzündeten Händen, die er sich beim Herausfischen der Salzheringe und sauren Gurken aus den hohen Holztonnen holte. Und dann begann er, Öfen zu bauen und wurde – ganz wie in alter Zeit – vom Lehrmeister einer kleinen Nachbarstadt in Kost und Logis aufgenommen.

Aus dem Tagebuch über Lehrzeit, Arbeitslosigkeit und Wanderschaft:[6]

»25. 4. 1931:
Vorgestern habe ich mit Henry [dem Freund, d. V.] einen Abendspaziergang gemacht, wir haben uns über die Sozialdemokratie unterhalten. H. tritt ganz für die Partei ein, ich hingegen weiß noch nicht genau, ob sie wirklich das Richtige ist. Hin und wieder neige ich mehr zu K.P.D. über. Der Nationalsozialismus, die N.S.D.A.P., kommt für mich nicht in Frage. Ich lehne nicht das Nationale ab, sondern die ›Bewegungs‹partei [Führer und Gefolgschaft, d. V.]; die Ziele dieser Partei werden dem Arbeiter auch kein besseres Leben ermöglichen.

In diesem Jahre bin ich dem Holzarbeiterverband, dem Jugendherbergsverband und dem Touristenverband der Naturfreunde beigetreten.

29.4.1931:

Morgen findet hier ein Fackelzug statt, zur Einweihung des ersten Mai. Himmelfahrt will ich mit dem T.V. [Naturfreunde, d.V.] nach P., mit zusammen 75 Mann in Lastautos.

Wir haben beschlossen, einen günstigen Platz für eine Schutzhütte zu suchen. Die Hütte soll uns und der anderen wandernden Jugend als Raststätte und Unterschlupf dienen.

30.4.1931:

Bin vom Fackelzug zurück, ist jetzt 10 Uhr. Soviel wie voriges Jahr haben nicht teilgenommen, es flaut in der S.P.D. ab, ist sie nun das Richtige, oder verwirklicht die K.P.D. mehr den sozialistischen Gedanken und die sozialistischen Ideen? Hätte ich doch nur einen festen politischen Standpunkt oder einen Menschen, mit dem ich klar und verständig hierüber reden könnte! ... Die Pflegeeltern [Sektengläubige, d. V.] verstehen mich nicht, meine Schwester aber ist in Berlin, also zu weit fort ...«

Das Rechnen mit den Pfennigen, die Sorge um das Geld, durchziehen das ganze Tagebuch:

»29.4.1931:

Hoffentlich ist morgen gutes Wetter, dann kann ich mit dem Rad zur Schule fahren nach Sch., es sind 42 km von hier. Ich habe nämlich 7,70 RM Schulden, und durch jede Radtour verdiene ich 1,80–2 RM. 1,80 RM kostet nämlich die Bahnfahrt nach Sch., ich bekomme aber meist 2 RM vom Meister. Von zu Hause werd ich eine Zeitlang wohl kein Geld mehr kriegen, denn Papa macht mit den Soldaten ins Lager [als Militärschneider, d. V.], auch gibt er mir darum nicht oft was, weil ich hier [im Nachbarstädtchen, d. V.] in den Vereinen und Verbänden bin.

2.5.1931:

Bin auf der Ziegelei [der Besitzer ist für zwei Wochen verreist, d. V.], damit hier nichts abhanden kommt. Für jede hier verbrachte Nacht bekomme ich 1 RM. Gewöhnlich schläft unser Mieter hier, er ist arbeitslos.

7.5.1931:

In der Schule ... sollen wir Schulgeld mitbringen, 5 RM; es ist 50 Pfennig teurer geworden. Ich habe [zu Hause, d. V.] 1 RM bekommen [Jahrmarktsgeld, d. V.], die benutz ich mit zur Bezahlung meiner Schulden. Morgen abend soll ich auch wieder auf der Ziegelei schlafen. Die anderen 2 RM habe ich noch nicht.

9.5.1931:

Ich kann nicht nach Berlin [Pfingsten, zur Schwester, d. V.], ich bekomme das Geld nicht zusammen, das Rad aber ist entzwei ... Wird's nach Lüneburg auch nichts ... der Haken sitzt nur da: ob ich zu Hause Geld bekomme ... so fahr ich nach N. [8 km entfernt, d.V.] zum S.A.J.-Treffen. Lärm wird's zwar zu Hause geben, aber ...

Auch habe ich das Schulgeld bezahlt, aus meiner eigenen Tasche.

13.7.1931:

Bin auf der Ziegelei, schon seit vorigem Sonnabend, das Geld verwende ich vorläufig für mein Rad, da der Meister nichts mehr daran machen läßt, obgleich ich es als Geschäftsrad benutze.

Zur Gesellenprüfung ... muß ich noch einige Bücher haben, vielleicht besorgt Herr M. [Meister, d.V.] mir die. Ich muß, wenn's Rad fertig ist, auch anfangen zu sparen, da ich mir ... [Handwerks-]Geschirr kaufen muß [für die Gesellen-Arbeit, d.V.].

18.7.1931:

Donnerstag hab ich mein Rad fertig machen lassen ... das Allernotwendigste ... Mittellager, Lenkstange und die beiden Räder ... auch einen frischen Sattel gekauft und eine Luftpumpe ... zusammen 17,40 RM.

13.9.1931:

Letzten Montag hab ich die Schriften für die Gesellenprüfung eingereicht, das Gesellenstück [einen Ofen setzen, d.V.] werd ich in den nächsten 8–14 Tagen machen.

1.10.1931:

Heute habe ich ausgelernt, meine Gesellenprüfung praktisch und theoretisch mit gut bestanden ... Ich bin schleunigst nach Hause gefahren. Die übriggebliebenen 3 RM habe ich Mutti gegeben, da ich ihr versprochen hatte, die vor einiger Zeit geliehenen 3 RM zurückzugeben.

9.10.1931:

Arbeit haben wir augenblicklich noch; 5–6 Wochen wird der Meister mich noch behalten.

Montag, 19.10.1931:

Heute mittag habe ich die letzten 14 RM für die Ziegelei erhalten, 2 RM Lohn von voriger Woche, 3 RM habe ich dazugetan und die 19 RM Rest auf meinen Rahmen bezahlt.

22.10.1931:
Bei meiner 2. Quittungskarte muß ich noch 18 Marken à 0,60 RM also 10,80 RM nachkleben ... bekomme gleich die 3. Karte. Für die 3. muß ich allerdings 1,50 RM kleben.
6.11.1931:
Anfang nächster Woche will ich Invalidenmarken holen. Die Arbeit wird wohl nächste Woche alle sein.«

Junger Arbeitsloser in der Weltwirtschaftskrise:
»26.2.1932:
Ich bin vom 15.11.31 an schon arbeitslos. Aussicht auf Arbeit ist vorläufig überhaupt nicht vorhanden, es werden immer noch Leute entlassen.
Bis Ende April bekomme ich Unterstützung, 8 RM die Woche, 4 RM habe ich für mich davon. Ich will ... sparen, 40 RM ... vorsorgen ... Den Eltern wird es scheinbar über, mich hier unnütz liegen zu sehen. ... Der Hauptgrund für ihr Verhalten ist sicherlich, daß ich nicht ihrer Überzeugung bin und nicht mehr zur Kirche gehe ... die Frage ›Gott‹ ist für mich noch nicht gelöst, trotzdem der Entwicklungsgedanke sehr überzeugend wirkt, wenigstens auf mich. Meine Auffassung des Lebens ist, daß wir zu sehr an äußeren Dingen hängen ... zu oberflächlich werden. Der Mahnruf ›zurück zur Natur‹ erschallt mit Recht ... auch in Dingen des Geistes und der Seele.
10.3.1932:
Sonnabend bin ich zweimal zum Holzholen gewesen ... man hat dann wenigstens Beschäftigung.
Sonntag ... es wurde ein feiner Nachmittag. Die Hütte [der Naturfreunde, d.V.] haben wir soweit draußen fertig ... nun die Innenarbeit ... das Fundament für den Herd stampfen, den Fußboden legen, und dann soll ich den Herd ... aus Mauersteinen aufbauen.
Gestern nachmittag bin ich zum Heimabend der Kinder gewesen ... ½5 Uhr ... Kurz vor 9 Uhr war ich dann auf unserem Heimabend.
Mein Freund Henry hat Dienstag seine Gesellenprüfung mit gut bestanden ... Der Meister hat wohl keine Arbeit für ihn.
Am 13. ist jetzt Reichspräsidentenwahl, ich bin sehr gespannt, wie es wird [HINDENBURG bekam rund 18,7 Millionen Stimmen, HITLER 11,3[7], d.V.]. In politischer Hinsicht bin ich frei, ich gehöre keiner Partei an ... bin gegen Nazi und Kozi, weil sie zu sehr die kriegerische Note betonen ... den kriegerischen Umsturz ... erst

den neuen Staat bilden und dann die Menschen danach formen ... Die Sozis haben es ja auch nicht anders gemacht ... Wenn die Menschen aber nicht auf den neuen Staat warten oder ihn mitaufbauen helfen, kann jede Staatsform nur durch Gewalt gehalten werden. Die große Masse des Volkes muß immer erst erzogen, oder besser, aufgeklärt werden.
13.5.1932:
Ich bin vom 5.4. bis 6.5. bei Töpfermeister B. in Arbeit gewesen. Vorläufig hat er nur noch einen älteren Gesellen, zuerst waren wir drei. Nach Pfingsten [15./16.5.1932, d. V.] kann ich vielleicht wieder anfangen.
19.5.1932:
Am Nachmittag war Hüttenweihe.
24.5.1932:
Heute in 8 Tagen ist meine Arbeitslosenunterstützung zu Ende, ich will dann auf Wanderschaft.«

Auf Wanderschaft im Jahre 1932:
»3. 6. 1932:
Ich sitze augenblicklich in Berlin. Zu Hause sind sie wohl froh, daß sie mich los sind; ich habe noch 4,55 RM; wenn die alle sind, geht das Hausieren los, dann kann man sein Brot fechten ...
7. 6. 1932:
Bin in der Jugendherberge zu Wittenberge [mit Henry F., d.V.]. Morgen wollen wir nach Rathenow. Gegessen habe ich schon, habe aber nichts mehr für morgen. Ich müßte mir eigentlich noch eine Wolldecke kaufen.
9. 6. 1932:
Gestern sind wir von W. bis Havelberg gefahren ... rd. 50 km. Jetzt sind wir in Bug ... rd. 80 km. Diese Woche geht nun das Klopfen schon los.
10. 6. 1932:
Wir sind in Bernburg angelangt, es liegt 70 km von Bug. Gegen 12 Uhr waren wir in Magdeburg. Wir sind dort zur EDA [Einkaufsgenossenschaft, d.V.] gegangen; Henry hat Tee, Maggiwürfel, einen Kochtopf und einen Kuchen gekauft, das sind 3 mal 25 Pfg., einmal 50 Pfg., dazu einmal Mittagessen = 25 Pfg. = 75 + 25 + 50 = 1,50 RM.
Ich habe einen 2-Pfd.-Eimer Marmelade gekauft, kostet eine RM und einmal Mittagessen = 25 Pfg., macht 1,25 RM. Als ich das Mittagessen aufhatte, wurde mir ganz schwarz im Kopf, und meine Gedanken waren, nur nicht krank werden, nur nicht hier

umfallen. Die Leute sah ich wie durch einen dichten Nebel.... Als ich aber ein paar Minuten draußen war, wurde es besser. Morgen wollen wir nun nach Halle ...

12. 6. 1932:

Ich bin jetzt in der Jugendherberge in Weimar ... Willi G. [Verwandter der Stief- und Pflegemutter, d.V.] habe ich aufgesucht, er will zusehen, ob er nicht eine Stelle für mich über Land bei einem Bauern finden kann.

Hoffentlich ... besser als das Herumvagabundieren ... da ich kein Geld mehr habe ... Mittwoch sind wir weitergefahren nach Saalfeld ... Von Weimar haben wir beide viel gesehen.

16. 6. 1932:

Wir sind jetzt bei den ersten Häusern von Koburg. Donnerstag wollten wir von Saalfeld nach K. fahren, sind aber ... in dem Dorf Oeslau steckengeblieben. Wir hatten kein Geld für die Jugendherberge ... haben bei dem 2. Bürgermeister übernachtet [also als Obdachlose, d.V.]. Heute morgen waren wir gegen 8 Uhr in K., haben uns erst ausgeruht und haben gegessen. Danach habe ich sämtliche Meister aufgesucht, aber keine Arbeit und auch keinen Pfennig Unterstützung bekommen.

Heute habe ich nur 43 km gemacht.

Über Nacht werde ich wohl draußen schlafen müssen. Die Uhr ist gleich 10, zum Obdachlosmelden viel zu spät.«

Das Tagebuch ist bis zum Rande vollgeschrieben, selbst auf den Innenseiten der Deckel. Offenbar gab es kein Geld, um ein neues zu kaufen. Auf dem Rückblatt sind nur noch die Stationen der Allein-Wanderschaft und der vergeblichen Arbeitssuche verzeichnet: In Krefeld, Kleve, Samtau, den Unter-Rhein entlang, auch in Westfalen, der Lüneburger Heide und im Münsterland gab es keinen Arbeitsplatz für den Gesellen, der damals 19 Jahre alt war.

Die geistige und materielle Not spricht aus jedem Blatt dieses Tagebuches. Aber durchgehend zeichnet sich das Bestreben ab, die Widersprüche, Verletzungen und Willkürlichkeiten in Arbeits-, Familien- und Freundesbeziehungen vor sich selbst zu verdecken, sie großzügig zu überbrücken, zumindest gedanklich soweit zu bearbeiten, daß sich der Betroffene als Betrachter fühlen konnte. In der Ferne schimmert ihm eine diffuse Vorstellung von einer besseren Welt, die mit der Aufklärung der Menschen und dem Wollen der »Masse des Volkes« verbunden ist. Dazwischen drängen sich Darwinsche Entwicklungsgedanken, wie sie im Bildungsgut der SPD und der Arbeiterbewegung aus dem 19. Jahrhundert tradiert wurden, und philosophische Sätze vom naturhaften, nicht nur materiell verstandenen, Leben, die den unterschwelligen, ebenfalls aus dem 19. Jahrhundert herwirkenden, und in der NS-Propaganda härter formulierten Zeitströmungen nahekommen: Die Industriefeindlichkeit, von der auch die Literatur und Lyrik, auch das Denken und Streben vieler Reformer und Jugendbewegter durchzogen ist. Aber der junge Mann hat offenbar eine zunehmend deutlicher werdende Vorstellung von einer sozialistischen Gesellschaft, an deren Aufbau alle Menschen in persönlicher Teilnahme und Verantwortung zusammenarbeiten müßten; das läßt ihn immun bleiben gegenüber den Verführungen und Kulten, die in der Anbetung von Idolen, von großen Männern und schließlich des ›Führers‹ enden. – Bald sollte er die Zeit der Menschenverachtung und der Quälereien an Andersdenkenden und Andersseienden durch NS-Henker und -Mitläufer heraufkommen sehen. Gleich ihm gab es viele, die vereinzelt, in die Isolierung getrieben wurden, die erschreckt und ablehnend, aber schweigsam beobachteten, was um sie herum geschah.

## Die Halluzination

Als seien die Menschen von Untergangsängsten hochgepeitscht, als liefen sie wie Somnambule irgendwelchen Magiern nach, begannen sie, sich mit Symbolen zu behängen, trugen Runen und Hakenkreuze und zeigten politische Emotionen, an denen sogar alte Freundschaften zerbrachen. Es war, als könnten oder wollten sie nicht die zeitbedingten Bedrückungen objektiv anschauen und sie abzuwägen versuchen.

Unter dem Druck der Massenarmut eines Sechs-Millionen-Arbeitslosenheeres, der Wirtschaftsengpässe und wirtschaftlichen Zusammenbrüche fragten sie nicht nach gesellschaftlichen oder gar weltwirtschaftlichen Ursachen. Entsetzt von der Erinnerung an die Inflationsjahre und verunsichert vom zunehmend fanatisch und terroristisch erscheinenden Alltag der Weimarer Republik flüchteten sie sich in eine letzte Halluzination von dem Erretter und Befreier aus Not und Chaos, den sie mit verzweifelnder Hoffnung erwarteten und heraufbeschworen. Selbst religiös Gesinnte sangen: »Herr Gott, den Führer sende, der wendet unsere Not!«[8]

Diesem gesellschaftlichen Boden verdankte die NSDAP ihre Erfolge (Bild 31).

Die ersten Gruppen der späteren Hitlerjugend, 1926 im Raum Plauen von einem Jurastudenten gegründet, kamen aus proleta-

BILD 31 Unbekannte Schülerarbeit: *Der Hitler kommt* (1931/32).

rischem Milieu und wurden von Arbeiterjungen geführt. Diese Gruppen traten selbstbewußt und herausfordernd auf, während sich die Mitglieder des in Hamburg gegründeten NS-Schülerbundes zunächst unauffälliger verhielten und mehr oder weniger tarnten. Das dritte Organisationszentrum, in dem der Student Baldur VON SCHIRACH seine erste politische Rolle spielte, war das des NS-Studentenbundes in München.

Diese drei NS-Jugendorganisationen entwickelten sich zunächst eigenständig und unabhängig von der Partei aus der Initiative der Jugendlichen. Doch parteilicher Ehrgeiz und Führer-Enthusiasmus der jungen Nationalsozialisten führten bald dazu, daß die Hitlerjugend zu einer Unterformation der SA gemacht wurde. Als Baldur VON SCHIRACH im Oktober 1931 zum Reichsjugendführer der NSDAP im Stabe der Obersten SA-Führung ernannt wurde, standen seine Zielvorstellungen bereits fest: ein strategisches Konzept, nach dem alle deutschen Jungen und Mädchen in einer einzigen

Jugendorganisation zusammengefaßt und im Sinne des Nationalsozialismus geformt werden sollten. Doch in welchen Massen ihm die deutsche Jugend kaum eineinviertel Jahre später zuströmen sollte, das kam selbst für ihn völlig überraschend.

Am 30. Januar 1933, als Hitler zum Reichskanzler ernannt worden war, hatte ein Rauschzustand offenbar nicht nur die Mitglieder der NSDAP, sondern auch große Teile der Bevölkerung ergriffen. So berichtet VON SCHIRACH über die ersten Februartage des Jahres 1933:

> »Aus allen Teilen Deutschlands wurde mir gemeldet, daß Tausende und aber Tausende von Jungen und Mädchen sich vor den Geschäftsstellen drängten ... Geschlossene Jugendgruppen von Wehrverbänden und Vereinen strömten in die HJ, vor allem aber unorganisierte Jugendliche, die nie zuvor einer Jugendgruppe angehört hatten. Bis dahin hatten ihre Eltern es ihnen verboten. Nun war die NSDAP an der Macht, und die Eltern stellten sich um.«[9]

Die überlieferten Mitgliederzahlen bestätigen diesen Bericht. Während die HJ im Jahre 1932 mit etwa 40000 Jugendlichen rechnen konnte, gehörten ihr im Januar 1933 bereits rund 108000 an. Diese Zahl schwoll dann bis zum März 1933 auf über eine Million an.[10] Ende 1934 war sie auf weit über dreieinhalb Millionen angewachsen: Annähernd 50% der Zehn- bis Achtzehnjährigen waren also in der Jugendorganisation der NSDAP eingeschrieben.[11]

Noch Anfang 1933 hatten sich viele von den recht bescheidenen Zahlen über das Ausmaß des faschistischen Anhangs bei Jugendlichen hinwegtäuschen lassen: Die 108000 HJ-Mitglieder vom Januar 1933 hatten nur 10% der organisierten Jugend ausgemacht. Sie bildeten eine Minderheit im Vergleich zu den Anhängern der anderen parteigebundenen Jugendorganisationen: Die bei KPD und SPD Eingeschriebenen zählten über 800000, die Jugendorganisation der Zentrumspartei 35000, die der rechtsstehenden Parteien zusammen mehr als 250000.[12] Es ist nicht bekannt, wie viele von ihnen schon im Februar und März – während des ersten Terrors und der beginnenden Aufmärsche – zu der HJ übergingen.

Die breite Hinwendung zu NSDAP und HJ in der Jugend wie auch in der Elterngeneration drängte den Eindruck auf, als habe die Erwartungshaltung der älteren und jungen Menschen in der »braunen Revolution« tatsächlich ihre Erfüllung gefunden, als sei HITLER so etwas wie ein »Messias der Deutschen« geworden.[13]

> »Er war der Mann ..., den wir selbst durch maßlose Verherrli-

> chung zum Herrn unseres Schicksals gemacht haben ... ein kollektives Verhängnis ...«,

schrieb in seinem späten Bekenntnisbuch Baldur VON SCHIRACH, der ehemalige Reichsjugendführer, der – nach seinen eigenen Worten – inbrünstig an der Entstehung des Führermythos mitgewirkt hatte.

> »Die deutsche Katastrophe wurde nicht allein durch das bewirkt, was Hitler aus uns gemacht hat, sondern [auch] durch das, was wir aus ihm gemacht haben. ... Diese grenzenlose, fast religiöse Verehrung ... hat in Hitler selbst den Glauben gefestigt, daß er mit der Vorsehung im Bunde sei.«[14]

Weil allzu viele, für die Gott und Kaiser und Vater sozusagen ein einheitliches Lebensziel dargestellt hatten, in der Weimarer Republik nichts Anbetungswürdiges, keinen Anreiz zur Identifikation, keine Autorität, sondern nur einen ohnmächtig wirkenden, an Nachkriegsfolgen leidenden Staat sahen, den sie durchweg ablehnten, gaben sie sich nun einer Art orgiastischer Verzückung und Gefühlsüberschwemmung hin. Fanfarentöne von Massenveranstaltungen und donnernde Schlagworte der NS-Redner mit ihren Versprechungen, Drohungen und Beschwörungen lösten eine Stimmung aus, als bräche ein magisches Gedröhn aus einem Zauberberg hervor.

Wenn sich schon die Erwachsenen diesen Gefühlseruptionen nicht entziehen konnten, wer sollte die jungen Menschen, die Kinder schützen vor der Verführungskraft, vor der emotional gerichteten Flut der propagandistisch berechneten NS-Symbole, die so unmittelbar hinreißend die Begeisterungsfähigkeit ansprachen: die Fahnen über ihren Köpfen, die Lieder, die Zeremonien und rituellen Umzüge, Massenfeierstunden und anderen Großveranstaltungen, von denen schon das Jahr 1933 voll war. Uniformen verstärkten zudem die Vorstellung, daß sich soziale Unterschiede in Zukunft verwischen würden. Der rasche Ausbau der Hitlerjugend mit ihren vielfältigen Aktivitäten und sozialen Großaktionen, z.B. Spendensammlungen für Bedürftige, die Winterhilfe, schienen der Jugend einen weiten Raum für neue Erlebnisformen, für solidarische Betätigung und Verantwortung, für die Gestaltung und Führung jugendeigenen Lebens zu eröffnen.

Verheißungsvolle Ansprachen an die Jugend, in Verbindung mit einer äußerst geschickten Regie vermochten selbst Mitgliedern fest gebundener und konfessionell fundierter Jugendorganisationen ihre Vorbehalte zu nehmen, wie schon zu Beginn der staatlich sanktionierten HJ-Bewegung den Geschwistern SCHOLL, die einer

BILD 32
Unbekannt:
*Du bist nichts, dein Volk ist alles*
(nach 1939).

katholischen Jugendgruppe angehörten. So berichtete Inge SCHOLL in dem Buch über ihre Geschwister und die ›Weiße Rose‹, die studentische Widerstandsgruppe an der Universität München während des Krieges:

> »... was uns mit geheimnisvoller Macht anzog und mitriß, das waren die kompakten marschierenden Kolonnen der Jugend [1933, d. V.] mit ihren wehenden Fahnen, den vorwärts gerichteten Augen und dem Trommelschlag und Gesang.«[15]

Hier scheinen die Aktionen der NS-Bewegung die entscheidende Wirkung ausgeübt zu haben, die vielen Reden dem kultischen Ritual untergeordnet gewesen zu sein. Eine Mitwirkung kam ihnen aber gewiß zu.

Mit einiger Mühe überschauen wir heute die zahlreichen Äußerungen HITLERS über Jugend und Erziehungsziele in seinem Bekenntnisbuch von 1924 »Mein Kampf«, in seinen vielen Reden, die Max DOMARUS für die Zeit von 1932 bis 1945 zusammengestellt hat, und in seinen »Tischgesprächen« von 1941/42 – Monologe, die Henry

PICKER bearbeitet hat. Wohl niemals zuvor ist die deutsche Jugend stärker mit einer solchen Fülle verbaler Erziehungsanweisungen überhäuft worden, wurden ihr so gezielt und umfassend in immer neuen Abwandlungen die Intentionen ihrer Beherrscher eingehämmert. Auf welche Weise mögen sich im Erleben der vielen einzelnen die Worte mit den festlichen Ritualen zu neuen Wünschen und Hoffnungen verquickt haben? Ihre Wirkung verfehlt haben aber bestimmt nicht drei Erziehungsmomente, die von HITLER und seinen Jugendführern ungezählt oft in neuen emphatischen Wendungen vorgetragen wurden: Der rassisch reine, gesunde Körper wurde zum Wert an sich erklärt; die körperliche Schulung sollte unbedingt gegenüber intellektuellen und wissenschaftlichen Ansprüchen bevorzugt werden; schließlich galt als allein beherrschendes Ideal der Einsatz für die Volksgemeinschaft unter der Oberherrschaft des Führers (Bilder 32, 33).

Schon 1924 forderte Hitler, die

> »gesamte Erziehungsarbeit in erster Linie nicht auf das Einpumpen bloßen Wissens einzustellen, sondern auf das Heranzüchten kerngesunder Körper. Erst in zweiter Linie kommt die ... Entwicklung des Charakters, besonders die Förderung der Willens- und Entschlußkraft, verbunden mit der Erziehung zur Verantwortungsfreudigkeit, und erst als letztes die wissenschaftliche Schulung.«[16]

Damals war also schon die Formel von 1935 vorbereitet: Der deutsche Junge müsse sein flink wie Windhunde, zäh wie Leder und hart wie Kruppstahl.[17] Die Jugendlichen sprach HITLER auf dem Nürnberger Reichsparteitag 1934 persönlich an: »Ihr müßt lernen, hart zu sein, Entbehrungen auf Euch zu nehmen, ohne jemals zusammenzubrechen.« Denn es gehe um des Volkes und Deutschlands Ehre:

> »Alles was wir vom Deutschland der Zukunft fordern, das, Jungen und Mädchen, verlangen wir von Euch. ... wenn von uns nichts mehr übrig sein wird, dann werdet Ihr die Fahne, die wir einst aus dem Nichts hochgezogen haben, in Euren Fäusten halten müssen ...«[18]

Auf dem Reichsparteitag 1936 sang eine Massenformation von 50000 Jungen und Mädchen im Aufmarsch ein kühnes Lied auf die Volksgemeinschaft:

> »Wir sind nicht Bürger, Bauern, Arbeitsmann,
> haut die Schranken doch zusammen, Kameraden,
> uns weht nur eine Fahne voran,
> die Fahne der jungen Soldaten.

BILD 33 Unbekannt: *Kind in SA-Uniform* (Kreisjugendtag in Potsdam am 1. 10. 1934).

Vor uns marschieren mit sturmzerfetzten Fahnen
die toten Helden der Nation,
und über uns die Heldenahnen.
Deutschland, Vaterland, wir kommen schon.«[19]

Die, die das sangen, kannten den Ersten Weltkrieg mit seinem Elend und seiner Not nicht, viele von ihnen hatten in ihrer Kinderzeit viel Widersprüchliches über das Vaterland und die Klassenschranken, vielleicht auch über den Klassenkampf gehört. Jetzt schmolzen

Fragen und Probleme für sie in einer Zukunftsaussicht zusammen, die sie zu neuen Helden zu machen versprach.
In dem Kult der Volksgemeinschaft und des Führers konnten sich Heranwachsende, denen danach zumute war, zugleich von ihrer Familie distanzieren, den Führer als Vaterersatz wählen. In diesem Sinne wurde der 20. April, Hitlers Geburtstag, inszeniert. Jeweils zum 20. April klang über alle deutschen Sender der pflichtgemäße Liebes- und Treueschwur der Pimpfe und Jungmädel. Auf den einheitlich vorprogrammierten Heimabenden wurde, bevor das »große, einmalige Leben unseres Führers« obligatorisch zum Vortrag kam, feierlich das Bekenntnisgebet gesprochen:

»Wir hörten oftmals Deiner Stimme Klang
und lauschten stumm und falteten die Hände,
da jedes Wort in unsere Seele drang.
...
Mein Führer, Du allein bist Weg und Ziel!«[20]

Die starken emotionalen Wirkungen, gleichsam Halluzinationen, sind nicht unabhängig von materiellen Bedingungen eingetreten. Hätte das tägliche Leben ganz und gar gegen die Verheißungen gesprochen, dann wäre sicher ihre Verführungskraft nicht so furchtbar gewesen.
Im Rückblick auf die Anfangsjahre des Dritten Reichs fällt die Frage von Arbeit und Brot besonders ins Gewicht. Millionen Kinder erlebten in den Jahren 1933, 1934, 1935 und 1936, daß ihre Väter nach und nach wieder Arbeit und Brot fanden. Selbstverständlich ist der Abbau der Arbeitslosigkeit nicht eine Leistung allein des nationalsozialistischen Deutschlands gewesen. Historiker wie D. SCHOENBAUM und noch sehr viel entschiedener T. MASON betonen, wie wenig diejenigen, die die Arbeit wieder aufnahmen, auf ihre früheren Rechte als Lohnabhängige zurückgreifen konnten, wie rücksichtslos sie mit Löhnen abgefunden wurden, die über das niedrige Niveau des Jahres 1933 wenig hinausgingen.[21]
Die Erlösung vom Übel der Arbeitslosigkeit bildete dennoch einen ausschlaggebenden Faktor für die realitätsblinde Eingeschworenheit auf den Führer. Auf viele Kinder aus den verelendeten Bevölkerungsschichten muß sich der materielle Aufstieg – ganz zu schweigen von dem damit verbundenen sozialen Ansehen – wie die Offenbarung eines besseren Lebens ausgenommen haben. Sie besaßen keine Erinnerung an stabilere wirtschaftliche Zeiten, hatten, solange sie denken konnten, unter Hunger, Entbehrung und Wohnelend gelitten und erlebten nun die große Veränderung:

Zuerst einmal konnten sie sich satt essen, jede Woche brachte der Vater einen Arbeitslohn nach Hause, die Mutter hatte regelmäßig ihr Wirtschaftsgeld, sie konnte jeden Tag ein Essen kochen, und die Kinder konnten etwas lernen.

In gegenwärtigen Erinnerungen der damaligen Heranwachsenden sind die einzelnen Motive der Zustimmung – Ursachen der Verführung – nicht mehr voneinander zu trennen. Materiellen Aufstieg und Jugendleben in der Organisation nehmen noch heute viele ausschließlich in den für sie vorteilhaften Aspekten wahr. Viele Leser wird ein Bericht wie der folgende durchaus an Bekanntes erinnern:

> »Zum ersten Mal in meinem Leben bekam ich einen neuen Anzug gekauft, eine Hose, ein Oberhemd, ein Käppi und sogar einen Schlips [die Jungvolk-Uniform, welche die Jungen bald Tag für Tag trugen, d. V.]; zum ersten Male wurde ich als ein Mensch angesprochen, aus dem etwas werden würde. Wir waren neun Kinder zu Hause, und ich war der erste unter uns Jungen, der einen Beruf erlernte, und ich bin Hitler heute noch dankbar für das, was er für uns Kinder getan hat. Das habe ich nicht vergessen. Sicher ist damals viel Böses geschehen, aber davon wußte ich nichts. Das habe ich erst nach dem Kriege erfahren, z. B., daß es die Konzentrationslager gab. Natürlich wußte ich schon, daß Leute unzufrieden waren, auch die Jungen, die gegen den Drill in der Hitlerjugend waren und lieber unter sich in kleinen Gruppen ihre Abende oder ihre Sonntagsfreizeit mit Musik und fröhlichen Liedern oder so verbrachten. Aber das fand ich ziemlich harmlos, obgleich es wohl verboten war. Nur die ›Rote Qualle‹, die war, glaub ich, mehr politisch. Aber ich war ja erst zehn Jahre alt, als ich 1937 mit all den andern [Zehnjährigen, d. V.] zusammen in das Jungvolk [in Hamburg, d. V.] aufgenommen wurde; und ich war begeistert von dem Gruppenleben. Mit 17 Jahren meldete ich mich dann als Flakhelfer, und als der Krieg zu Ende ging, wurde ich im Mai gerade 18 Jahre alt.«[22]

Die junge deutsche Generation lebte unter dem NS-Regime in einem Feld extremer Widersprüche. Einerseits wurde sie in Worten und Reden hochgelobt und heroisiert und konnte in Elternhaus und Schule, ja sogar am Arbeitsplatz mehr Rechte fordern als früher – zumindest in den Friedensjahren des Dritten Reiches. Andererseits hatte sie befehlsunterwürfig in absolutem Gehorsam die ansteigenden körperlichen und organisatorischen Leistungen, die man ihr abverlangte, widerspruchslos zu erfüllen.

Für die Reichsjugendführung waren Demonstrationen und Aktionen, das Erwecken spontaner Begeisterung, nur Mittel zum Zweck, so schnell es ging, möglichst viele Jungen und Mädchen in die Hitlerjugend hineinzubringen. Nach dem Willen VON SCHIRACHS sollte aus ihr ein Machtfaktor des NS-Staates, aus einer Parteijugend die Staatsjugendbewegung werden, die alle Lebensbereiche erfaßte und dirigistisch lenkte.
Nach seiner offiziellen Ernennung zum Jugendführer des Deutschen Reiches im Juni 1933, nach der Auflösung des Großdeutschen Bundes, der Dachorganisation der Bündischen Jugend, und dem geschlossenen Übertritt der Wehrjugendverbände (Jung-Stahlhelm, Scharnhorst-Bund) in die HJ erzwang VON SCHIRACH noch im gleichen Jahr den Anschluß der evangelischen Jugendgruppen. Die kommunistischen und sozialistischen Jugendorganisationen waren schon im Februar bzw. Juli 1933, zugleich mit der Verfolgung von KPD und SPD, als jugendpolitische Konkurrenten aus dem Felde geräumt worden. Die katholischen Organisationen, durch das Reichskonkordat vom Juli 1933 geschützt, wurden erst 1938 verboten, jedoch schon lange vorher in ihrer Jugendarbeit hart eingeschränkt: In Preußen, das fast zwei Drittel des Deutschen Reiches ausmachte, verbot im Juli 1935 der Chef der Geheimen Staatspolizei allen konfessionellen Jugendverbänden »jede Betätigung, die nicht rein kirchlich-religiöser Art ist, insbesondere eine solche politischer, sportlicher und volkssportlicher Art«.[23] Nur der Hitlerjugend blieben Zeltlager und Fahrt, Geländespiele, Sport und Kleinkaliberschießen, Uniformen, Wimpel und Fahnen vorbehalten; sogar Schulterriemen und Fahrtenmesser durften von Jungen in konfessionellen Gruppen nicht getragen werden. Wer an diesen Dingen Freude hatte, mußte das Braunhemd anziehen oder auf entsprechende Jugendspiele und Erlebnisse verzichten.[24]
Die nachträgliche gesetzliche Grundlage dafür bot das Reichsgesetz über die Hitlerjugend vom Dezember 1936.[25] Es bestimmte in § 1 eine organisatorische Gleichschaltung:

> »Die gesamte deutsche Jugend innerhalb des Reichsgebietes ist in der Hitlerjugend zusammengefaßt.«

Die Hitlerjugend wurde im folgenden Paragraphen zur gleichberechtigten und gleichgewichtigen Erziehungsinstanz neben Elternhaus und Schule erhoben; zugleich wurde diesen durch Gesetz das nationalsozialistische Erziehungsziel aufgezwungen:

> »Die gesamte deutsche Jugend ist außer in Elternhaus und Schule

BILD 34 Unbekannt: *Auch Du gehörst dem Führer* (Plakat; 1936).

in der Hitlerjugend körperlich, geistig und sittlich im Geiste des Nationalsozialismus zum Dienst am Volk und zur Volksgemeinschaft zu erziehen.«

Die Unterdrückung aller übrigen Jugendorganisationen einerseits und das für viele anziehende Angebot der HJ andererseits ließ ihre Mitgliederzahlen stetig ansteigen: 1939 zählte sie 8 Millionen

Mitglieder, das waren mehr als 90% der Zehn- bis Achtzehnjährigen.[26] Dem Alter und dem Geschlecht nach waren organisiert: in dem Deutschen Jungvolk die zehn- bis vierzehnjährigen Jungen, die Pimpfe, in der Hitlerjugend die Jungen im Alter von vierzehn bis achtzehn, bei den Deutschen Jungmädeln die zehn- bis vierzehnjährigen Mädchen und im Bund deutscher Mädel (Bild 34) die vierzehn- bis achtzehnjährigen.

Das Verbot, sich außerhalb der NS-Bewegung zu Spiel und Sport, wohltätigen Zwecken oder gar politisch zu organisieren, wog für eine Reihe von Heranwachsenden um so mehr, als eine wachsende Zahl von Pimpfen und HJ-Jungen nationalsozialistische Lehrer unterstützte. Im Juni 1934 hatten sich der Reichsjugendführer und der preußische Reichsminister für Wissenschaft, Erziehung und Volksbildung in einer Verordnung auf eine bemerkenswerte Privilegierung nationalsozialistischer Schüler geeinigt. Der Verordnungstext läßt die Bedeutung unschwer erkennen:

> »Für die Erziehungsarbeit der Reichsjugendführung (H.J.-Bewegung) wird den ihr unterstellten Schülern der Sonnabend als schulfreier Tag eingeräumt (Staatsjugendtag). Daneben steht der Reichsjugendführung (H.J.-Bewegung) der Mittwochabend als Heimabend zur Verfügung, der von der Reichsjugendführung zentral gestaltet wird.«

Abschließend hieß es, daß für die beruflich tätigen HJ-Mitglieder bis zum vollendeten 18. Lebensjahr dieselbe Regelung angestrebt werde.[27]

Widerstand gegen den Totalitätsanspruch der Reichsjugenderzieher und ihre pädagogischen wie politischen Repressionen regte sich von 1933 bis 1945. Der Widerstand Heranwachsender, oftmals auch von Jugendführern, äußerte sich in unterschiedlichsten Formen und Methoden: von politischer Opposition, ethisch-humanitärem Protest (u.a. gegen die Euthanasie) bis zu demonstrativer Unlust bei starr disziplinierten HJ-Abenden und im Krieg in rebellischen Sprechchören gegen HJ-Führer, wie: Dem Ritter fuhr ein Schlag ins Gesicht und der Spaten zwischen die Rippen.[28]

Sogar innerhalb der NSDAP gab es solche, die sich gegen das skrupellose Vorgehen VON SCHIRACHS zur Wehr setzten, um indes auch die eigenen Kompetenzen zu verteidigen. Besonders Gruppierungen, die den Begriff sozialistisch im Parteinamen ernst nehmen wollten, wehrten sich gegen totalitäre Erziehungsziele der Reichsjugendführung. NS-Jugendgruppen suchten sich dem Zwangszugriff zu entziehen und sich der Arbeitsfront, der Reichssportleitung, dem Luftschutzbund oder sogar der SS zu unterstellen, um der Einheitsführung zu entgehen.

VON SCHIRACH bekämpfte protestierende Rivalen auch mit Hilfe seiner besseren Beziehungen zu HITLER. Als Instrument der Überwachung galt der HJ-Streifendienst mit Beobachten, Aufgreifen und Denunzieren illegal tätiger oder auch nur frei wandernder Jugendgruppen oder einzelner Jugendlicher. Häufige Methoden der Mimikry gegenüber Spitzeln waren bekannt. Neue Lieder und abgewandelte historische Texte des Protestes und der Herausforderung wurden seit 1933 gesungen; nach Ausbruch des Krieges erschienen sie sogar in illegalen Druckschriften wie 1941 in dem »Neuen Soldatenliederbuch«; darin war u.a. auch das »Reiterlied« von Herwegh zeitbezogen abgewandelt:

> »Ihr Lieben, ach es ist so schwer, für Görings Bauch und Hitlers Ehr' zu sterben ... Dreht die Kanonen um und haut das Hitlerreich in Scherben!«[29]

Nach dem Hitlerjugendgesetz von 1936 konnte jeder Widerstand gegen die Reichsjugendführung, die den Status einer Reichsbehörde erhalten hatte, als Hochverrat ausgelegt werden. Aber die Brutalität der SS bei den Verhören in den Kellern der Gestapo erlebten deutsche Jugendführer schon vor 1936. Als eine der ersten Oppositionsgruppen wurde der Rote Stoßtrupp, eine Gruppe sozialistischer und kommunistischer Studenten und Jungarbeiter, in Berlin entdeckt. Wie viele von denen, die im August 1934 zu langjähriger Zwangsarbeit verurteilt wurden, in den sogenannten Arbeitslagern und Konzentrationslagern umkamen, scheint nicht bekannt zu sein. Der Widerstand Jugendlicher ging mit dem Erwachsener in der Kriegszeit oftmals Hand in Hand.

Die überwiegende Zahl der jugendlichen Hitler-Oppositionellen, die zwischen 1933 und 1945 hingerichtet wurden, waren Sozialdemokraten oder Kommunisten oder Mitglieder von deren früheren Jugendorganisationen: Im Zuchthaus Brandenburg wurden in den Jahren 1940–45 aus politischen Gründen 1807 Insassen hingerichtet. Siebzehn von ihnen waren unter zwanzig Jahre alt, zweiundzwanzig waren Schüler und Studenten; einer hatte gerade das Alter von sechzehn Jahren erreicht.[30] Aber wer kennt Namen von jugendlichen Widerständlern?

Mit einigem Stolz wird auf die Gruppe der ›Weißen Rose‹ um die Geschwister SCHOLL in München verwiesen, wenn von jugendlichem Widerstand die Rede ist. In der Münchener Universität war tagelang die Parole »Nieder mit Hitler!« zu lesen. Im Frühjahr und Sommer 1942 verstärkte die studentische Widerstandsgruppe ihre

Briefkastenwurfsendungen. Öffentliche Aufmerksamkeit erregte ihr »Appell an alle Deutschen« vom Februar 1943:

»Mit mathematischer Sicherheit führt Hitler das deutsche Volk in den Abgrund. Hitler kann den Krieg nicht gewinnen, nur noch verlängern! ... Was aber tut das deutsche Volk? Es sieht nicht und es hört nicht. Blindlings folgt es seinen Verführern ins Verderben. ... Ich kämpfe bis zum letzten Mann, sagt Hitler, – indes ist der Krieg bereits verloren.

Deutsche! Wollt Ihr und Eure Kinder dasselbe Schicksal erleiden, das den Juden widerfahren ist? Wollt Ihr mit dem gleichen Maß gemessen werden wie Eure Verführer? Sollen wir auf ewig das von aller Welt gehaßte und ausgestoßene Volk sein? Nein! Darum trennt Euch von dem nationalsozialistischen Untermenschentum! ... Entscheidet Euch, ehe es zu spät ist! ...

Glaubt nicht der nationalsozialistischen Propaganda, die Euch den Bolschewistenschreck in die Glieder gejagt hat! Glaubt nicht, daß Deutschlands Heil mit dem Sieg des Nationalsozialismus auf Gedeih und Verderben verbunden sei ... Unterstützt die Widerstandsbewegung. ... !«[31]

Doch vergessen wir zweierlei nicht angesichts dieser mutigen Worte; zum einen: Alle Eindringlichkeit der Aufklärungsaktionen und der Aufrufe, selbst der Tod der jungen Menschen, vermochten nicht, die verblendete Einstellung der Mehrheit der deutschen Bevölkerung zu ändern. Zum andern: Bei den studentischen Widerstandskämpfern, die auch erst spät zu ihrer Überzeugung gelangt waren, handelte es sich um wenige junge Erwachsene und nicht um die vielen, die schon als Vierzehnjährige in die Berufswelt entlassen wurden und die der täglichen faschistischen Praxis mit sehr viel weniger angelernten Distanzierungsmöglichkeiten entgegentreten konnten. Jugendliche Widerständler aus einfachen Verhältnissen, mit viel weniger Ausbildungsgelegenheiten, verfügten kaum über die beeindruckenden Äußerungsmöglichkeiten der SCHOLLS.

## Kriegsdienst

Das Hitlerjugend-Gesetz von 1936 hatte die Erziehung »zum Dienst am Volk und zur Volksgemeinschaft« festgeschrieben. Aus dem »Dienst« sollte bald die totale Indienstnahme für die Zwecke des NS-Regimes werden – nicht nur die Pflicht, sondern auch der Zwang zum Dienst – bis zur Hingabe des Lebens.

Ausführungsverordnungen zum Hitlerjugend-Gesetz brachten eine durchgreifende Handhabung, so die Jugenddienstverordnung vom März 1939, die Gesundheitsdienstverordnung vom Mai 1939 zur Erfassung der Wehrpflichtigen und die Dienststrafordnung der HJ vom März 1940. Bald nach dem Beginn der verstärkten Aufrüstung (nach der Einführung der allgemeinen Wehrpflicht 1935) wurde auch die Hitlerjugend in die Kriegsvorbereitungen einbezogen. Neben den zahlreichen Wehrertüchtigungslagern wurden ab 1936/37 spezifische Sondereinheiten aufgebaut wie Kraftfahrerkorps-, Marine-, Motor-, Flakhelfer- und Flieger-Formationen, die später direkt in die Wehrmacht überführt werden konnten.[32]

1940 wurden die ersten Jugendlichen kriegsverpflichtet. Der Propagandaminister, GOEBBELS, verbot den Gebrauch von Heroen- und Zukunftsparolen für die Jugend: »Die Jugend steht nicht an der Front, sie muß sich den Lorbeer erst verdienen.«[33] 1940 hieß es zu HITLERs Geburtstag bei der Übernahme der Zehnjährigen:

> »Ab heute seid Ihr die jüngsten Kämpfer des Führers und legt Euer Dasein in seine Hände. Eure Mütter aber bringen ihm in Euch das schönste Geburtstagsgeschenk.«[34]

Eine wirkungsvollere und entsetzlichere Manipulation der Heranwachsenden hatte es in Deutschland noch nicht gegeben. Doch allzu viele von ihnen und den Erwachsenen rebellierten nicht gegen die Planung des Führers, die er für den Lebensweg der jungen Generation parat hatte: »Diese Jugend, die lernt ja nichts anderes als deutsch denken, deutsch handeln.« Als Zehnjährige sollen Jungen und Mädchen in die NS-Organisationen,

> »vier Jahre später vom Jungvolk in die Hitlerjugend und dort behalten wir sie wieder vier Jahre, und geben wir sie erst recht nicht zurück in die Hände unserer alten Klassen- und Standeserzeuger, sondern dann nehmen wir sie sofort in die Partei oder in die Arbeitsfront, in die SA oder in die SS, in das NSKK [Abkürzung für NS-Kraftfahrerkorps, d. V.] und so weiter. ... Und was dann nach sechs oder sieben Monaten [gemeint ist: Arbeitsdienst, d. V.] noch an Klassenbewußtsein oder Standesdünkel da oder da noch vorhanden sein sollte, das übernimmt dann die Wehrmacht zur weiteren Behandlung auf zwei Jahre. ...«[35]

So redete Hitler öffentlich im Dezember 1938, als sich die Kriegsvorbereitungen häuften. Schon in den Worten vermischten sich die Ziele, die Jugend im nationalsozialistischen Sinne deutsch und für den Krieg zu erziehen.

Je ungünstiger der Krieg für die Deutschen verlief, um so weniger wurden Altersgrenzen beachtet. Seit dem Januar 1943 wurden

Schüler der 6. und 7. Klassen aus Mittel- und Oberschulen zu Luftwaffenhelfern gemacht: zu Schüler-Soldaten, die klassenweise zusammengefaßt ihre Jugenddienstpflicht erfüllen sollten. Offiziell waren sie zwar keine Soldaten, weil sie nur als zum Wehrmachtsgefolge Gehörende eingestuft worden waren, aber tatsächlich erfüllten sie viele Funktionen der erwachsenen Soldaten: Sie waren Meldeläufer während der Luftangriffe und stellten Bedienungsmannschaften für Geschütze und Scheinwerferstellungen. Als HJ-Luftwaffenhelfer lebten sie in den Stellungen und wurden, je nach dem Einsatzbedarf, in ganz Deutschland hin- und hergeschoben. Schließlich gab es nichts mehr, was die Kinder von den übrigen Soldaten unterschied, nicht einmal der Tod:

> »In einem Vorort von Berlin sah ich Reihen von toten Flakhelfern Seite an Seite liegen. Die Flakstellung, in der diese Schuljungen dienten, hatte mehrere Direkttreffer erhalten. Ich trat in einen Barackenraum ein, in welchem die Überlebenden sich gesammelt hatten.
> Sie saßen entlang der Wand auf dem Fußboden und wandten mir ihre weißen von Schreck verstörten Gesichter zu. Manche schrien.«[36]

Unter dem Eindruck des totalen Krieges kam die Idee auf, innerhalb der Waffen-SS eine Spezialdivision der Hitlerjugend aufzustellen, und zwar von Jugendlichen zwischen 17 und 18 Jahren; aber es fanden sich auch Sechzehnjährige und Jüngere in der Division. Es waren schätzungsweise 10000 junge Menschen, die mit der 12. SS-Panzerdivision »Hitlerjugend« in die Schlachten der Invasionskämpfe geführt wurden – Anfang Juni 1944. Todesmutig und »wie die Wölfe« sprangen sie die alliierten Panzer an, berichtet ein britischer Panzer-General, »so daß wir gegen unseren Willen gezwungen waren, sie zu töten«. Drei Monate später, auf dem Rückzug, zählte die Division noch 600 Mann, sie hatte alle Panzer verloren und keine Munition mehr für die Artillerie. »Die Normandie war nicht nur der Prüfstein für die Hitlerjugend-Division, sie wurde auch ihr Grab.«[37]

In der Panzerdivision waren es Freiwillige, die ihr Leben geopfert hatten, aber gegen Kriegsende, besonders nachdem im Oktober 1944 der Volkssturm für alle Deutschen zwischen 16 und 60 Jahren ausgerufen wurde und die Kriegswirren und Bevölkerungsverschiebungen zunahmen, konnten auch Hitlerjugendgruppen von zehn- bis fünfzehnjährigen Kindern völlig unvorbereitet plötzlich in den Kriegsdienst geraten. Mitunter waren es Schülergruppen oder Flieger-HJ-Einheiten, die nur eine Ferienfahrt hatten machen wollen, oder Gruppen jüngerer Schüler aus der Kinderlandverschickung, die aus den von Besetzung oder Kampf bedrohten Gebieten zurückgeführt werden sollten, die von den jeweiligen örtlichen Befehlshabern zwangsweise eingesetzt wurden bei Schanz- oder Wachdiensten, bei Nachhutkämpfen oder zur Brückenverteidigung.

Eine nicht unbeträchtliche Zahl größerer Kinder, vor allem Zwölf- bis Fünfzehnjähriger, die zu Panzerfausttrupps im Volkssturm oder zu regelrechten Panzervernichtungsbrigaden u. ä. Einheiten zusammengefaßt wurden, muß beim Einsatz in den östlichen Gebieten des Deutschen Reiches auch in Gefangenschaft geraten oder sonst verschollen sein. Die Suchmeldungen haben ja bis heute nicht aufgehört. Aber wie viele Kinder im Schrecken und Chaos des Zweiten Weltkrieges tatsächlich ihr Leben, ihre Gesundheit, ihre Heimat und ihre Angehörigen verloren, das dürfte wohl kaum ausgezählt und auserzählt werden können. Nicht nur deshalb, weil Daten und Berichte aus der Zeit des chaotischen Niederganges, der kriegsbedingten Zerstörungen und Menschenvertreibungen und der Nachkriegs-Notjahre allenfalls ein äußerst lückenhaftes, regional und nationalgeographisch weitgezogenes Mosaik ergäben: Hochnotpeinliche Erinnerungen, die bei Befragungen auf der Suche nach historischem Material über das Schicksal der betroffenen Kinder aus den europäischen Ländern auftauchen müßten, sind offensichtlich erfolgreich aus dem öffentlich-politischen wie aus dem individuellen Bewußtseinsbild Mitverantwortlicher und auch zumindest Mitwissender verdrängt worden und werden weiter gleichsam unter Geheimverschluß gehalten.

Die Geschichte der Kinder, die im Dritten Reich und durch das Dritte Reich – besonders in den NS-besetzten Gebieten – umgekommen sind, ist nicht geschrieben worden. Das Ausmaß dieser geschichtlichen Tragödie ist unbeschreiblich. Sie beginnt in Deutschland, breitet sich über das gesamte vom faschistischen Deutschland überfallene und besetzte Europa aus und lastet auf Polen die ganze Kriegszeit hindurch, Tag für Tag; dort, wo in den unheimlichen Vernichtungsmaschinerien auch die Mehrzahl der jüdischen Kinder mit ihren Eltern den Tod gefunden hat.

In Israel wurde jedem getöteten Kind ein Baum gepflanzt: ein Kinderwald mit 1,5 Millionen Bäumen! Wo sonst gibt es ein Erinnerungsmal daran, wie Millionen von Kindern sterben mußten in Kellern und Bunkern, in Städten und Dörfern, auf den Landstraßen und auf dem Wasser; wie sie umkamen mit zehn, zwölf, vierzehn Jahren als Dienst-, Kriegsverpflichtete und Freiwillige;

wie sie als Sechzehn-, Siebzehnjährige zu Soldaten gemacht und in Krieg und Gefangenschaft getrieben wurden; wie sie als Verschleppte, Vertriebene, Verkrüppelte, Menschenunwerte mißhandelt, vergewaltigt, deformiert, ausgelöscht wurden?
Für die Nachkriegsgesellschaft sind sie offenbar verschwunden wie die ›Kinder im Berg‹, die den Flötentönen des Rattenfängers folgten – spurlos. Eine Legende? – Es ist eine ebenso beschämende wie erschütternde Tatsache, daß die vielhunderttausend-, ja millionenfache Opferung der Kinder im Kriege so völlig erinnerungs- und geschichtslos bleiben konnte.
Sie scheinen nicht mehr zu sein als eine anonyme Menge unter den über 50 Millionen Toten des Zweiten Weltkrieges, von denen etwa die Hälfte zu den Opfern der Zivilbevölkerung zählte.
Für Deutschland liegt es im ›Jahr des Kindes‹ (1979, Red.) mehr als vier Jahrzehnte zurück, daß Preisgabe und Verführung der Jugend eingeleitet wurden, die Preisgabe an ein System, das viele von ihnen mit Begeisterung und Gläubigkeit erfüllte an die Idee einer Sendung, einer Zukunftsvision, und das sie verführte mit den Vorstellungen eines eigenständigen Jugendrechtes und einer befehlsgehorchenden Verinnerlichung der Allmachtswünsche eines irrationalen rassen- und machtpolitischen Wahns. Abgrundtief erschüttert, von aller Größe und allen Größen verlassen, sahen sich die jungen Menschen am Ende einem Nichts ausgeliefert (Bild 35).
Es ist ein einmaliges geschichtliches Phänomen und heute kaum noch verständlich oder nachfühlbar zu machen, daß die Erwachsenengenerationen eines angeblich zivilisierten Volkes in totaler, verhängnisvoller Glaubensverblendung ihre eigene Nachkommenschaft einer nihilistischen Entwicklung anheimgeben konnten, die sie am Ende vor die Trümmer ihrer eigenen Fassadenwelt führte und den Kindern nichts als Zerstörung hinterließ:

»Die Fenster sind eingeschlagen,
durch die wir ins Leben geschaut.
...
Die Welt sind für uns die Fassaden,
aus denen das Dunkel grinst.«

»Die Schwalben ziehen die Bahnen
wie einst. Doch der lächelnde Traum
von Künftigem in den Gesichtern
der Kinder erlischt, wenn es hellt
und mit gierigen nackten Lichtern
der Tag in die Stille gellt.«[38]

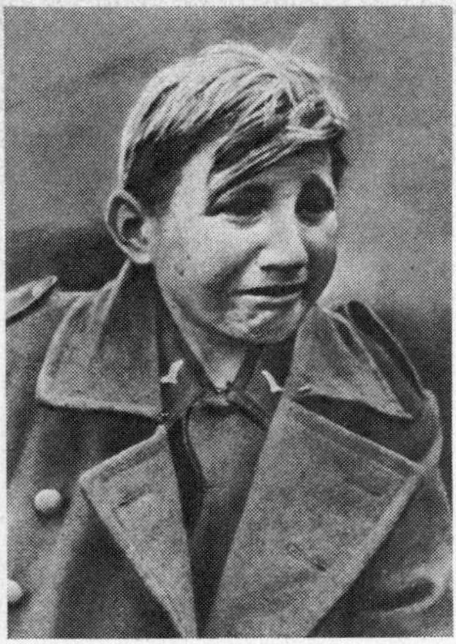

BILD 35
Unbekannt:
*Das letzte Aufgebot: Weinender Hitler-Junge, 16 Jahre alt* (1945).

## Kinder in Vernichtungslagern

»Habe doch ein Heim gehabt
und satt zu essen,
Geschwister, Wärme und viel Licht.«

Die düsterste Seite der Sozialhistorie des Kindes – nicht aus existentieller Not oder wirtschaftlichen Engpässen, sondern aus menschlicher Bosheit, politischer Borniertheit und Menschenverachtung geschaffen – zeigte sich in den Städten des Todes und den Vernichtungslagern. Sie spiegelt sich in den Aufzeichnungen und Bildern jüdischer Kinder, in Briefen und Berichten von Zwangsdeportierten, Gettobewohnern, Widerstandskämpfern.

Der erste Transport Deportierter aus Deutschland ging am 12. Februar 1940 von Stettin nach Lublin in Polen, die ersten Briefe der Deportierten wurden im März 1940 geschrieben. Eine Mutter klagte über die Lager-Zwangsarbeit des von ihr getrennten Kindes. Ihr Sohn wurde von seiner Arbeit auf dem Lande fortgeholt und ins Lager geschafft:

> »... ich wußte die ersten Tage wieder mal nicht wohin. Nun war ich ... dort, aber ein Jammer ... der Junge weinte so bitterlich, beim Abschied sagte er, Mutti komm doch recht bald wieder und bringe was zu essen mit.«

Das Kind war in einem Arbeitslager bei Lublin. – Über die unmenschlichen Lebensbedingungen in den Arbeitslagern für Juden im Distrikt Lublin wird berichtet:

»Die Arbeit in den Lagern gehörte meistens zu den schwersten physischen Arbeiten ... Die ... Arbeiter erhielten weder geeignete Kleidung noch spezielle Stiefel für Wasserarbeit ... acht bis zehn Stunden täglich bis zu den Knien im Wasser ... keine Möglichkeit ... Kleidung zu trocknen ... das Wechseln unmöglich ... Blutegel bissen den Leuten schreckliche Wunden in die Beine. ... Sie stehen um 4.00 Uhr auf, ... bis 4 [nachmittags, d. V.] arbeiten sie.«[39]

Ein Kind führt Tagebuch [1940/42]:

»Jede Stunde zu überleben ist schwierig ... Es vergeht kein Tag, an dem nicht jemand betteln kommt, jeder, der kommt, will nichts anderes, nur etwas zu essen, was jetzt das schwierigste ist ... Jetzt, in einem so strengen Winter, werden sie uns aussiedeln, und wohin? Jetzt sind wir an die Reihe gekommen, schwere Qualen zu ertragen. Der Herrgott weiß, wie lange.«

So schrieb David RUBINOWICZ, bevor er mit vierzehn Jahren in Treblinka vergast wurde.[40]

Aus dem Todes-Getto Lodz:

»Einmal fragte ich ein kleines Mädchen:
›Was möchtest Du sein?‹ – ›Ein Hund, denn die Posten mögen Hunde gern.‹ – [Auf Hunde schossen sie nicht, d. V.]. Vor jeder Maueröffnung steht eine Wache, schießt sofort, wenn Kinder über die Mauer klettern; sie schmuggeln Lebensmittel von der ›arischen‹ Seite hinüber, Brot, Kartoffeln, unter Lumpen versteckt, und schlupfen wieder zurück. Diese Kinderhorden im Getto sind die eigentlichen Ernährer desselben ... Tagtäglich ... bringt man angeschossene Kinder ins Krankenhaus. ... Wie ich höre, amputiert man den Bettlerkindern täglich erfrorene Finger und Zehen, Hände und Füße.«[41]

Aus der jüdischen Widerstandsbewegung im Warschauer Getto:

»In den Häusern [von deutschen Soldaten in Brand gesetzt, d. V.] verbrannten Tausende von Frauen und Kindern bei lebendigem Leibe ... In einer Ecke ... lag ein einjähriges Kind, es weinte und stöhnte nicht, es hatte wahrscheinlich keine Kräfte mehr. Die Ärmchen und Beinchen waren verbrannt. Ich werde nie sein

BILD 36 Unbekannt: *Jüdischer Junge mit erhobenen Händen* (Vernichtung des Warschauer Gettos) (1943).

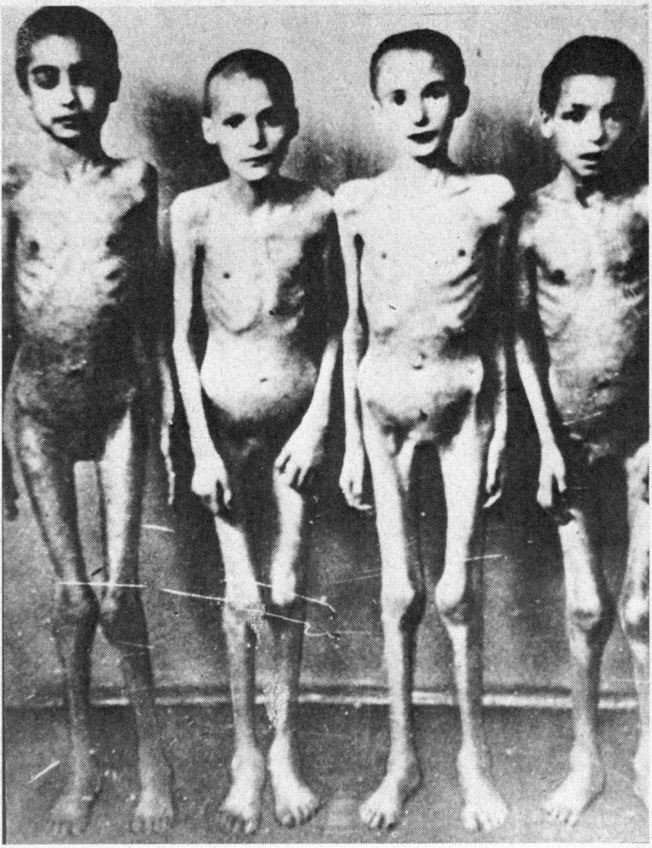

BILD 37 Unbekannt: *Skelettartig abgemagerte jüdische Kinder* (Opfer der ›wissenschaftlichen‹ Experimente des KZ-Arztes Dr. Mengele, Auschwitz).

> Gesichtchen vergessen, auf dem sich unmenschliche Schmerzen spiegelten ... Gesicht und Arme der Mutter waren völlig verbrannt, sie konnte das Kind nicht in die Arme nehmen.«[42]

Im Warschauer Getto hatte auch Janusz KORCZAK, der mutige polnische Arzt und Pädagoge, mit den Kindern aus seinem Waisenhaus gelebt und war von dort aus freiwillig mit ihnen nach Treblinka gegangen, um die zweihundert Kinder nicht allein umkommen zu lassen (Bild 36). Er notierte über das Getto:

»Von Tag zu Tag ändert sich das Gesicht dieses Stadtteils [Viertel der Verurteilten, d. V.]: Gefängnis – von der Pest Befallene – Irrenanstalt – Spielbank ... Einsatz – der eigene Kopf.«

Im Vorwort zu seinen »Erinnerungen« heißt es:

»Entsetzlicher Hunger und Flecktyphus dezimierte die Bevölkerung. Die Menschen brachen auf den Straßen zusammen ... Was morgens weggeschafft worden war [an Leichen, d. V.] fiel bis zum Abend wieder an. Kinder spielten auf den Bürgersteigen, obwohl mit Zeitungen bedeckte Leichen herumlagen ... sie waren so alltäglich, daß sie ebenso nichtssagend waren wie die Aufschriften an den Mauern.«[43]

Hunderttausende von Kindern wurden in Auschwitz vergast. Nur eine kleine Gruppe von Zwillingen, die von den SS-Ärzten für medizinische Experimente ausgesucht worden waren, erlebte die Befreiung durch die Rote Armee.[44] Der Kommandant von Auschwitz gab 1946 in Nürnberg zu Protokoll:

»Kinder im zarten Alter wurden unterschiedslos vernichtet, da auf Grund ihrer Jugend sie unfähig waren, zu arbeiten.«[45]

Im Getto Wilna schrieb am 1. 1. 1943 Abraham SUTZKEWER »Ein Schuhwaggon«:

»Schuhwaggon aus der Hölle zurück!
... die vielen Kinderschuhe!
Dabei sah ich nirgends ein Kind.
Fanden die Füße wohl Ruhe,
die damit herumgetrippelt sind?«[46]

Und der dreizehnjährige Eisik FLEISCHER aus der Gegend von Lutzk klagte sein »Allein«:

»Die Brüder erschossen, die Schwester verloren –
darum bin ich allein in der Nacht,
denn der Vater ist von der Gestapo geholt.
Drei Pogrome sind schon gemacht. ...
Habe doch ein Heim gehabt und satt zu essen,
Geschwister, Wärme und viel Licht.
Heute lieg ich hier auf kalter Erde
und mache ein Gedicht.
Brüder und Schwester ... wo ruht denn euer Gebein?
Es ist kalt und schwer, so zu leben, drum lieg ich und wein.«[47]

Die Genfer Erklärung von 1924 über die Rechte des Kindes hatte den jüdischen Kindern in der NS-Zeit keinen Schutz gebracht; sie war eine Absichtserklärung, ein Stück Papier geblieben (Bild 37).

# 8. Kinder in der Welt von heute

> Auf den Balkonen des Lebens
> stehn wir, hinabgebeugt, und
> lauschen, ob uns vergebens,
> vergebens die Eltern gezeugt.

Die barbarische Vernichtung von Millionen ›fremdvölkischer‹ Kinder und Kinder der eigenen ›Volksgemeinschaft‹ durch die deutschen Faschisten vor nicht einmal vierzig Jahren muß als das grauenhafteste Verbrechen der Kindheitsgeschichte an den Anfang des Nachdenkens über Kinder von heute gestellt werden. Die Trümmer, die die Nazis und die ihnen Gehorsam Leistenden von Coventry und Oradour bis Belgrad und Sebastopol, von der Wolga bis an die Oder hinterließen, wurden erstaunlich schnell beiseitegeräumt. Rotterdam, Budapest, Kiew, Posen und alle anderen in Schutt gelegten Städte sind wiederaufgebaut worden. An die über 50 Millionen Toten und an die zahllosen jungen Menschen darunter erinnern sich immer weniger.[1]
Haben wir jetzt Lebenden aus unserer Geschichte so viel gelernt, daß sich ein ähnliches Massenmorden nicht wiederholen kann, daß Kinder nicht wieder hungernd nach Nahrung suchen und in Trümmern spielen müssen? (Bilder 38, 39). Diese Frage sollte im Gedächtnis bleiben, wenn im folgenden Verbesserungen im Leben der Heranwachsenden angesprochen werden, die im Vergleich mit früheren Jahrhunderten festgehalten werden können.

## Vergleiche

Heute gehören die beiden deutschen Staaten zu den reichsten Ländern der Erde.[2] Materiell wurde Ungeahntes geschafft. Abgesehen von Umsiedlern, von Obdachlosen und anderen Randgruppen, über deren Not die Mehrzahl der Bürger wie in früheren Jahrhunderten hinwegsieht, muß heute keiner mehr hungern oder frieren, wie es noch in der oft fälschlich glorifizierten Weimarer Republik breiten Gruppen widerfuhr.
Heute hat ein Großteil der Arbeiterschaft ein kleinbürgerlich ge-

BILD 38
Unbekannt:
*Die Aufbaugeneration*
(Knabe mit Holzscheit im Rucksack)
(1946).

ordnetes Niveau erreicht. Spitzen der Facharbeiterschaft sind sogar in verantwortliche Arbeits-, Verwaltungs-, Betriebsrats- und Gewerkschaftspositionen aufgestiegen oder gar zu hohen Politikern geworden.

Die materiellen Sicherungen verbessern fraglos auch die Lebensqualität der meisten Kinder und Jugendlichen. Ausreichende Nahrung und hygienische Fürsorge haben zu gesünderem Heranwachsen geführt als noch vor fünfzig Jahren. Diese Verbesserungen und die Teilnahme an Medien-Informationen und -Unterhaltungen, die größere Bewegungs- und Verkehrsfreiheit, nicht nur räumlich, sondern auch schichtenübergreifend und sozial-kulturell, haben sicherlich eine hohe Zahl von Kindern bereichert.

Die Voraussetzungen für ein offenes, entlastetes Familienleben sind anscheinend günstiger als in früheren Jahrhunderten. Im allgemeinen erschöpfen sich Frauen nicht mehr durch eine Vielzahl von Geburten. Obwohl die Säuglingssterblichkeit in der Bundesrepublik höher ist als in den meisten Industriestaaten in Ost und West – schon 1960/62 starben von je 1000 Säuglingen in der Bundesrepublik mehr als in der ČSSR oder Frankreich[3] –, ist es nicht mehr notwendig, drei- oder viermal zu gebären, um ein oder zwei Kinder großzuziehen. Die geringere Anzahl der Aufwachsenden kann es den Eltern eher ermöglichen, auf ihre Kinder einzugehen und deren Bedürfnisse besser zu befriedigen als früher.

Die günstigen Voraussetzungen werden jedoch keineswegs immer genutzt. In sehr vielen Familien läßt man die Säuglinge und

BILD 39 Unbekannt: *Mädchen beim Kreis-Spiel* (vor einer Notwohnung in Ruinen) (1948).

Kleinkinder in der Wiege oder dem Babykorb schreien. Sie werfen sich im Bett hin und her, sie trösten sich mit eintönigen Bewegungen. Denn das nach Gesellschaft weinende Kind solle lernen, daß es nicht verwöhnt wird. Es muß schreien, wenn der Hunger es vor der festgesetzten Uhrzeit für die Verabreichung der Nahrung überfällt. Das sich aufstellende Kind wird – zu seinem Schutz – im Bett angeschnallt (immerhin eine Verbesserung seit den Wickelbrettern). Bei der Erziehung zur Reinlichkeit wird so lange dressiert, bis das Produkt mit Regelmäßigkeit ins Töpfchen entrichtet wird. Das Krabbelkind wird im Laufgitter eingesperrt, damit es sich bei seinen Erkundungen im Raum nicht etwa gefährdet. Das forschende Kind, das Dinge berührt, die ›nicht für kleine Kinder‹ da sind, vielleicht etwas verlockend Glitzerndes, Metallisches, eine bunte Bildertafel an einem Ladentisch, kriegt Klapse auf die Hand, damit ihm das Verlangen zum ›Begreifen‹ von Unbekanntem vergeht.

Die meisten Wohnungen sind kinderfeindlich so eingerichtet, daß das Kind weder Schränke noch Türen in den Räumen allein öffnen, von einem Zimmer in das andere oder in die Küche gehen oder nachsehen kann, ob vielleicht jemand auf der Toilette sitzt.

Hinter all diesen Eingriffen gegenüber Kleinkindern stehen, wenngleich gemildert, Einstellungen früherer Jahrhunderte, die in den vorangegangenen Kapiteln beschrieben wurden. Vom zartesten Lebensalter an leiden Kinder unter den Bedingungen, unter denen ihre Bedürfnisse umgelenkt, den bestehenden Verhältnissen angepaßt oder gar unterdrückt werden. Die Einstellungen und der vorgestaltete Erziehungs- und Lebensraum domestizieren das Kind, bevor es dem Kleinkindalter entwachsen ist. Wenn sein Kommunikations- und Ausdrucksverlangen, seine Aktions- und Bewegungslust, seine Erkundungs- und Forschungsneugier, ja seine bewunderungswürdige Vitalität soweit eingedämmt wurden, daß sie dem Erwachsenen genehm erscheinen, dann ist für viele der erste Schritt der Erziehung gelungen!

Der weiterlaufende Werdegang wird programmiert durch die Erziehungs-, Schutz- und Leistungsräume von – gegebenenfalls – Krippe/Kindergarten, Vermittlungsgruppe, Vorschulklasse, Schule; auf dem mehr oder weniger gelungenen Fundament der Früherziehung sollen die ›Gesellschaftsfähigkeit und -tüchtigkeit‹ des Kindes ausgebaut, seine Frustrations- und Leistungsgrenzen erweitert werden. Immer noch dürften die Kinder aus solchen Familien am nachhaltigsten an Versagungen gewöhnt werden, in denen beide Eltern berufstätig sind. 1975 arbeiteten in der Bundesrepublik rund 3,5 Millionen Mütter.[4]

Versagungen, also direkte und indirekte Verbote und Einschränkungen, werden oft genug mit körperlichen Strafen zu erreichen versucht. Wenn ein Bundestagsabgeordneter öffentlich feststellt, daß allein in der Bundesrepublik jährlich etwa 6000 grobe Kindesmißhandlungen bekannt werden[5] – die Zahl der unbekannt bleibenden Vorfälle liegt nach fürsorgerischer und polizeilicher Erfahrung schätzungsweise ca. zehnmal höher –, so ahnt man das kindfeindliche Potential in unserer Gesellschaft. Die ›Arbeitsgruppe Kinderschutz‹ hat in ihrem Buch »Gewalt gegen Kinder«, auf das hier ausdrücklich hingewiesen sei[5a], den Tatbestand der Kindesmißhandlung bis hin zur Kindestötung aufgearbeitet. Danach sind noch 1973 allein 60 Fälle der Ermordung von Kindern polizeilich bekanntgeworden.[6] Die wirkliche Zahl dürfte zehnmal größer sein.

Wahrscheinlich halten sich am ehesten sozial unsichere, geltungsbedürftige Eltern und solche, die durch materielle Sorgen und von Ängsten um den Arbeitsplatz bedrängt werden, an überlieferte autoritär fixierte Einstellungen. Generell widerspiegeln bzw. reproduzieren sich in den unzulänglichen Erziehungs- und Entwicklungsbedingungen und in der Unterdrückung der kindlichen Spontaneität die eingeengten Lebensbedingungen der Erwachsenen, der Mangel an Selbstbestimmung und das Maß an Unmündigkeit im Arbeitsleben.

Gemessen am gesamtgesellschaftlichen Reichtum der Bundesrepublik sind Kinder der unteren Sozialschichten weiterhin benachteiligt, neuerdings sogar wieder in erschreckendem Ausmaß durch Jugendarbeits- und Berufslosigkeit – in einer Gesellschaft, die Jugendliche nach Schulzensuren mißt. Hatten wir uns früher um das Problem der Kinderarbeit zu kümmern, so gilt die Sorge heute der ungelernten Jugendlichenarbeit. Im Jahre 1969 waren 49% aller Sechzehnjährigen, 16,7% aller Fünfzehnjährigen als Angelernte und Ungelernte erwerbstätig.[7] Inzwischen sind viele Schulabgänger ohne Arbeit. Wieder werden zuerst die sozial Schwächsten getroffen:

Mehr als 392000 Schüler erreichten 1974 das Klassenziel nicht; es wurden nicht versetzt:

| | |
|---|---|
| an Grund- und Hauptschulen | 177875 Schüler, |
| an Realschulen | 79508 Schüler, |
| an Gymnasien | 133854 Schüler, |
| an Gesamtschulen | 878 Schüler.[8] |

Die 2,89% Sitzenbleiber unter den Grund- und Hauptschülern machten beinahe die Hälfte (45,6%) der Schüler aller Schularten aus, die das Klassenziel nicht erreichten. Jedoch noch mehr erschreckt: »150000 junge Bundesbürger verlassen jährlich die Schulen ohne Hauptschulabschluß.«[9] Und an den Schulen für Behinderte werden jährlich etwa 50000 bis 60000 Kinder (von rd. 385000 behinderten Schülern) entlassen, in drei Jahren zusammen also mehr als eine halbe Million benachteiligter Schulentlassener. Sie kommen überwiegend aus bedrängten Sozialschichten. 85% der Lernbehinderten kommen aus »anregungsarmer Umwelt«, d.h., sie sind aus sozialen Gründen am Lernen gehindert. Die meisten Kinder aus Obdachlosenlagern gehören dazu.[10]

Verunsicherung und Ausweglosigkeit der Heranwachsenden machen sich verstärkt bemerkbar: in erzwungener Anpassung oder Resignation, in Gleichgültigkeit – auch in politischer Hinsicht – Ängsten und Aggressionen. Die verbreitete Drogen- und Alkoholsucht, auch die Anfälligkeit für sektiererische Heilslehren signalisieren, daß sich viele Jugendliche wieder einmal am Ende sehen.

Vergegenwärtigen wir uns schließlich die Spielszene. Zwar wird der Raum für freies Kinderspiel in den Großstädten mehr und mehr verkleinert, betoniert, planiert; der autogerechte Ausbau hat selbst in vielen Dörfern die Straßen zu Todesfallen für Kinder gemacht (Bild 40). Das Angebot an Büchern und Spielzeug für Kinder aber wird in früher nicht gekanntem Maße vielfältiger und leichter erreichbar. Noch nie zuvor gab es eine solche Fülle kindgerechter Literatur, aus denen Eltern und Kinder nach ästhetischen, psychologischen und gesellschaftlichen Ansprüchen auswählen konnten. Wird die Vielfalt genutzt?

Und gar das Angebot an Spielwaren! Spielzeug ist zu einer Ware wie vieles andere geworden. Das Kind wird umworben mit Autos und Puppen, elektrischen Eisenbahnen, Tanks, Pistolen und Materialien für die Bauwelt technischer Spielzeuge. Das Kind ist – den Erwachsenen gleichgestellt! – zu einem Objekt in dem unaufhörlichen Katz-und-Maus-Fangspiel der Werbung und des Konsums geworden. Da sein Hunger immer wieder mit neuen Aufforderungen angefacht wird, schaut es, neugierig oder gierig gemacht, mit Lust in die Schaufenster, Vitrinen und Kataloge. Kinder haben von ihren Eltern gelernt, daß in einer hochindustrialisierten Wohlstandsgesellschaft, wie der Bundesrepublik, materielle Wünsche prinzipiell erfüllbar sind. Wie weit aber der Besitz von Spielzeug von einem Spielen entfernt ist, das Gedanken und Phantasien in Bewegung setzt, das nehmen immer noch zu viele Erwachsene nicht wahr.

Auf die Unzulänglichkeiten in objektiver Situation und subjektivem Zustand unserer Kinder gerichtet, können vier Thesen formuliert werden:

1. In allen Lebenslagen und Altersstufen sind Kinder dem Druck der Erziehung ausgesetzt, gefangen in Räumen, über welche die Erwachsenengesellschaft nach ihren jeweiligen Ein- und Ansichten, Ziel- und Zweckvorstellungen gebietet.

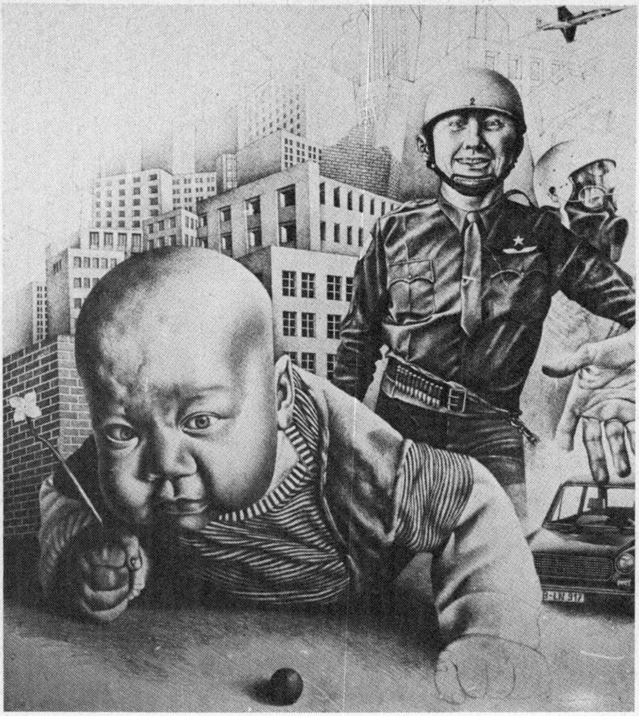

BILD 40 Klaus Vogelgesang: *Kind* (Ausschnitt) (1977).

2. In Familie und Gesellschaft werden Kinder als persönliches Eigentum ihrer Eltern behandelt, als Zukunftsidol, Konfliktableiter, Prügel- oder Prägeobjekt, selten als Partner für Erwachsene.
3. Schuldisziplin, Unterrichtsordnung und Schulrecht messen den jungen Menschen an abstrakten Normen und vernachlässigen das Individuum Kind und sein jeweiliges Milieu.
4. Ignoranz, Willkür- und Vorrechtsverhalten von Erwachsenen drängen viele Kinder in Angst und Verunsicherung, erzwungene Anpassung oder Resignation und aggressives Verhalten – bis in die Kriminalität hinein.

Die Stellung des Kindes in Familie und Gesellschaft ist allgemein durch Unmündigkeit charakterisiert. Sie wird biologisch mit der Hilflosigkeit, erzieherisch mit der Notwendigkeit sozialkultureller Ausstattung, rechtlich mit der Unfähigkeit des Kindes, sich selbst zu vertreten und seine Rechte auszuüben, begründet. Für die Beurteilung der Stellung, die dem Kind von der Gesellschaft zudiktiert wird, ist es aufschlußreich, inwiefern Grenzen der Unmündigkeit verändert werden. Politische Vorstellungen, ökonomische Gegebenheiten und pädagogische Grundsätze gehen hier Verbindungen ein, die aber keineswegs vorrangig auf das Kind bezogen sind. Welche Gründe galten z. B. bei der Herabsetzung des Wahlalters, welche bei dem noch gegenwärtig in der Bundesrepublik anhaltenden Prozeß der Verlängerung der Schul- und Ausbildungsdauer in der statistischen Berechnung für alle Jugendlichen?
Seit Ende der 1960er Jahre wurden wir aufmerksamer als je zuvor für die unterschiedlichsten Formen unmündiger Positionen von Kindern in der Familie, im Kindergarten, in der Schule, in der Freizeit und von Jugendlichen in der Ausbildung. Noch scheint es zu früh, von einem grundlegenden Einstellungswandel in Richtung auf Gewährung möglichst breiter Mitbestimmung für das Kind zu sprechen. Als Zeitgenossen können wir ohnehin nicht die Zeichen gegenwärtiger Veränderungen so übersehen wie z. B. den Einstellungswandel im 17./18. Jahrhundert, nach dem Kinder allmählich als Kinder anerkannt wurden.
Zu der Vorsicht in der Beurteilung rät auch das Verfassungsrecht der Bundesrepublik und die Verfassungswirklichkeit. Der Hauptakzent liegt im Grundgesetz auf dem Schutzgedanken (Art. 6): Schutz von Ehe und Familie, von Mutter und Kind, gleicher Sozialschutz und gleiche gesellschaftliche Bedingungen für eheliche wie für nichteheliche Kinder sowie Schutz der Jugend oder gefährdeter Jugendlicher (gegebenenfalls Grund für die Einschränkung von Presse- und Informationsfreiheit). Artikel 6, Abs. 2 und 3 (GG) lautet:

> »Pflege und Erziehung der Kinder sind das natürliche Recht der Eltern und die zuvörderst ihnen obliegende Pflicht. Über ihre Betätigung wacht die staatliche Gemeinschaft.
> Gegen den Willen der Erziehungsberechtigten dürfen Kinder nur auf Grund eines Gesetzes von der Familie getrennt werden, wenn die Erziehungsberechtigten versagen oder wenn die Kinder zu verwahrlosen drohen.«[11]

Diesen Erklärungen wurde der Grundsatz vorangestellt (Art. 6, Abs. 1): »Ehe und Familie stehen unter dem besonderen Schutz der staatlichen Ordnung.« Kinder werden als besondere Mitglieder der Familie nicht herausgehoben. Das verstärkt den Eindruck des unmündigen Kindes, dem Schutz gewährt und das von den Erwachsenen bestimmt wird. Und warum blieb das Kind in dem oft zitierten Artikel 2 über die Persönlichkeitsrechte anonym? Sein Wortlaut:

»(1) Jeder hat das Recht auf die freie Entfaltung seiner Persönlichkeit, soweit er nicht die Rechte anderer verletzt und nicht gegen die verfassungsmäßige Ordnung oder das Sittengesetz verstößt.

(2) Jeder hat das Recht auf Leben und körperliche Unversehrtheit. Die Freiheit der Person ist unverletzlich. In diese Rechte darf nur auf Grund eines Gesetzes eingegriffen werden.«

Bedürfte es nicht einer verpflichtenden Ergänzung, was dieses Recht eines jeden »auf die freie Entfaltung« für Kinder bedeutet? Sollte man nicht auch ausdrücklich die »Freiheit der Person« zur »Freiheit des Kindes« erklären? In der Rechtsprechung wird dem mitunter bereits Rechnung getragen. Im Kinder-Alltag ist noch immer zu wenig von Rechten und Freiheiten zu spüren.

Wichtige Initiativen hat es gegeben, den Rechten des Kindes Gehör zu verschaffen.[12] Die Vollversammlung der Vereinten Nationen ließ der Erklärung der Menschenrechte (1948) im Jahre 1959 die Erklärung der Rechte des Kindes folgen.[13] Sie forderte in zehn Grundsätzen sowohl den Schutz des Kindes als auch Bedingungen der körperlichen, seelischen und geistigen Förderung der Kinder in allen Teilen der Welt:

»Das Kind genießt besonderen Schutz; ihm werden Gelegenheiten und Erleichterungen ... gegeben, sich gesund und natürlich in Freiheit und Würde körperlich, geistig, moralisch, seelisch und sozial zu entwickeln. Das Beste des Kindes ... ist bestimmend. [aus Grundsatz 2]

Das Kind wird vor Vernachlässigung, Grausamkeit und Ausnutzung jeder Art geschützt ... erst nach Erreichung eines geeigneten Mindestalters zur Arbeit zugelassen; nie ... gezwungen ... einen Beruf oder eine Tätigkeit auszuüben, die seiner Gesundheit oder Erziehung schaden oder seine körperliche, geistige oder moralische Entwicklung hemmen. [aus Grundsatz 9]

Das Kind bedarf zur vollen und harmonischen Entwicklung seiner Person der Liebe und des Verständnisses ... in der Obhut und der Verantwortung seiner Eltern, immer aber in einer Umgebung der Zuneigung und in moralischer und materieller Sicherheit; in zartem Alter soll das Kind nicht von seiner Mutter getrennt werden [allenfalls bei außergewöhnlichen Umständen] ... Gesellschaft und Öffentlichkeit haben die Pflicht, alleinstehenden und mittellosen Kindern verstärkte Fürsorge angedeihen zu lassen. [aus Grundsatz 6]

Das Beste des Kindes ist der Leitgedanke für alle, die für seine Erziehung und Führung Verantwortung tragen; diese liegt zuallererst bei den Eltern ... Das Kind hat Anspruch auf unentgeltlichen Pflichtunterricht, wenigstens in der Volksschule. Ihm wird eine Erziehung zuteil, die seine allgemeine Bildung fördert und es auf der Grundlage gleicher Möglichkeiten in den Stand setzt, seine Anlagen, seine Urteilskraft, sein Verständnis für moralische und soziale Verantwortung zu entwickeln und zu einem nützlichen Glied der menschlichen Gemeinschaft zu werden ... Das Kind hat volle Gelegenheit zu Spiel und Erholung (vgl. Bild 40), die den gleichen Erziehungszielen dienen sollen; Gesellschaft und Behörden fördern die Durchsetzung dieses Rechtes.« [aus Grundsatz 7]

An diesen Forderungen kann wohl kaum Kritik geübt werden, es sei denn, der Leser vermißt in dem Plädoyer für einen entlasteten und fördernden Kinderfreiraum konkrete Festlegungen auf politische und ökonomische Bedingungen. Das Problem solcher Erklärungen liegt in ihrer idealistischen Fassung und ihren verallgemeinernden Formeln, die mitunter in scharfem Kontrast zur gesellschaftlichen Wirklichkeit und tatsächlichen Lebensumgebung von Kindern stehen.

## Kinder hungern

Die Erklärung der Menschenrechte des Kindes von 1959, aus der ausführlich zitiert wurde, war an alle UNO-Mitglieder gerichtet: an die hochindustrialisierten Staaten, in denen Kinderarbeit weitgehend abgeschafft und Schulpflicht durchgeführt ist (während emotionale Leiden des Kindes deutlicher hervortreten) sowie an Länder der Dritten Welt. Vergegenwärtigt man sich die Unterschiede zwischen diesen beiden Welten – UNO-Organisationen haben Tausende von Fakten zusammengetragen – und bedenkt man die Formulierung der Kinder-Forderungen aus dem Wortschatz abendländischer Erziehungstradition und jüngster Erfah-

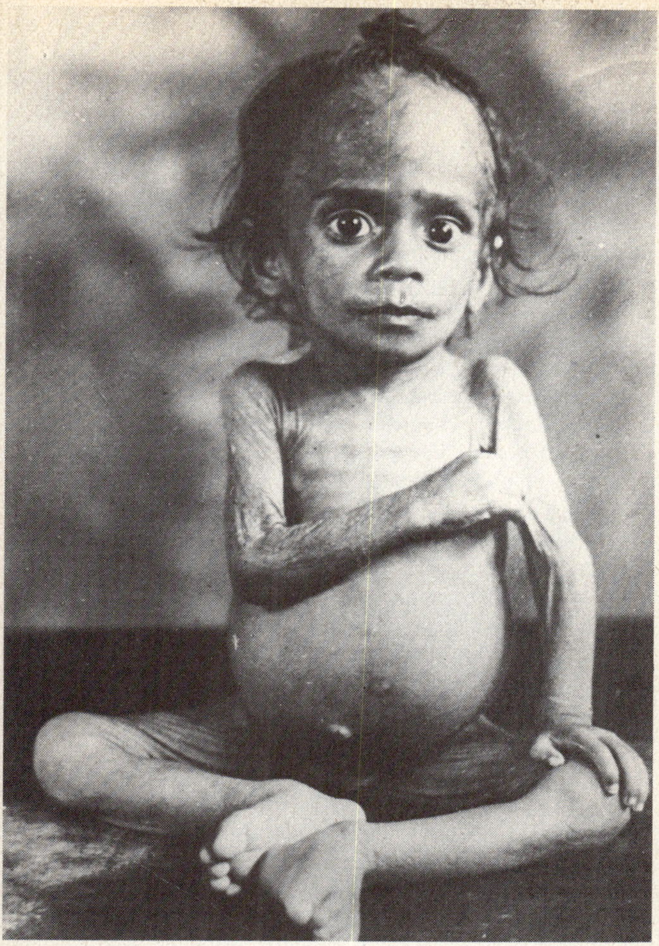

BILD 41 Unbekannt: *Unterernährtes zweijähriges Mädchen. 5,2 kg, 66 cm* (Südamerika) (1970er Jahre).

rungen in der Industriegesellschaft, dann scheint die Erklärung der Kinderrechte eher für die Minderheit der industrialisierten Mitgliedsländer zu gelten und auf deren Nöte am ehesten zu beziehen sein.

Im ersten Kapitel dieses Buches, das von Hunger und Teuerungen im frühneuzeitlichen Europa handelte, und im dritten Kapitel über

Bettelnot und Arbeitszwang der Kinder fiel bereits auf, daß die Kinder-Lage damals und die heutige in der Dritten Welt vergleichbar sind. Berücksichtigt werden muß jedoch: In Europa und Nordamerika hat es niemals ein Bevölkerungswachstum von solchem Ausmaß gegeben wie in der jetzigen Dritten Welt, und das Hungerproblem konnte in entscheidendem Maße durch die Industriewirtschaft bewältigt werden, die die Länder der Dritten Welt denen der ersten erst mühsam abringen müssen. Unsere Geschichte schärft jedoch auch den Blick für die Ähnlichkeiten.
Die Recht- und Schutzlosigkeit und die Preisgegebenheit der ärmsten der Kinder zeigt sich in neuer wie in alter Zeit unverhüllt in tödlicher Bedrohung durch Hunger, Wohnelend und Krankheit, Krieg und Unterdrückung, durch Rassendiskriminierung und soziale Ausschließung und nicht zuletzt durch die gezielte Vernichtung und Verödung menschlicher Lebenslandschaft.
Die Ernährungslage für Hunderte von Millionen der Menschen in Afrika, Asien und Lateinamerika ist völlig unzureichend. Fleisch, Eier, Milch, Butter – die proteinhaltigen Nahrungsmittel – können von breiten Bevölkerungskreisen nicht gekauft werden. In weit überwiegender Zahl sind Kinder in der Welt von heute – fast $^4/_5$ von ihnen leben in Entwicklungsländern – mangel- und unterernährt (Bild 41). In zahlreichen Regionen leidet ein Viertel der Kinder unter 5 Jahren an Protein-Mangelernährung, heutzutage das größte Gesundheitsproblem der Welt, die eigentliche massenhafte Todesursache bei Kindern im Alter von 1 bis 4 Jahren. Neben den körperlichen werden die Kinder auch von Schädigungen ihrer geistigen Entwicklung betroffen. Es besteht die Gefahr möglicher schwerwiegender Folgen der Unterernährung für die Entwicklung des Gehirns, die Gefahr nicht wieder auszugleichender Schäden.[14]
Die durch zu wenig und qualitätsarme Nahrung hervorgerufene Anfälligkeit gegenüber Infektionen aller Art führt zu hohen Sterblichkeitsraten unter Kindern. Verstärkt werden diese Gefährdungen durch das Wohnelend, das sich mit dem explosiven Anwachsen der Bevölkerung fortlaufend steigert. Man hat geschätzt, daß schon in den 60er Jahren mehr als eine Milliarde Menschen in Afrika, Asien und Lateinamerika (ungefähr die Hälfte der Bevölkerung dieser Länder) ohne feste Bleibe waren, daß von der Einwohnerschaft einer typischen asiatischen Stadt ein bis zwei Drittel als Bewohner von Slums angesehen werden müssen.[15]
Was sich im Europa der letzten Jahrhunderte schon furchtbar genug

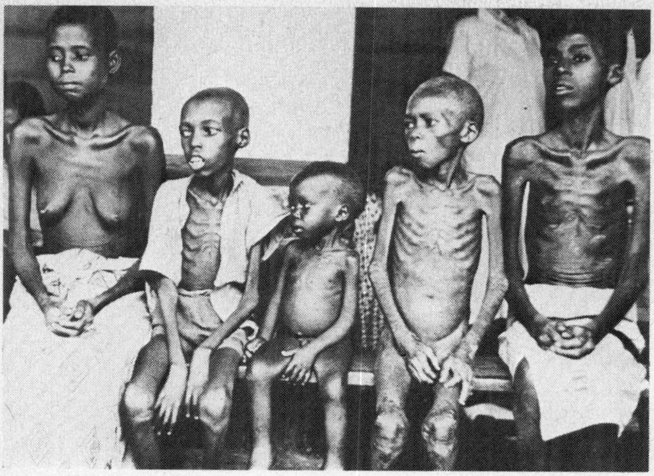

BILD 42 Unbekannt: *Unterernährte Kinder aus dem Kongo* (1961).

ausgewirkt hatte, zeigt sich in der Welt heute in absolut noch größerem Ausmaß: Kinderelend bei einem Leben unter dem Existenzminimum, Kinderarbeit, Bettel, Obdachlosigkeit. Was inzwischen bei uns überwunden, ist noch lange nicht für die Mehrheit überwunden! Wenn wir die Geschichte unserer Vorfahren – und das heißt immer auch ihrer Schicksale als Kinder – uns öfter ins Gedächtnis rufen, dann hilft es vielleicht ein wenig unserem Verständnis für das weltweite Kinderelend (Bild 42). Denn noch haben wir als Angehörige einer der reichsten Nationen der Welt Möglichkeiten, dem Elend abzuhelfen – wenn wir nur wollten. Wir brauchten uns nicht allein an reichgedeckte Tische zu setzen (wie auf dem Bild 43) und wohlgesättigt hinwegzusehen über die Hungrigen, die verzweifelt in unseren Bankettsaal eindringen und verlangend vor den Speisen stehen.

Möglichkeiten der Gegenwart bedenkend und sich der Erfahrungen der Vergangenheit erinnernd, drängen sich offene Fragen an die Zukunft auf:

Läßt die Entwicklung der Widersprüche in den Wirtschafts-, Sozial- und Machtstrukturen noch Hoffnungen auf eine neue Lebenswelt zu, in der Kinder sich beheimatet fühlen und sich freispielen können, in der es Brot, Lebenssättigung, Freude und gedankliche wie praktische Beteiligung für alle gibt? Wagen die hochindustriali-

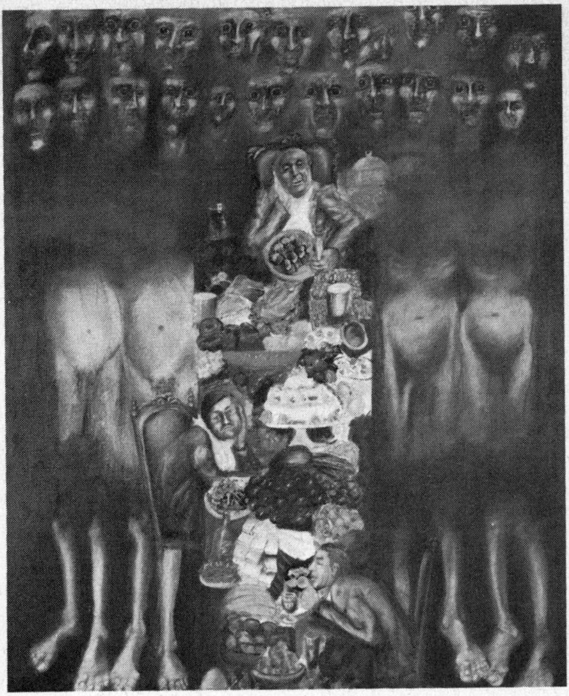

BILD 43 Hanefi Yeter: *Die Pupillen der Hungernden* (Türkei) (1977).

sierten Gesellschaften, die materiell über die Voraussetzungen verfügen, für alle Kinder Freiheiten im Spiel und im Lernen zu verwirklichen? Oder müssen Kinder weiter so oft vor Verboten der Erwachsenen und der gesellschaftlichen Verhältnisse in ihre Sehnsucht flüchten und die Erfüllung träumen?

# 9. Anhang

## Anmerkungen

### 1. *Essen, Wohnen – Überleben*

1 Th. und F. PLATTER und Th. A. D'AUBIGNE: Lebensbeschreibungen, hrsg. von O. FISCHER [im folgenden zit.: Th. PLATTER]. München 1911, S. 19.
2 Ders., S. 20, 22 f.
3 Ders., S. 22 f.
4 Ders., S. 57 f.
5 Ders., S. 32 f.
6 H. GRUNDMANN: Vom Ursprung der Universität im Mittelalter. Darmstadt ²1964, S. 21 ff.
7 Th. PLATTER, a. a. O., S. 56.
8 P. LASLETT: The World we have lost. London ²1971, S. 67.
9 J. KULISCHER: Allgemeine Wirtschaftsgeschichte des Mittelalters und der Neuzeit. München ⁴1971, Bd. 1, S. 161.
10 Ders., Bd. 2, S. 193.
11 F. BRAUDEL: Civilisation matérielle et Capitalisme. (XVᵉ–XVIIIᵉ siècle). Paris 1967, Bd. 1, S. 212.
12 Ders., S. 208.
13 Ders., S. 209. Vgl. Thomas PLATTER, S. 99 f.
14 Vgl. J. MIECK: Europäische Geschichte der Frühen Neuzeit. Stuttgart 1970, S. 148; J. KULISCHER, a.a.O., Bd. 2, S. 7f. Ein erheblicher Anteil der ›Stadt‹-Bewohner der Frühen Neuzeit lebte in durchaus ländlichen Verhältnissen.
15 W. ABEL: Massenarmut und Hungerkrisen im vorindustriellen Deutschland [im folgenden zit.: W. ABEL (Deutschland)]. Göttingen 1972, S. 65; J. KULISCHER, a. a. O., Bd. 2, S. 25.
16 F. BRAUDEL a. a. O., S. 103 f.
17 Ders., S. 103, 105.
18 J. KULISCHER, a. a. O., Bd. 1, S. 180; vgl. auch S. 161; W. ABEL (Deutschland), S. 64.
19 So S. FRANCK, nach: Quellen zur Geschichte des deutschen Bauernstandes in der Neuzeit, hrsg. von G. FRANZ [im folgenden zit.: G. FRANZ, Quellen (Neuzeit)]. Darmstadt 1963, S. 27.
20 J. BOEMUS: »Über den Bauernstand« In: G. FRANZ, Quellen (Neuzeit), a. a. O., S. 3.
21 J. KULISCHER, a. a. O., Bd. 1, S. 160 f.
22 »Luzifers Predigt« (15. Jh.), nach: Quellen zur Geschichte des deutschen Bauernstandes im Mittelalter, hrsg. von G. FRANZ. Darmstadt 1967, S. 525 f.

23 Handbuch der deutschen Wirtschafts- und Sozialgeschichte, hrsg. von H. AUBIN/W. ZORN. Bd. 1, Stuttgart 1971, S. 400f, 403f.
24 J. KULISCHER, a. a. O., Bd. 1, S. 175 ff.
25 W. ABEL: Massenarmut und Hungerkrisen im vorindustriellen Europa [im folgenden zit.: W. ABEL (Europa)]. Hamburg 1974, S. 293 f. Vgl. H. AUBIN/W. ZORN, a.a.O., S. 484f.
26 Th. PLATTER, a. a. O., S. 19 f.
27 J. KULISCHER, a. a. O., Bd. 2, S. 119–127; S. 120 ff zur Wirtschaftsgeschichte der Heimarbeit.
28 W. ABEL (Europa), S. 13, 25, 304 f, 398.
29 Mit Inflationen und Hungerkrisen beschäftigt sich sehr ausführlich W. ABEL in den beiden zitierten Veröffentlichungen zur ›Massenarmut‹. Zu den politisch-religiösen Kämpfen vgl. J. MIECK, a. a. O., S. 82 ff, 97 ff, 106 ff, 137 ff, 284 ff.
30 F. BRAUDEL, a. a. O., S. 64.
31 Ebenda.
32 D. DEFOE: A Journal of the Plague Year [1722]. Harmondworth 1970.
33 F. BRAUDEL, a. a. O., S. 89 f. Zur Wetterabhängigkeit vgl. W. ABEL (Europa), a.a. O., S. 271 ff; zur Produktivität vgl. J. MIECK, a. a. O., S. 148.
34 W. ABEL (Europa), a. a. O., S. 90.
35 Ders., S. 402 f.
36 Ders., S. 143.
37 H. J. C. VON GRIMMELSHAUSEN: Der abenteuerliche Simplicissimus [1668]. Wiesbaden 1970, S. 94, 46.
38 W. ABEL (Europa), a. a. O., S. 163 ff.
39 Meister J. DIETZ: Mein Lebenslauf. München 1966, S. 22.
40 W. ABEL (Europa) a. a. O., S. 170 ff.
41 Ders., S. 177 f, 181 f, 185.
42 Ders., S. 179.
43 W. ABEL (Deutschland), a. a. O., S. 45.
44 Ders. (Europa), a. a. O., S. 197 f.
45 Ders., S. 200 ff.
46 U. BRÄKER: Lebensgeschichte und natürliche Abenteuer des Armen Mannes im Tockenburg [1789]. Stuttgart 1965 (= Reclams Universalbibliothek, 2601), S. 164 ff.
47 W. ABEL (Deutschland), a. a. O., S. 14, 16.
48 Ders., S. 71; ders. (Europa), a. a. O., S. 374; J. KULISCHER, a. a. O., Bd. 2, S. 478–482; K. BORCHARDT: Die Industrielle Revolution in Deutschland. München 1972, S. 46 f.
49 W. ABEL (Deutschland), a. a. O., S. 64 f.
50 Ders., S. 65.
51 Ders. (Europa), S. 384 ff.

## 2. *Viele wurden geboren, viele starben*

1 Th. PLATTER, a. a. O., S. 162, 91 f.
2 J.-L. FLANDRIN: L'église et le contrôle des naissances. Paris 1970, S. 114.
3 Vgl. L. DE MAUSE u. a.: Hört Ihr die Kinder weinen. Eine psychogenetische Geschichte der Kindheit. Frankfurt a. M. 1977, S. 77 ff.
4 Th. PLATTER, a. a. O., S. 94 f, 96, 100.
5 Ders., S. 81.
6 Ders., S. 161, 141.
7 Ders., S. 164 ff.
8 J.-L. FLANDRIN, a. a. O., S. 41 ff, 114 f.
9 Th. PLATTER, a. a. O., S. 18.

10 Nach: N. ELIAS: Über den Prozeß der Zivilisation, Bd. 1: Wandlungen des Verhaltens in den weltlichen Oberschichten des Abendlandes [1939]. Frankfurt a. M. ²1977, S. 223 f.
11 Ders., S. 219.
12 Th. PLATTER, a. a. O., S. 99 f.
13 N. ELIAS, a. a. O., S. 231 ff.
14 M. MITTERAUER/R. SIEDER: Vom Patriarchat zur Partnerschaft [im folgenden zit.: M. MITTERAUER (Patriarchat)]. München 1977, S. 72, 103 ff, 59 f.
15 P. LASLETT: The World we have lost. London ²1971, S. 93 f. M. MITTERAUER: Vorindustrielle Familienformen. Zur Funktionsentlastung des »ganzen Hauses« im 17. und 18. Jahrhundert [im folgenden zit.: M. MITTERAUER (Familienformen)]. In: Fürst, Bürger, Mensch, hrsg. von Fr. ENGEL-JANOSI, G. KLINGENSTEIN und H. LUTZ. München 1975, S. 131 f.
16 Ders., S. 130 f, 144 f.
17 M. MITTERAUER (Patriarchat), a. a. O., S. 46, 55; ders. (Familienformen), S. 130 f, 144 f.
18 P. LASLETT, a. a. O., S. 2 f, 15, 67; M. MITTERAUER (Patriarchat), S. 61; ders. (Familienformen), S. 124, 131 f, 144 ff.
19 M. MITTERAUER (Patriarchat), S. 43 ff.
20 Ders., Auswirkungen von Urbanisierung und Frühindustrialisierung auf die Familienverfassung an Beispielen des österreichischen Raumes. In: Sozialgeschichte der Familie in der Neuzeit Europas, hrsg. von W. CONZE [im folgenden zit.: W. CONZE (Sozialgeschichte)]. Stuttgart 1976, S. 68 f, 76, 78 f, 80 f.
21 M. MITTERAUER (Patriarchat), S. 61, 148 ff.
22 A. E. IMHOF: Historische Demographie als Sozialgeschichte. Gießen und Umgebung vom 17. zum 19. Jahrhundert [im folgenden zit.: A. E. IMHOF (Gießen)]. Darmstadt 1975, S. 289 f.
23 Vgl. ders., Ländliche Familienstrukturen an einem hessischen Beispiel: Heuchelheim 1690–1900. In: W. CONZE (Sozialgeschichte), S. 205 ff; M. MITTERAUER (Patriarchat), S. 52 ff; P. LASLETT, a. a. O., S. 85 f.
24 L. DE MAUSE, a. a. O., S. 40, 50 ff, 174.
25 Ders., S. 396.
26 J.-L. FLANDRIN, a. a. O., S. 34 f.
27 Ders., S. 57 f, 69 f.
28 L. DE MAUSE, a. a. O., S. 51.
29 J. SWIFT: Ausgewählte Werke. Frankfurt a. M. 1972, Bd. 2, S. 513 ff.
30 L. DE MAUSE, a. a. O., S. 142.
31 M. HAMMES: Hexenwahn und Hexenprozesse. Frankfurt a. M. 1977 [Fischer Taschenbuch Bd. 1818], S. 68, 264.
32 G. R. TAYLOR: Kulturgeschichte der Sexualität. Frankfurt a. M. 1977 [Fischer Taschenbuch Bd. 1839], S. 58.
33 Ders., S. 97.
34 L. DE MAUSE, a. a. O., S. 398.
35 Ebenda.
36 L. DE MAUSE, a. a. O., S. 568.
37 Berechnet nach: A. E. IMHOF (Gießen), a. a. O., S. 594 f.
38 J. W. VON GOETHE: Aus meinem Leben. In: Sämtliche Werke (COTTA). Stuttgart o. J., Bd. 20, S. 35 ff.
39 A. ARMENGAUD: Die Bevölkerung Europas von 1700–1914. In: Bevölkerungsgeschichte Europas, hrsg. von C. M. CIPOLLA und K. BORCHARDT. München 1971, S. 154 f; A. E. IMHOF (Gießen), a. a. O., S. 442 f; J. KULISCHER, a. a. O., Bd. 2, S. 9.
40 Nach Ph. ARIÈS, Geschichte der Kindheit [im folgenden zit.: Ph. ARIÈS (Kindheit)]. München ²1976, S. 54; zur Kinderpflege: L. DE MAUSE, a.a.O., S. 55 ff, 70, 83 f.

41 J. H. PESTALOZZI: Schriften aus der Frühzeit 1765–1783. Erlenbach-Zürich 1945, S. 359, 398 ff.

42 J. GOTTHELF: Der Bauernspiegel. Erlenbach-Zürich 1921, Bd. 1, S. 66 f.

43 J.-L. FLANDRIN, a. a. O., S. 51 f.

44 L. DE MAUSE, a. a. O., S. 543.

45 A. KELLER/Chr. KLUMKER: Säuglingsfürsorge und Kinderschutz in den europäischen Staaten. Berlin 1912, S. 7. Vgl. die Erzählung von M. ANDERSEN-NEXÖ: Das Kind der Liebe. In: Ders.: Passagiere der leeren Plätze. Berlin 1951.

46 H. SCHERPNER: Geschichte der Jugendfürsorge. Göttingen 1966, S. 159, 170. Zur Säuglingsbehandlung: L. DE MAUSE, a. a. O., S. 570 f.

47 O. RÜHLE: Kinder-Elend [im folgenden zit.: O. RÜHLE (Elend)]. München o. J., S. 17 f.

## *3. Arbeit und Bettel*

1 Es handelt sich um eigene Berechnungen nach den Angaben bei F. BRAUDEL: Civilisation matérielle et Capitalisme. Paris 1967, S. 254, 282. Er zählt auf: 10 Mio. PS durch Ochsen und Pferde, 10 Mio. PS durch Holzfeuer, 1½–3 Mio. PS durch Wasserräder, 233 000 PS durch Segel, 900 000 PS durch 50 Mio. Menschen (diese Kraftleistung ist nach seiner Bemerkung auf S. 254, nach der 7 Menschen die reale Leistung eines Pferdes vollbrächten, zu niedrig angesetzt; es müßten demnach 1,9 Mio. PS sein).

2 Statistiken aus damaliger Zeit sind, wie schon erwähnt, kaum vorhanden. Um 1690 hat ein Engländer namens Gregory KING eine Art Sozialstatistik entworfen, aus der sich ungefähr das genannte Zahlenverhältnis ergibt. Bei der Verallgemeinerung muß aber berücksichtigt werden, daß England um diese Zeit bereits wesentlich wohlhabender war als Deutschland oder Frankreich; Hungertote z. B. waren nahezu unbekannt. Das genannte Zahlenverhältnis kann also auf dem Kontinent nur unterschritten worden sein. – Vgl. P. LASLETT, a. a. O., S. 36 ff, 113–124.

3 J. COCHLAEUS: Brevis Germanie Descriptio [1512], hrsg. von K. LANGOSCH. Darmstadt 1960, S. 87, 89. – Vgl. D. JETTER: Grundzüge der Hospitalgeschichte. Darmstadt 1973, S. VII f., 9, 11 ff., 34 ff.

4 B. DE MANDEVILLE: The Fable of the Bees. Private Vices, Public Benefits [1723]. Oxford 1924, Bd. 1, S. 258 f.

5 H. AUBIN/W. ZORN, a. a. O., Bd. 1, S. 376.

6 D. JETTER, a. a. O., S. 25, 43; W. ABEL (Europa), a. a. O., S. 28 f.

7 Mutter Gans oder Die alten Ammenreime, mit Bildern von Kate GREENAWAY. Frankfurt a. M. o. J.

8 Vgl. W. ABEL (Deutschland), a. a. O., S. 26 f, 32 f.

9 J. KULISCHER, a. a. O., Bd. 2, S. 149.

10 W. ABEL (Deutschland), a. a. O., S. 28. Vgl. C. KÜTHER: Räuber und Gauner in Deutschland. Göttingen 1976, S. 130 f, 172, gibt weitere Beispiele für das 17. und 18. Jahrhundert aus Württemberg und Sachsen-Coburg.

11 J. KUCZYNSKI: Studien zur Geschichte der Lage des arbeitenden Kindes in Deutschland von 1700 bis zur Gegenwart. Berlin 1968, S. 6.

12 J. U. SCHÖLL: Abriß des Jauner- und Bettelwesens in Schwaben [1793], nach: P. LAHNSTEIN: Report einer ›guten alten Zeit‹. Zeugnisse und Berichte 1750 bis 1805. Stuttgart 1970, S. 386 f.

13 J. U. SCHÖLL, a. a. O., S. 387 f.

14 Ders., S. 388.

15 C. KÜTHER, a. a. O., S. 113 ff.

16 Ders., S. 99 ff.

17 Ders., S. 15 ff., 23 ff.

18 Ders., S. 19 ff.
19 Forum Jugendhilfe, hrsg. von der Arbeitsgemeinschaft Jugendhilfe. Bonn 1976, H. 3/4, S. 18.
20 Statistisches Bundesamt Wiesbaden (Hrsg.): Bevölkerung und Kultur, H. 11 (Volkszählung vom 27. Mai 1970): Bevölkerung in Anstalten, S. 23–27.
21 H. F. GEIST/A. MAHLAU: Spielzeug. München 1971, S. 35 f. Vgl. M. BACHTIN: Literatur und Karneval. München 1969, S. 34, 38.
22 F. VAN DER VEN: Sozialgeschichte der Arbeit. München 1972, Bd. 2, S. 169.
23 R. ALT: Bilderatlas zur Schul- und Erziehungsgeschichte. Berlin 1966, Bd. 2, S. 463; C. KÜTHER, a. a. O., S. 16 f.
24 Leben und Ereignisse des Peter PROSCH, eines Tyrolers von Ried im Zillerthal, oder Das wunderbare Schicksal geschrieben in den Zeiten der Aufklärung [1789]. München 1964, S. 15 f.
25 Ders., S. 16 f.
26 Ders., S. 22.
27 J. U. SCHÖLL, a. a. O., S. 391.
28 Ebenda.
29 C. KÜTHER, a. a. O., S. 76, 79.
30 Zur Erziehungsprogrammatik u. a.: Schwarze Pädagogik. Quellen zur Naturgeschichte der bürgerlichen Erziehung, hrsg. von K. RUTSCHKY [im folgenden zit.: K. RUTSCHKY (Pädagogik)]. Frankfurt a. M. 1977.
31 C. KÜTHER, a. a. O., S. 101.
32 Ders., S. 141.
33 J. KUCZYNSKI, a. a. O., S. 7.
34 Ernst DRONKE: Berlin [1846], hrsg. von R. NITSCHE. Darmstadt 1974, S. 239 f.
34a Vgl. hierzu demnächst E. KLEE: Pennbrüder und Stadtstreicher. Der Nichtseßhaften-Report. Frankfurt a. M. 1979 [Fischer Taschenbuch Bd. 4205].
35 H. SCHERPNER: Geschichte der Jugendfürsorge. Göttingen 1966, S. 101.
36 J. KULISCHER, a. a. O., Bd. 2, S. 151.
37 Ders., S. 149 ff.
38 J. KUCZYNSKI, a. a. O., S. 16.
39 Ders., S. 30.
40 J. KULISCHER, a. a. O., Bd. 2, S. 149 ff; J. KUCZYNSKI, a.a.O., S. 27–32.
41 Nach: J. KULISCHER, a. a. O., Bd. 2, S. 156.
42 B. DE MANDEVILLE, a. a. O., S. 268 f.
43 J. KULISCHER, a. a. O., Bd. 2, S. 187 f.
44 Ders., S. 182 ff, 189; vgl. J. KUCZYNSKI, a.a.O., S. 17 ff, 27 ff, 42 ff.
45 Th. und F. PLATTER und Th. A. D'AUBIGNE: Lebensbeschreibungen, hrsg. von O. FISCHER. München 1911, S. 143.
46 P. PROSCH, a. a. O., S. 22 f.
47 J. KULISCHER, a. a. O., Bd. 2, S. 187 f.
48 nach J. KULISCHER, a. a. O., Bd. 2, S. 188. Es handelt sich hier um die Schilderung der Kinderjahre von G. CRAWFORD, dem Erfinder einer Spinnmaschine.
49 K. IVEN: Die Industriepädagogik des 18. Jahrhunderts. Berlin/Leipzig 1929, S. 19, 21. Vgl. J. KUCZYNSKI, a. a. O., S. 15 ff.
50 H. SCHERPNER, a. a. O., S. 98 ff.
51 Die Darstellung der Industriepädagogik folgt weitgehend K. IVEN, a. a. O., S. 62, 112 ff; das böhmische Beispiel a.a.O., S. 106, 110; zu diesem auch J. KUCZYNSKI, a.a.O., S. 18.
51a Quellen zur Geschichte der Erziehung, hrsg. von K.-H. GÜNTHER u. a. Berlin $^{7}$1975, S. 105.
52 J. KUCZYNSKI, a.a.O., S. 42–54, Zitate S. 53.
53 H. AUBIN/W. ZORN, a.a.O., Bd. 2, Stuttgart 1976, S. 17 ff; W. KÖLLMANN: Der Prozeß der Verstädterung. In: Gesellschaft in der industriellen Revolution,

hrsg. von R. BRAUN, u. a. Köln 1973, S. 245; J. KULISCHER, a. a. O., Bd. 2, S. 421 f.

54 Bevölkerung und Wirtschaft 1872–1972, hrsg. anläßlich des 100jährigen Bestehens der zentralen amtlichen Statistik vom Statistischen Bundesamt Wiesbaden. Stuttgart 1972, S. 142; H. SOHNREY: Der Zug vom Lande und die soziale Revolution. Leipzig 1894, S. 16.

55 H. SOHNREY, a. a. O., S. 4.

56 Sozialgeschichtliches Arbeitsbuch. Materialien zur Statistik des Kaiserreichs 1870–1914, hrsg. von G. HOHORST, J. KOCKA und G. A. RITTER [im folgenden zit.: G. HOHORST, J. KOCKA, G. A. RITTER (Arbeitsbuch)]. München 1975, S. 66, unter Berücksichtigung der Anmerkungen 2 und 8 auf S. 68.

57 Bevölkerung und Wirtschaft, a. a. O., S. 140.

58 Ebenda, S. 144 f.

59 Z. B. nach der Gründerkrise von 1873, zu Beginn der 1880er Jahre, der 90er Jahre und Anfang des 20. Jahrhunderts; vgl. H. MOTTEK/W. BECKER/A. SCHRÖTER: Wirtschaftsgeschichte Deutschlands, Bd. 3. Berlin 1974, S. 176, 187.

60 W. SOMBART: Das Proletariat. Frankfurt a. M. 1906, S. 63; G. HOHORST, J. KOCKA, G. A. RITTER (Arbeitsbuch), a. a. O., S. 67.

61 J. KUCZYNSKI, a. a. O., S. 123.

62 N. OSTERROTH: Vom Beter zum Kämpfer. Berlin 1920, S. 16.

63 E. DRONKE, a. a. O., S. 227, 230.

64 N. OSTERROTH, a. a. O., S. 49 ff.

65 O. RÜHLE (Elend), a.a.O., S. 26 f; J. KUCZYNSKI, a.a.O., S. 123.

66 F. LÜTH: Aus der Jugendzeit eines Tagelöhners [1908]. In: Proletarische Lebensläufe, hrsg. von W. EMMERICH. Reinbek 1974, Bd. 1, S. 238; vgl. S. 240 f.

67 O. RÜHLE: Das proletarische Kind [1911] [im folgenden zit.: O. RÜHLE (Kind)]. Frankfurt a. M. 1970, S. 198 f.

68 Deutsche Sozialgeschichte. Dokumente und Skizzen, hrsg. von G. A. RITTER und J. KOCKA. [im folgenden zit.: G. A. RITTER/J. KOCKA] Bd. 2 (1870–1914). München 1974, S. 159 und 261 f.

69 Dies., S. 263.

70 Dies., S. 159.

71 J. KUCZYNSKI, a. a. O., S. 186 f.

72 Die vorstehenden Angaben sind entnommen W. TREUE: Haus und Wohnung im 19. Jahrhundert. In: Städte-, Wohnungs- und Kleiderhygiene des 19. Jahrhunderts in Deutschland, hrsg. von W. ARZELT u. a. Stuttgart 1969, S. 34 ff.

73 Ders., S. 81.

74 Ders., S. 46 ff.

75 Ders., S. 37.

76 G. A. RITTER/J. KOCKA, a. a. O., S. 58.

77 W. TREUE, a. a. O., S. 44.

78 G. A. RITTER/J. KOCKA, a. a. O., S. 271.

79 M. MITTERAUER (Familienverfassung), a. a. O., S. 77 f.

80 W. TREUE, a. a. O., S. 36 ff. Zitat: S. 37.

81 Ders., S. 45.

82 O. RÜHLE (Elend), a.a.O., S. 8.

83 Nach: Ders., S. 7 f.

84 Bevölkerung und Wirtschaft, a. a. O., S. 109, 112.

85 Ders., S. 110, 121.

86 W. ABEL (Europa) a. a. O., S. 304 f.

87 HARDENBERGS Umfrage über die Lage der Kinder in den Fabriken und andere Dokumente aus der Frühgeschichte der Lage der Arbeiter, hrsg. von R. HOPPE, J. KUCZYNSKI u. a. [im folgenden zit.: HARDENBERG-Umfrage]. Berlin 1960, S. 3 f; J. KULISCHER, S. 467 ff.
88 Ders., S. 5 ff.
89 J. KUCZYNSKI, a. a. O., S. 89; vgl. zu diesem Tatbestand auch: Ders., Bd. 2, S. 485.
90 Ders., S. 90 f.
91 Ders., S. 44, 54, 92.
92 Ders., S. 91 f; J. KULISCHER, a. a. O., Bd. 2, S. 485.
93 J. KULISCHER, a.a.O., Bd. 2, S. 485 f; J. KUCZYNSKI, a.a.O., S. 100 ff, 107 f.
94 J. KULISCHER, a. a. O., Bd. 2, S. 468; J. KUCZYNSKI, a. a. O., S. 103.
95 Die nachstehenden Angaben sind entnommen den »Jahresberichten der Fabrikinspektoren« für die Jahre 1876, 1877 und 1878, die im Auftrag des preußischen Ministers für Handel, Gewerbe und öffentliche Arbeiten jeweils im darauffolgenden Jahr in Berlin publiziert wurden.
96 U. BRÄKER, a. a. O., S. 44.
97 P. LAHNSTEIN, a. a. O., S. 160.
98 R. ENGELSING: Analphabetentum und Lektüre. Zur Sozialgeschichte des Lesens in Deutschland zwischen feudaler und industrieller Gesellschaft [im folgenden zit.: R. ENGELSING (Analphabetentum)]. Stuttgart 1973, S. 49.
99 Ders., S. 72.
100 HARDENBERG-Umfrage, S. 81, 80.
101 Ders., S. 78 f.
102 G. A. RITTER/J. KOCKA, a. a. O., S. 280 f.
103 Berliner Statistik, hrsg. vom Statistischen Landesamt Berlin. Berlin 1973, H. 3.
104 G. A. RITTER/J. KOCKA, a. a. O., S. 417 f.
105 J. KUCZINSKI, a. a. O., S. 21.
106 Ders., S. 21 ff; J. KULISCHER, a. a. O., Bd. 2, S. 485 f.
107 J. KUCZINSKI, a. a. O., S. 23.
108 R. ENGELSING (Analphabetentum), a. a. O., S. 115.
109 Ders., S. 105.
110 N. OSTERROTH, a. a. O., S. 53.
111 K. IVEN, a. a. O., S. 66, 78.
112 Vgl. H.-U. WEHLER: Das Deutsche Kaiserreich 1871–1918. Göttingen 1973, S. 126 f, 135, 146 f; F. ZUNKEL: Industriebürgertum in Westdeutschland. In: Moderne deutsche Sozialgeschichte, hrsg. von H.-U. WEHLER. 2. Aufl., Köln 1968, S. 309 ff.
113 H. SCHERPNER, a. a. O., S. 130 ff.
113a G. ERNING: Quellen zur Geschichte der öffentlichen Kleinkindererziehung. Kastellaum 1976, S. 29 ff, 37 f, 88.
114 Der Arbeiterfreund, hrsg. von V. BÖHMERT und R. GHEIST, Berlin 1884, S. 42 ff.
115 H. MOTTEK/W. BECKER/A. SCHRÖTER, a. a. O., S. 174.
116 G. HOHORST, J. KOCKA, G. A. RITTER (Arbeitsbuch), a. a. O., S. 132.
117 Vgl. J. KUCZYNSKI, a. a. O., S. 137 ff.
118 Nach A. KÖHLER: Die Praxis des Kindergartens. Weimar 1920, S. 8.

## 4. *Kinder werden Kinder*

1 Vgl. E. GARIN: Geschichte und Dokumente der abendländischen Pädagogik, Bd. 3. Reinbek 1967, S. 65 ff, 148 ff, 223 ff.
2 N. ELIAS, a. a. O., S. 219–229.
3 Ph. ARIÈS (Kindheit), a. a. O., S. 264–268, 560 ff.
4 N. ELIAS, a. a. O., S. 96 ff, 149 ff.
5 L. DE MAUSE, a. a. O., S. 327.
6 E. SHORTER: Der Wandel der Mutter-Kind-Beziehungen zu Beginn der Moderne. In: Geschichte und Gesellschaft, Jg. 1 (1975), H. 2/3, S. 257.
7 D. HUNT: Parents and Children in History. New York ²1972, S. 126–132; L. DE MAUSE, a. a. O., S. 62 ff; J. J. ROUSSEAU: Emile [1762]. Stuttgart 1970, S. 118 ff.
8 R. FARSON: Menschenrechte für Kinder. München 1975, S. 21.
9 Ph. ARIÈS (Kindheit), S. 137 [Hervorhebung im Original].
10 L. DE MAUSE, a. a. O., S. 22 ff, 66 ff; J. J. ROUSSEAU, a. a. O., S. 129.
11 L. DE MAUSE, a. a. O., S. 24 ff.
12 Ders., S. 353; vgl. zu den wissenschaftlichen Verdiensten von VIVES: E. GARIN, Bd. II, S. 55 f, 283.
13 D. HUNT, a. a. O., S. 133 ff, 137 ff, Zitat S. 135.
14 L. DE MAUSE, a. a. O., S. 70.
15 Ders., S. 352 [Hervorhebung im Original].
16 Ph. ARIÈS (Kindheit), a.a.O., S. 215; vgl. L. DE MAUSE, a.a.O., S. 201, 261.
17 Meister J. DIETZ: Mein Lebenslauf [1738]. München 1966, S. 198.
18 Ph. ARIÈS (Kindheit), a.a.O., S. 111, 211 f.
19 Ders., Histoire des populations Françaises et de leurs attitudes devant la vie depuis le XVIIIe siècle [im folgenden zit.: Ph. ARIÈS (Histoire)]. Paris 1946; vgl. ders. (Kindheit), a. a. O., S. 212 ff, E. SHORTER, a.a.O., S. 256 ff.
20 K. HAUSEN: Familie als Gegenstand historischer Sozialwissenschaft. In: Geschichte und Gesellschaft, Jg. 1 (1975), H. 2/3, S. 201.
21 Vgl. für deutsche Erziehungsvorstellungen: K. RUTSCHKY (Pädagogik), a. a. O., D. ELSCHENBROICH: Kinder werden nicht geboren. Frankfurt a. M. 1977.
22 J.-J. ROUSSEAU, a. a. O., S. 206 f.
23 Ders., S. 208.
24 Ders., S. 389.
25 Ders., S. 392.
26 Ders., S. 391.
27 Ders., S. 265 f.
28 Ph. ARIÈS (Kindheit), a. a. O., S. 84 ff, 209–217, 346 ff.
29 E. SHORTER, a. a. O., S. 262.
30 P. PROSCH, a. a. O., S. 120.
31 D. JETTER, a. a. O., S. 84 ff; L. DE MAUSE, a. a. O., S. 51 f.
32 E. DRONKE, a. a. O., S. 231.
33 S. BORN: Erinnerungen eines Achtundvierzigers (1898), hrsg. und eingel. von H. J. SCHÜTZ. Berlin/Bonn 1978, S. V.
34 Ch.-L. PHILIPPE: Mutter und Kind (1900; 1911). Berlin 1912, S. 1, 4f.
35 Ph. ARIÈS (Histoire), a. a. O., S. 355 ff.
36 J. SCHUMANN/H.-J. KORFF/M. SCHUMANN: Sozialisation in Schule und Fabrik. Berlin 1976, S. 61 f, 81 f, 87 f.

## 5. *Spielen*

1 PLATTERs Aufzeichnungen, in: Erlebnis und Bekenntnis. Eine Sammlung von Selbstbiographien, hrsg. von O. FISCHER. München 1911, S. 179 f.

2 M. M. MONTESSORI: Erziehung zum Menschen. Montessori-Pädagogik heute. München 1977, S. 57, 54 ff.

3 Im Original in Paris 1960 erschienen. Im folgenden wird nach der 2. deutschen Auflage, München 1976, zitiert. Ph. ARIÈS beschäftigt sich ausführlich mit französischen Quellen. Die gekennzeichneten Verhältnisse dürften jedoch nicht nur für Frankreich charakteristisch sein. Eine in vielem an Ph. ARIÈS anknüpfende Untersuchung für den deutschen Bereich liegt neuerdings von D. ELSCHENBROICH (Kinder werden nicht geboren. Frankfurt a. M. 1977) vor. Diese Neuerscheinung konnte leider nicht mehr eingearbeitet werden.

4 H. KELLENBENZ: Technology in the Age of the Scientific Revolution 1500–1700. In: C. M. CIPOLLA (ed.): The Fontana Economic History of Europe, II. Glasgow 1974, S. 265. Vgl. W. ABEL (Deutschland), a. a. O., S. 19 f.

5 A. L. MORTON: Die englische Utopia. Berlin 1958, S. 25.

6 AUGUSTINUS: Bekenntnisse, hrsg. von U. VON BALTHASAR. Frankfurt a. M. 1955, S. 15.

7 L. DE MAUSE, a. a. O., S. 147–263. Folgende Zitate: S. 189, 190.

8 Vgl. von der Arbeitsgruppe Kinderschutz: Gewalt gegen Kinder, hrsg. von H. BAST u. a., Reinbek 1975, S. 326–333. Danach gab es 1973 mehr als 2000 gerichtlich verfolgte Kindesmißhandlungen, annähernd 1000 erfaßte Kindesvernachlässigungen, 60 getötete Kindesopfer in der BRD und Westberlin.

9 S. BRANT: Das Narrenschiff [1494]. Stuttgart 1964, S. 285, 216.

10 Ders., S. 27.

11 Beide Zitate nach: A. KÖHLER, a. a. O., S. 5.

12 Ph. ARIÈS, a. a. O., S. 133, 137, 159 f.

13 Quellen zur Geschichte der Erziehung, hrsg. von K. GÜNTHER u. a., Berlin 1975, S. 52.

14 Die folgenden Zitate aus Johannes Amos COMENIUS: Informatorium der Mutterschul [1633]. Langensalza 1898, S. 29, 34 f.

15 A. KÖHLER, a. a. O., S. 10–12.

16 J. H. CAMPE: Robinson der Jüngere. Ein Lesebuch für Kinder. Braunschweig $^{49}$1855, S. III.

17 U. BRÄKER, a. a. O., S. 25.

18 Ders., S. 28.

19 Ders., S. 4 .

20 P. LAHNSTEIN: Report einer ›guten alten Zeit‹. Stuttgart 1970, S. 113 f.

21 R. ENGELSING: Zur Sozialgeschichte deutscher Mittel- und Unterschichten. Göttingen 1973, S. 185 ff.

22 K. HAUSEN, a. a. O., S. 201.

23 G. BÄUMER/L. DROESCHER: Von der Kindesseele. 5. Aufl., Leipzig o. J., S. 7 f.

24 J. H. JUNG-STILLING: Lebensgeschichte [1777/78]. Darmstadt 1976, S. 46.

25 R. DIRX: Gaukler, Kinder, kluge Köpfe. Hannover 1968, S. 88 f.

26 J. H. JUNG-STILLING, a. a. O., S. 47.

27 Ders.

28 K. Ph. MORITZ: Anton Reiser [1785]. Stuttgart 1975, S. 25.

29 P. ROSEGGER: Waldheimat. Bd. 1, Leipzig o. J., S. 177 ff.

30 G. BÄUMER/L. DROESCHER, a. a. O., S. 27 f.

31 K. BRÖGER: Der Held im Schatten. Jena 1920, S. 5–8.

32 Ders., S. 6.

33 M. MORUM (damaliges Pseudonym der Verfasserin): Der standhafte Zinnsoldat und der Psychologe. In: Berlin am Mittag vom 11. 3. 1947, Feuilleton.

34 Quellen zur Geschichte der öffentlichen Kleinkindererziehung, hrsg. von G. ERNING. Kastellaum 1976, S. 93.

35 W. RAABE: Der Hungerpastor [1864]. Berlin-Grunewald o. J., S. 27.

36 L. ZIETZ: Wie wir Kinder beim Brotverdienen helfen mußten (um 1875) [1919]. In: Proletarische Lebensläufe, Autobiographische Dokumente zur Ent-

stehung der Zweiten Kultur in Deutschland, hrsg. von W. EMMERICH. Bd. 1: Anfänge bis 1914. Reinbek 1974, S. 180f.

37 A. POPP: Jugend einer Arbeiterin [1922]. Berlin 1977, S. 35.

38 J. KUCZYNSKI, a. a. O., S. 226.

39 Ders., S. 230.

40 Das folgende nach O. RÜHLE (Elend), a. a. O., S. 26 f.

41 H. MARTINSON: Die Nesseln blühen. Frankfurt a. M. 1974, S. 116, 206 f.

42 O. RÜHLE: Zur Psychologie des proletarischen Kindes [im folgenden zit.: O. RÜHLE (Psychologie)]. Frankfurt a. M. $^{2}$1970 [Fischer Taschenbuch Bd. 6280], S. 172–212.

43 Ders., S. 197, 208.

44 Ders. (Elend), S. 85 f.

45 H. HETZER: Kindheit und Armut [1929]. Leipzig $^{2}$1937.

46 B. BETTELHEIM: Die Kinder der Zukunft. Gemeinschaftserziehung als Weg einer neuen Pädagogik. Wien 1971.

47 G. IBEN u. a.: Randgruppen der Gesellschaft. München $^{2}$1972, S. 95.

48 Dritter Jugendbericht, hrsg. vom Bundesminister für Jugend, Familie und Gesundheit. Bonn 1972, S. 26.

49 Vgl. die vom Deutschen Jugendinstitut München herausgegebene Bibliographie zum Spiel im Kindesalter (München 1971). Vgl. auch die Veröffentlichung »Spielzeug – und wozu es gebraucht wird«, Katalog zu einer Ausstellung des Internationalen Design-Zentrums Berlin e. V. im Mai/Juni 1975. – Aus der Vielzahl der anschaulichen Darstellungen seien genannt: A. FRASER: Spielzeug. Oldenburg 1966; H. F. GEIST/A. MAHLAU: Spielzeug. München 1971.

50 P. OSWALD/G. SCHULZ-BENESCH: Grundgedanken der Montessori-Pädagogik. Freiburg 1967, pass.

## 6. *Lesen*

1 W. MEHRING: Die verlorene Bibliothek. München 1964, S. 33, 38. J. SWIFT: Ausgewählte Werke. Politische Schriften, Bd. 1. Frankfurt a. M. 1972, S. 255.

2 Ch. PERRAULT: Parallèles des Anciens et des Modernes. [1687/90] München 1964; P. HAZARD: Les Livres, Les Hommes et Les Enfants. Paris 1949, S. 19ff.

3 P. HAZARD, a. a. O., S. 20 f.

4 E. GARIN, a. a. O., Bd. III, S. 65 ff.

5 P. HAZARD, a. a. O., S. 46 ff.

6 P. LASLETT, a. a. O., S. 34 f.

7 E. GARIN, a. a. O., S. 211.

8 P. HAZARD, a. a. O., S. 24.

9 Vgl. R. SCHENDA: Volk ohne Buch. Studien zur Sozialgeschichte der populären Lesestoffe 1770–1910. München 1977, S. 213 ff, 230 ff, 271–298.

10 P. HAZARD, a. a. O., S. 51.

11 R. ENGELSING: Der Bürger als Leser [im folgenden zit.: R. ENGELSING (Leser)]. Stuttgart 1974, S. 121 ff.

12 Ders.: Analphabetentum und Lektüre [im folgenden zit.: R. ENGELSING (Analphabetentum)]. Stuttgart 1973, S. 37, 44.

13 U. BRÄKER, a. a. O., S. 44 f.

14 J. W. VON GOETHE: Aus meinem Leben. Dichtung und Wahrheit, 1. Teil/1. Buch. Stuttgart o. J., S. 34.

15 Vgl. R. ENGELSING (Analphabetentum), a.a.O., S. 68.

16 J. W. VON GOETHE, a. a. O., S. 34 f.

17 Vgl. Quellen zur Geschichte der Erziehung, hrsg. von K. GÜNTHER u. a., Berlin

1975, S. 141 § 47; vgl. auch: W. BENJAMIN: über Kinder, Jugend und Erziehung. Frankfurt a. M. 1970, S. 43.

18 J. DREWS: Zum Kinderbuch. Frankfurt a. M. 1975, S. 20. – Erinnert sei daran, daß CAMPE auch das Spiel – wie im vorigen Kapitel erwähnt – seiner Vernunftpädagogik unterordnete.

19 Ch. G. SALZMANN: Ameisenbüchlein oder Anweisung zu einer nützlichen Erziehung der Erzieher [1806]. Leipzig 1888, S. 6, 34, 88.

20 P. HAZARD, a. a. O., S. 59; R. SCHENDA, a. a. O., S. 74 f.

21 R. SCHENDA, a. a. O., S. 75 ff.

22 Ders., S. 76 ff.

23 Vgl. W. ABEL (Deutschland), a. a. O., S. 11. f, 16.

24 K. F. VON KLOEDENS Jugenderinnerungen [1874]. Neu hrsg. von K. KOETSCHAU. Leipzig 1911, S. 86 f, 112 f.

25 L. RICHTER: Lebenserinnerungen eines deutschen Malers [1885]. Leipzig o. J., S. 37, 50.

26 Vgl. die Urfassung der »Märchen der Gebrüder Grimm« [1812]. Frankfurt a. M. 1962 [Reihe »Exempla Classica« im Fischer Taschenbuch Verlag, Bd. 60].

27 R. SCHENDA, a. a. O., S. 83 ff.

28 K. BRÖGER: Der Held im Schatten. Jena 1920. S. 11.

29 R. ENGELSING (Analphabetentum), a. a. O., S. 115 f.

30 Vgl. R. SCHENDA, a. a. O., S. 88.

31 K. RETZLAW: Spartakus. Aufstieg und Niedergang. Erinnerungen eines Parteiarbeiters. Neuaufl., Frankfurt a. M. 1972, S. 22 f.

32 H. HETZER, a. a. O., S. 71 ff.

33 G. IBEN, a. a. O., S. 93 f.

34 W. KRAUSS: Reise nach Utopia. Französische Utopien aus drei Jahrhunderten. Berlin (1964), S. 19, vgl. S. 17.

35 P. RÜHMKORF: Über das Volksvermögen. Exkurse in den literarischen Untergrund. Hamburg 1969, S. 24 f. Vgl. D. RICHTER/J. MERKEL: Märchen, Phantasie und soziales Lernen. Berlin 1974, S. 25 f, 29 ff.

## 7. *Verführte, preisgegebene Jugend*

1 Zu dem auch sozialgeschichtlich aufschlußreichen Werk von FIDUS vgl. J. FRECOT/J. Fr. GEIST/D. KERBS: Fidus 1868–1948. Zur ästhetischen Praxis bürgerlicher Fluchtbewegungen. München 1972.

2 Schallplatte: Zupfgeigenhansel. Volkslieder II. Beiheft. Noten- und Textedition von Th. FRITZ und E. SCHMECKENBECKER. Verlag Pläne, Dortmund 1947.

3 W. LAQUEUR: Die deutsche Jugendbewegung. Köln 1962. Vgl. auch W. H. KOCH: The Hitler Youth. Origins and Development 1922–1945. London 1975, S. 32.

4 Zupfgeigenhansel, a. a. O.

5 Ch. FÜHR: Zur Schulpolitik der Weimarer Republik. Weinheim 1972, S. 342 f.

5a Vgl. Bildung und Kultur. Fachserie 11, Reihe 1.1 Schulen der allgemeinen Ausbildung, hrsg. vom STATISTISCHEN BUNDESAMT WIESBADEN. Stuttgart 1974, S. 22, 59, 84, 111, 152 f.

6 Das Manuskript des Tagebuches (1931–1933) befindet sich im Besitz der Verfasserin. Die Ergänzungen des folgenden Auszugs, die in Klammern stehen, wurden von der Verfasserin hinzugefügt.

7 Bruno GEBHARDT: Handbuch der deutschen Geschichte. Stuttgart [9]1976, S. 834.

8 W. LEIDENBACH: Sehnsucht und Irrweg einer Jugend. In: Hessische Jugend, Jg. 12 (1960), H. 10, S. 4.

9 B. VON SCHIRACH: Ich glaubte an Hitler. Hamburg 1967, S. 169.
10 Ders., S. 176; A. KLÖNNE: Gegen den Strom. Bericht über die Jugendopposition im Dritten Reich. Hannover o. J. (1957), S. 16.
11 W. KLOSE: Generation im Gleichschritt. Ein Dokumentarbericht. Oldenburg/Hamburg 1964, S. 48.
12 W. H. KOCH, a. a. O., S. 41.
13 W. LEIDENBACH, a. a. O., S. 5.
14 B. VON SCHIRACH, a. a. O., S. 160.
15 I. SCHOLL: Die Weiße Rose. Frankfurt a. M. [10]1961, [Fischer Taschenbuch Bd. 88], S. 11.
16 A. HITLER: Mein Kampf. München 1936, S. 451 f. – Vgl. W. KLOSE, a. a. O., S. 200; G. LEHNIGK: »Dein Leben gehört dem Führer«. In: Hessische Jugend, Jg. 12 (1960), H. 10, S. 10.
17 Dazu ausführlich: W. KOCH, a. a. O., S. 162–178.
18 Ursachen und Folgen, hrsg. von H. MICHAELIS und E. SCHRAEPLER. Berlin o. J., Bd. 9, S. 527.
19 Dass., Bd. 11, S. 132.
20 W. KLOSE, a. a. O., S. 148.
21 D. SCHOENBAUM: Die braune Revolution. Köln 1968, S. 108 ff, 152 ff; T. MASON: Sozialpolitik im Dritten Reich. Opladen 1977, S. 124 ff.
22 Aus einer Befragung der Verfasserin.
23 Ursachen und Folgen, a. a. O., Bd. 9, S. 529. Vgl. A. KLÖNNE, a. a. O., S. 17 f, 23 f, 70–75.
24 B. VON SCHIRACH, a. a. O., S. 190–194; A. KLÖNNE, a. a. O., S. 117 f, 120; J. SCHOLL, a. a. O., S. 18 f.
25 Ursachen und Folgen, a. a. O., Bd. 11, S. 132 f.
26 W. KLOSE, a. a. O., S. 48.
27 Ursachen und Folgen, a. a. O., Bd. 9, S. 526. Zur NS-Schulpolitik, die hier ausgespart wird, vgl. R. EILERS: Die nationalsozialistische Schulpolitik. Köln 1963.
28 Zum Jugendwiderstand: W. H. KOCH, a. a. O., S. 204–227; ausführlich A. KLÖNNE, a. a. O.
29 Zupfgeigenhansel, a. a. O.
30 W. H. KOCH, a. a. O., S. 223; vgl. auch A. KLÖNNE, a. a. O.
31 I. SCHOLL, a. a. O., S. 103 f.
32 W. H. KOCH, a. a. O., S. 229 ff.
33 G. LEHNIGK, a. a. O., S. 10.
34 W. KLOSE, a. a. O., S. 71.
35 Ursachen und Folgen, a. a. O., Bd. 11, S. 138 f.
36 W. H. KOCH, a. a. O., S. 240, 251, 253.
37 Ders., S. 244 ff.
38 W. BÄCHLER: Jugend der Städte. In: Deutsche Großstadtlyrik vom Naturalismus bis zur Gegenwart. Stuttgart 1973, S. 385.
39 E. BEHREND-ROSENFELD/G. LUCKNER: Lebenszeichen aus Piaski. München 1970, S. 92 f.
40 G. SCHOENBERNER: Der Gelbe Stern. Hamburg 1960, S. 32; Neuauflage München 1978.
41 Ders., S. 51. Vgl. auch: Medizin ohne Menschlichkeit, hrsg. v. A. MITSCHERLICH/F. MIELKE. Frankfurt a. M. [4]1978 [Fischer Taschenbuch Bd. 2003].
42 G. SCHOENBERNER, a. a. O., S. 175, 182.
43 J. KORCZAK: Das Recht des Kindes auf Achtung. Neuausgabe, Göttingen 1970, S. 237.
44 G. SCHOENBERNER, a. a. O., S. 194.
45 Ders., S. 136. Vgl. auch R. Höß: Kommandant in Auschwitz. München 1977.
46 Yiddish-Gedichte, hrsg. von J. WULF. Berlin 1964, S. 43 f.
47 Ders., S. 60.

## *8. Kinder in der Welt von heute*

1 F. ZIPFEL in: Das Dritte Reich, hrsg. von E. ALEFF, Hannover [6]1970, S. 240.
2 D. u. D. MEADOWS u. a.: Die Grenzen des Wachstums. Reinbek 1973, S. 32, 58, 98. Vgl. FISCHER-WELTALMANACH 1978, hrsg. von G. FOCHLER-HAUKE. Frankfurt a. M. 1977, S. 120ff, 148ff.
3 Vgl. Bevölkerung und Wirtschaft 1872–1972, hrsg. vom STATISTISCHEN BUNDESAMT WIESBADEN. Stuttgart 1972, S. 112; Population, hrsg. vom INSTITUT NATIONAL DE' ETUDES DÉMOGRAPHIQUES, Jg. 21 (1966), S. 1006, 1022.
4 Bevölkerung und Erwerbstätigkeit. Reihe 3: Haushalte und Familien, hrsg. vom STATISTISCHEN BUNDESAMT WIESBADEN. Stuttgart 1977, S. 8 ff, 132.
5 Nach einer Mitteilung in: ›Frankfurter Rundschau‹ vom 30. 1. 1978.
5a Gewalt gegen Kinder, hrsg. von H. BAST u. a. Reinbek 1975.
6 ›Frankfurter Rundschau‹ vom 30. 1. 1978. Vgl. auch: Gewalt gegen Kinder, hrsg. von H. BAST u. a., a. a. O.; ›Das Sichere Haus‹, Jg. 22 (1977), H. 4, S. 4.
7 Dritter Jugendbericht, hrsg. vom BUNDESMINISTER FÜR JUGEND, FAMILIE UND GESUNDHEIT. Bonn 1972, S. 25.
8 Bildung und Kultur. Fachserie 11, Reihe 1.1: Schulen der allgemeinen Bildung, hrsg. vom STATISTISCHEN BUNDESAMT WIESBADEN. Stuttgart 1974, S. 49, 104, 143, 190.
9 F. NIEHL: Chancengleichheit ohne Chance. Stuttgart 1975; vgl. ›Der Spiegel‹ vom 29. 9. 1975, S. 59.
10 Ergebnisse der Jugendpolitischen Kongresse von CDU und SPD (1976). In: Forum Jugendhilfe. AGJ. 1976, H. 2, S. 51 ff; O. SPECK: Uneigentliche Sonderschüler. In: ›Unsere Jugend‹. München/Basel 1973, S. 308 f.
11 Diese und die folgenden Zitate aus dem Grundgesetz nach: Deutsche Verfassungen [Goldmann TB]. 4. Aufl. München o. J., S. 112 f.
12 Vgl. E. VON BRAUNMÜHL/H. KUPFER/H. OSTERMEYER: Die Gleichberechtigung des Kindes, Frankfurt a. M. 1976 [Fischer Taschenbuch Bd. 6338]., vgl. auch Internationale Dokumente zum Menschenrechtsschutz, hrsg. von F. ERMACORA. Stuttgart 1971.
13 Die Erklärung wird zitiert nach: ›Der Überblick. Zeitschrift für ökumenische Zusammenarbeit und weltweite Begegnung‹, 10. Jg. (1974), H. 4, S. 7.
14 Aus einem UNO-Bericht von 1971. Nach: F. FROEBEL/J. HEINRICHS/O. KREYE: Die Armut des Volkes. Auszüge aus Dokumenten der Vereinten Nationen. Hamburg 1974, S. 20 ff.
15 Dies., S. 61 f.

# Abbildungsnachweis

1) Friedrich Schramm: *Schutzmantelmadonna aus Ravensburg* (Holz; um 1480). Bildarchiv Foto Marburg.
2) Tiziano Vecelli, gen.: Tizian: *Bildnis der Clarissa Strozzi im Alter von zwei Jahren* (1542). Gemäldegalerie. Staatliche Museen Preußischer Kulturbesitz, Berlin (West). Foto: Jörg Anders.
3) Pieter Brueghel d. Ä.: *Klein-(Findel-)Kinder-Übergabe vor Klosterhospital* (Ausschnitt aus: *Der Alchimist*; 16. Jht.). Kupferstichkabinett. Staatliche Museen Preußischer Kulturbesitz, Berlin (West). Foto: Jörg Anders.
4) Gerrard Dou: *Die junge Mutter* (vor dem Stillen) (Mitte 17. Jht.). Gemäldegalerie, a.a.O.
5) Gabriele Metsu: *Bildnis einer Patrizierfamilie* (17. Jht.). Gemäldegalerie, a.a.O.
6) Isaak van Ostade: *Inneres eines Bauernhauses* (1545). Gemäldegalerie, a.a.O.
7) Gerhard Terborch: *Die Familie des Schleifers* (17. Jht.). Gemäldegalerie, a.a.O.
8) Antoine Watteau: *Der Tanz* (um 1719). Gemäldegalerie, a.a.O.
9) J. Dumont: *Mutter mit Kind im Tragekasten* (18. Jht.). Aus: Otto Rühle: Illustrierte Kultur- und Sittengeschichte des Proletariats, Berlin 1930, S. 70; mit freundlicher Genehmigung des Verlages Neue Kritik, Frankfurt am Main.
10) Unbekannter Künstler: *Mutter mit ihren Kindern im Zuchthaus zu London* (1811). Verlag Volk und Wissen, Bildstelle, Berlin (Ost).
11) Adriaen van Ostade, *Das Tischgebet* (1653). Bibliothek Nationale, Paris.
12) Unbekannter Künstler: *Obdachlose Kinder beim Verfertigen von Zigarrenkästen* (1857). Volk und Wissen, a.a.O.
13) Unbekannter Künstler: *Kinder als Arbeitskraft in einer englischen Seilerei* (Kinderarbeit) (18. Jht.). Volk und Wissen, a.a.O.
14) Unbekannter Künstler: *Kinderarbeit in einer Papierfabrik in Aschaffenburg* (1858). Volk und Wissen, a.a.O.
15) Unbekannter Künstler: *Unterrichtsraum einer englischen Industrieschule – ragged school* (spätes 18. Jht.). Volk und Wissen, a.a.O.
16) Unbekannter Künstler: *Werkraum einer ragged school* (spätes 18. Jht.). Volk und Wissen, a.a.O.
17) Unbekannter Künstler: *Pariser Schule des ›wechselseitigen Unterrichts‹*, gegründet 1815. Volk und Wissen, a.a.O.
18) Unbekannter Künstler: *Weihnachtszeit* (1890er Jahre), Archiv Gerstenberg, a.a.O.

19) E. Hosang: *Suppenverteilung einer Berliner Hotelküche an arme Kinder* (Holzschnitt; 1894). Bildarchiv Preußischer Kulturbesitz, Berlin (West).
20) Unbekannter Künstler: *Englischer Kleinkinder-Schulraum im Galeriesystem* (19. Jht.). Volk und Wissen, a.a.O.
21a/b) Andrea della Robbia: *Wickelkinder* (16. Jht.). Volk und Wissen, a.a.O.
22) Marie Eléonore Godefroid: *Die Söhne des Marschalls Ney* (1810). Gemäldegalerie, a.a.O.
23) Unbekannter Fotograf: *Küche einer Berliner Arbeiterwohnung* (kurz nach 1900). Archiv Gerstenberg, a.a.O.
24) Samuel Hartlib: *The Orphans Cry, We Perish, We Die* (1650). Volk und Wissen, a.a.O.
25) Friedrich W. A. Fröbel: *Erste Gabe: Der Ball* (1838). Volk und Wissen, a.a.O.
26) Friedrich W. A. Fröbel: *Ballspiele* (1838), Volk und Wissen, a.a.O.
27) Auguste Renoir: *Nachmittag der Kinder in Vaugement* (1884). Nationalgalerie. Staatliche Museen Preußischer Kulturbesitz, Berlin (West). Foto: Walter Steinkopf.
28) Unbekannter Künstler: *Kleines Kind hilft beim frühmorgendlichen Austragen von Milch und Brötchen* (1872). Volk und Wissen, a.a.O.
29) Unbekannt: *Abschied* (1914). Aus: Ladengalerie (Hg.): Die Kunst den Massen (Ausstellungskatalog), Berlin (West) 1977, S. 27.
30) Lea Grundig: *Wartezimmer* (1931). Ladengalerie, a.a.O.
31) Schülerarbeit: *Der Hitler kommt* (1931/32). Aus: Bund Deutscher Kunsterzieher u. a. (Hg.): Kind und Kunst. Eine Ausstellung zur Geschichte des Zeichen- und Kunstunterrichts (Ausstellungskatalog), Berlin (West) 1976, S. 164.
32) Unbekannt: *Du bist nichts, dein Volk ist alles* (Wandteppich; nach 1939). Bund Deutscher Kunsterzieher, a.a.O., S. 173.
33) Unbekannter Fotograf: *Kind in SA-Uniform* (1. 10. 1934). Landesbildstelle Berlin.
34) Unbekannt: *Auch Du gehörst dem Führer* (Plakat; 1936). Aus: Friedrich Arnold (Hg.): Anschläge. Politische Plakate in Deutschland 1900–1970. Ebenhausen 1972, S. 103.
35) Unbekannter Fotograf: *Das letzte Aufgebot: Weinender Hitler-Junge, 16 Jahre alt* (1945). Ullstein Bilderdienst, Berlin (West).
36) Unbekannter Fotograf: *Jüdischer Junge mit erhobenen Händen* (Vernichtung des Warschauer Gettos) (1943). Aus: G. Schoenberner: Der Gelbe Stern. (Neuherausgabe) München 1978. Die Abbildung erfolgt mit freundlicher Genehmigung des Zydowsky Institut Historyczny, Warschau.
37) Unbekannter Fotograf: *Skelettartig abgemagerte jüdische Kinder.* Ullstein Bilderdienst, a.a.O.
38) Unbekannter Fotograf: *Die Aufbaugeneration,* (1946). Ullstein Bilderdienst, a.a.O.
39) Unbekannter Fotograf: *Mädchen beim Kreis-Spiel* (1948). Landesbildstelle Berlin.
40) Klaus Vogelgesang: *Kind* (Ausschnitt aus: Tryptichon *Großstadt*; 1977). Galerie Poll, Berlin (West).
41) Unbekannter Fotograf: *Unterernährtes zweijähriges Mädchen, 5,2 kg, 66 cm* (1970er Jahre). Ullstein Bilderdienst, a.a.O.
42) Unbekannter Fotograf: *Unterernährte Kinder aus dem Kongo* (1961). Ullstein Bilderdienst, a.a.O.
43) Hanefi Yeter: *Die Pupillen der Hungernden* (Türkei) (1977). Elefanten Press Verlag, Berlin (West).

# Literaturverzeichnis


ABEL, Wilhelm: Massenarmut und Hungerkrisen im vorindustriellen Deutschland. Göttingen 1972.

Ders.: Massenarmut und Hungerkrisen im vorindustriellen Europa. Hamburg 1974.

ALT, Robert: Bilderatlas zur Schul- und Erziehungsgeschichte. Bd. 2. Berlin 1966.

ANDERSON-NEXÖ, Martin: Das Kind der Liebe. In: Ders.: Passagiere der leeren Plätze. Berlin 1951.

ARIÈS, Philippe: Geschichte der Kindheit. München ²1976.

Ders.: Histoires des populations Françaises et de leurs attitudes devant la vie depuis le XVIII^e siècle. Paris 1946.

ARMENGAUD, A.: Die Bevölkerung Europas von 1700–1914. In: Bevölkerungsgeschichte Europas, hg. von CIPOLLA, Carlo M./BORCHARDT, K. München 1971.

AUBIN, Hermann/ZORN, Wolfgang (Hg.): Handbuch der deutschen Wirtschafts- und Sozialgeschichte, Stuttgart 1971.

AUGUSTINUS: Bekenntnisse, hg. von BALTHASAR, U. Frankfurt a. M. 1955.

BACHTIN, Michail: Literatur und Karneval, München 1969.

BÄCHLER, Wolfgang: Jugend der Städte. In: Deutsche Großstadtlyrik vom Naturalismus bis zur Gegenwart. Stuttgart 1973.

BÄUMER, Gertrud/DROESCHER, Lilly: Von der Kinderseele. Leipzig ⁵o. J.

BAST, Heinrich u. a. (Hg.) (Arbeitsgruppe Kinderschutz): Gewalt gegen Kinder. Reinbek 1975.

BEHREND-ROSENFELD, Else/LUCKNER, Gertrud: Lebenszeichen aus Piaski. München 1970.

BENJAMIN, Walter: Über Kinder, Jugend und Erziehung. Frankfurt a. M. ³1970.

BETTELHEIM, Bruno: Die Kinder der Zukunft. Gemeinschaftserziehung als Weg einer neuen Pädagogik. Wien 1971.

BÖHMERT, Victor/GHEIST, Rudolph: Der Arbeiterfreund, Berlin 1884.

BOEMUS, Johannes: Über den Bauernstand. In: Quellen zur Geschichte des deutschen Bauernstandes in der Neuzeit, hg. von FRANZ, Günter. Darmstadt 1963.

BORCHARDT, Knut: Die Industrielle Revolution in Deutschland. München 1972.

BORN, Stephan: Erinnerungen eines Achtundvierzigers (1898). Hrsg. und eingel. von SCHÜTZ, Hans J. Berlin/Bonn 1978.

BRÄKER, Ulrich: Lebensgeschichte und natürliche Abenteuer des Armen Mannes im Tockenburg (1789). Stuttgart 1965 (Reclams Universalbibliothek, 2601).

BRANT, Sebastian: Das Narrenschiff (1494). Stuttgart 1964.

BRAUDEL, Fernand: Civilisation matérielle et Capitalisme (XVe–XVIIIe siècle). Paris 1967.
v. BRAUNMÜHL, Ekkehard/KUPFER, Heinrich/OSTERMEYER, Helmut: Die Gleichberechtigung des Kindes. Frankfurt a. M. 1976 (Fischer Taschenbuch Bd. 6338).
BRÖGER, Karl: Der Held im Schatten. Jena 1920.
BUNDESMINISTER FÜR JUGEND, FAMILIE UND GESUNDHEIT: Dritter Jugendbericht. Bonn 1972.
CAMPE, Johann Heinrich: Robinson der Jüngere. Ein Lesebuch für Kinder. Braunschweig 1855.
COCHLAEUS, Johannes: Brevis Germaniae Descriptio (1512), hg. von LANGOSCH, Karl. Darmstadt 1960.
COMENIUS, Johann Amos: Informatorium der Mutterschul (1633). Langensalza 1898.
DEFOE, Daniel: A Yournal of the Plague Year (1722). Harmondworth 1970.
DESIGN-ZENTRUM, Internationales, Berlin e. V.: Spielzeug – und wozu es gebraucht wird. Katalog zur Ausstellung vom Mai/Juni 1975. Beitrag von SEELHORST, Ursula: Zur Geschichte und Funktion des Kinderspielzeugs (Auszug aus unveröff. Diplomarbeit). Berlin 1974.
DEUTSCHES JUGENDINSTITUT MÜNCHEN: Dokumentation. Bibliographie zum Spiel im Kindesalter. München 1971.
DIETZ, Meister Johann: Mein Lebenslauf. München 1966.
DIRX, Ruth: Gaukler, Kinder, kluge Köpfe. Hannover 1968.
DREWS, Jörg: Zum Kinderbuch. Frankfurt a. M. 1975.
DRONKE, Ernst: Berlin (1846), hg. von NITSCHE, Rainer. Darmstadt 1974.
EILERS, Rolf: Die nationalsozialistische Schulpolitik. Köln 1963.
ELIAS, Norbert: Über den Prozeß der Zivilisation, Bd. 1: Wandlungen des Verhaltens in den weltlichen Oberschichten des Abendlandes (1939). Frankfurt a. M. 21977.
ELSCHENBROICH, Donata: Kinder werden nicht geboren. Frankfurt a. M. 1977.
ENGELSING, Rolf: Analphabetentum und Lektüre. Zur Sozialgeschichte des Lesens in Deutschland zwischen feudaler und industrieller Gesellschaft. Stuttgart 1973.
Ders.: Der Bürger als Leser. Stuttgart 1974.
Ders.: Zur Sozialgeschichte deutscher Mittel- und Unterschichten. Göttingen 1973.
ERMACORA, Felix (Hg.): Internationale Dokumente zum Menschenrechtsschutz. Stuttgart 1971.
ERNING, Günter: Quellen zur Geschichte der öffentlichen Kleinkindererziehung. Kastellaum 1973.
FABRIKINSPEKTOREN: Jahresberichte 1876, 1877 und 1878, im Auftrag des preußischen Ministers für Handel, Gewerbe und öffentliche Arbeiten im jeweils darauffolgenden Jahr in Berlin publiziert.
FARSON, Richard: Menschenrechte für Kinder. München 1975.
FLANDRIN, Jean-Louis: L'église et le contrôle des naissances. Paris 1970.
FOCHLER-HAUKE, Gustav (Hg.): Fischer-Weltalmanach 1978. Frankfurt a. M. 1977.
FORUM JUGENDHILFE-AGJ: hg. von der Arbeitsgemeinschaft für Jugendhilfe. Bonn 1976, H. 2, 3/4.
FRANCK, Sebastian: In: Quellen zur Geschichte des deutschen Bauernstandes in der Neuzeit, hg. von FRANZ, Günter. Darmstadt 1967.

Frankfurter Rundschau: [Über grobe Kindesmißhandlungen] Veröffentlichung vom 30. 1. 1978.

FRASER, Antonia: Spielzeug. Oldenburg 1966.

FRECOT, Janos/GEIST, Johann Fr./KERBS, Diethart: Fidus 1868–1948. Zur ästhetischen Praxis bürgerlicher Fluchtbewegungen. München 1972.

FROEBEL, Folker/HEINRICHS, Jürgen/KREYE, Otto: Die Armut des Volkes. Auszüge aus Dokumenten der Vereinten Nationen (UNO 1971). Hamburg 1974.

FÜHR, Christoph: Zur Schulpolitik der Weimarer Republik. Weinheim 1972.

GARIN, Eugenio: Geschichte und Dokumente der abendländischen Pädagogik. Bd. 3. Reinbek 1967.

GEBHARDT, Bruno: Handbuch der deutschen Geschichte. Stuttgart 1976.

GEIST, Hans. F./MAHLAU, Alfred: Spielzeug. München 1971.

v. GOETHE, Johann Wolfgang: Aus meinem Leben. In: Sämtliche Werke (Cotta). Stuttgart o. J., Bd. 20.

Ders.: Aus meinem Leben. Dichtung und Wahrheit, 1. Teil. 1. Buch, Stuttgart o. J.

GOTTHELF, Jeremias: Der Bauernspiegel, Bd. 1. Erlenbach-Zürich 1921.

GRIMM, Gebrüder: Urfassung der »Märchen der Gebr. Grimm« (1812). Frankfurt a. M. 1962.

VON GRIMMELSHAUSEN, Johann Jakob Christoffel: Der abenteuerliche Simplicissimus (1668). (München 1970) Nachdruck Wiesbaden o. J.

GRUNDGESETZ: Deutsche Verfassungen. Stuttgart 1971 (Reclam Bd. 7785/85a).

GRUNDMANN, Herbert: Vom Ursprung der Universität im Mittelalter. Darmstadt ²1964.

GÜNTHER, Karl-Heinz, u. a.: Quellen zur Geschichte der Erziehung. Berlin ⁷1975.

HAMMES, Manfred: Hexenwahn und Hexenprozesse. Frankfurt a. M. 1977 (Fischer Taschenbuch Bd. 1818).

HAUSEN, Karin: Familie als Gegenstand historischer Sozialwissenschaft. In: Geschichte und Gesellschaft, Jg. 1 (1975), H. 2.

HAZARD, Paul: Les Livres, Les Hommes et les Enfants. Paris 1949.

HETZER, Hildegard: Kindheit und Armut. Psychologische Methoden in Armutsforschung und Armutsbekämpfung (1929). Leipzig ²1937.

HITLER, Adolf: Mein Kampf. München 1936.

HOESS, Rudolf: Kommandant in Auschwitz. München 1977.

HOHORST, Gerd/KOCKA, Jürgen/RITTER, Gerhard A. (Hg.): Sozialgeschichtliches Arbeitsbuch. Materialien zur Statistik des Kaiserreiches 1870–1914. München 1975.

HOPPE, R./KUCZYNSKI, Jürgen: Hardenbergs Umfrage über die Lage der Kinder in den Fabriken u. a. Dokumente aus der Frühgeschichte der Lage der Arbeiter. Berlin 1960.

HUNT, David: Parents and Children in History. New York ²1972.

IBEN, Gerd u. a.: Randgruppen der Gesellschaft. München 1972.

IMHOF, Arthur, E.: Historische Demographie als Sozialgeschichte. Gießen und Umgebung vom 17. zum 19. Jahrhundert. Darmstadt 1975.

Ders.: Ländliche Familienstrukturen an einem hessischen Beispiel: Heuchelheim 1690–1900. In: Sozialgeschichte der Familie in der Neuzeit Europas, hg. von CONZE, Werner, Stuttgart 1976.

INSTITUT NATIONAL D'ETUDES DEMOGRAPHICES: Population, Jg. 21 (1966), S. 1006, 1022.

IVEN, Kurt: Die Industriepädagogik des 18. Jahrhunderts. Berlin/Leipzig 1929.
JETTER, Dieter: Grundzüge der Hospitalgeschichte. Darmstadt 1973.
JUNG-STILLING, Johann H.: Lebensgeschichte (1777/17787. Darmstadt 1976.
KELLENBENZ, Hermann: Technology in the Age of the Scientific Revolution 1500–1700. In: CIPOLLA, Carlo M. (Ed.): The Fontana Economic History of Europe, Vol. II., Glasgow 1974.
KELLER, Arthur/KLUMKER, Christian: Säuglingsfürsorge und Kinderschutz in den europäischen Staaten. Berlin 1912.
VON KLOEDEN, Karl Friedrich: Jugenderinnerungen (1874). Neu hg. von KOETSCHAU, Karl. Leipzig 1911.
KLÖNNE, Arnold: Gegen den Strom. Bericht über die Jugendopposition im Dritten Reich. Hannover o. J. (1957).
KLOSE, Werner: Generation im Gleichschritt. Ein Dokumentarbericht. Oldenburg/Hamburg 1964.
KLEE, Ernst: Pennbrüder und Stadtstreicher. Der Nichtseßhaften-Report. Frankfurt a. M. 1979 (Fischer Taschenbuch Bd. 4205).
KOCH, H. W.: The Hitler Youth. Origins and Development 1922–1945. London 1975.
KÖHLER, August: Die Praxis des Kindergartens. Weimar 1920.
KÖLLMANN, Wolfgang: Der Prozeß der Verstädterung. In: Gesellschaft in der industriellen Revolution, hg. von BRAUN, R. u. a. Köln 1973.
KORCZAK, Janusz: Das Recht des Kindes auf Achtung. Neuausgabe Göttingen 1970.
KRAUSS, Werner (Hg.): Reise nach Utopia. Französiche Utopien aus drei Jahrhunderten. Berlin o. J. (1964).
KUCZYNSKI, Jürgen: Studien zur Geschichte der Lage des arbeitenden Kindes in Deutschland von 1700 bis zur Gegenwart. Berlin 1968.
KUETHER, Carsten: Räuber und Gauner in Deutschland. Göttingen 1976.
KULISCHER, Josef: Allgemeine Wirtschaftsgeschichte des Mittelalters und der Neuzeit. Bd. 1. München $^{4}$1971.
LAHNSTEIN, Peter: Report einer »guten alten Zeit«. Stuttgart 1970.
LAQUEUR, Walter: Die deutsche Jugendbewegung. Köln 1962.
LASLETT, Peter: The World we have lost. London $^{2}$1971.
LEIDENBACH, W.: Sehnsucht und Irrweg einer Jugend. In: Hessische Jugend, Jg. 12 (1960). H. 10.
LENIGK, G.: »Dein Leben gehört dem Führer«. In: Hessische Jugend, Jg. 12 (1960), H. 10.
LUETH, Franz: Aus der Jugendzeit eines Tagelöhners (1908). In: Proletarische Lebensläufe, hg. von EMMERICH, Wolfgang. Reinbek 1974.
DE MANDEVILLE, Bernhard: The Fable of the Bees. Private Vices, Public Benefits (1723). Bd. 1, Oxford 1924.
MARTINSON, Harry: Die Nesseln blühen. Frankfurt a. M. 1974.
MASON, Tim: Sozialpolitik im Dritten Reich. Opladen 1977.
DE MAUSE, Lloyd (Hg.): Hört Ihr die Kinder weinen. Eine psychogenetische Geschichte der Kindheit. Frankfurt am Main 1977.
MEADOWS, Dennis und Donella u. a.: Die Grenzen des Wachstums. Reinbek 1973.
MEHRING, Walter: Die verlorene Bibliothek. München 1964.
MICHAELIS, Herbert/SCHRAEPLER, Ernst: Ursachen und Folgen, Bd. 9. Berlin o. J.

MIECK, Ilja: Europäische Geschichte der Frühen Neuzeit. Stuttgart 1970.
MITTERAUER, Michael: Vorindustrielle Familienformen. Zur Funktionsentlastung des »ganzen Hauses« im 17. und 18. Jahrhundert. In: Fürst, Bürger, Mensch, hg. von ENGEL-JANOSI, Fr./KLINGENSTEIN, G./LUTZ, H. München 1975.
Ders.: Auswirkungen von Urbanisierung und Frühindustrialisierung auf die Familienverfassung an Beispielen des österreichischen Raumes. In: Sozialgeschichte der Familie in der Neuzeit Europas, hg. von CONZE, Werner. Stuttgart 1976.
MITTERAUER, Michael/SIEDER, Reinhard: Vom Patriarchat zur Partnerschaft. München 1977.
MONTESSORI, Marion M.: Erziehung zum Menschen. Montessori-Pädagogik heute. München 1977.
MORITZ, Karl Ph.: Anton Reiser (1785). Stuttgart 1975.
MORTON, A. L.: Die englische Utopia. Berlin 1958.
MORUM, Maria: Der standhafte Zinnsoldat und der Psychologe. In: Berlin am Mittag vom 11. 3. 1947, Feuilleton.
MOTTEK, Hans/BECKER, Walter/SCHRÖTER, Alfred: Wirtschaftsgeschichte Deutschlands. Berlin 1974, Bd. 3.
MUTTER GANS oder Die Alten Ammenreime. Mit Bildern von Kate Greenaway. Frankfurt a. M. o. J.
NIEHL, F.: Chancengleichheit ohne Chance. Stuttgart 1975; vgl. auch die Rezension in: ›Der Spiegel‹ vom 29. 9. 1975.
OSTERROTH, Nikolaus: Vom Beter zum Kämpfer. Berlin 1920.
OSWALD, Paul/SCHULZ-BENESCH, Günter: Grundgedanken der Montessori-Pädagogik. Freiburg 1967.
PERRAULT, Charles: Parallèles des Anciens et des Modernes (1687/90). München 1964.
PESTALOZZI, Johann Heinrich: Schriften aus der Frühzeit 1765–1783. Erlenbach–Zürich 1945.
PHILIPPE, Charles-Louis: Mutter und Kind (1900; 1911). Berlin 1912.
PLATTER, Felix: Aufzeichnungen. In: Erlebnis und Bekenntnis. Eine Sammlung von Selbstbiographien, hg. von FISCHER, Otto. München 1911.
PLATTER, Thomas, Felix/D'AUBIGNÉ, Theodor A.: Lebensbeschreibungen, hg. von FISCHER, Otto. München 1911.
POPP, Adelheid: Jugend einer Arbeiterin (1922). Berlin 1972.
PROSCH, Peter: Leben und Ereignisse des Peter Prosch, eines Tyrolers von Ried im Zillerthal oder Das wunderbare Schicksal geschrieben in den Zeiten der Aufklärung (1789). München 1964.
RAABE, Wilhelm: Der Hungerpastor (1864). Berlin-Grunewald o. J.
RETZLAW, Karl: Spartakus. Aufstieg und Niedergang. Erinnerungen eines Parteiarbeiters. Neuauflage, Frankfurt a. M. 1972.
RICHTER, Ludwig: Lebenserinnerungen eines deutschen Malers (1885). Leipzig o. J.
RICHTER, Dieter/MERKEL, Johannes: Märchen, Phantasie und soziales Lernen. Berlin 1974.
RITTER, Gerhard A./KOCKA, Jürgen (Hg.): Deutsche Sozialgeschichte. Dokumente und Skizzen (1870–1914). Bd. 2. München 1974.
ROSEGGER, Peter: Waldheimat. Bd. 1. Leipzig o J.
ROUSSEAU, Jean Jacques: Emile (1762). Stuttgart 1970.
RÜHLE, Otto: Kinder-Elend. München o. J.
Ders.: Zur Psychologie des proletarischen Kindes. Frankfurt a. M. 1970 (Fischer Taschenbuch Bd. 6280).

RÜHMKORFF, Peter: Über das Volksvermögen. Exkurse in den literarischen Untergrund. Hamburg 1969.
RUTSCHKY, Katharina (Hg.): Schwarze Pädagogik. Quellen zur Naturgeschichte der bürgerlichen Erziehung. Frankfurt a. M. 1977.
SALZMANN, Christoph Gotthilf: Ameisenbüchlein oder Anweisung zu einer nützlichen Erziehung der Erzieher (1806). Leipzig 1888.
SCHENDA, Rudolf: Volk ohne Buch. Studien zur Sozialgeschichte der populären Lesestoffe 1770–1910. München 1977.
SCHERPNER, Hans: Geschichte der Jugendfürsorge. Göttingen 1966.
VON SCHIRACH, Baldur: Ich glaubte an Hitler. Hamburg 1967.
SCHOELL, Johann Ulrich: Abriß des Jauner- und Bettelwesens in Schwaben (1793). In: LAHNSTEIN, Peter: Report einer »guten alten Zeit«. Zeugnisse und Berichte 1750–1805. Stuttgart 1970.
SCHOENBAUM, David: Die braune Revolution. Köln 1968.
SCHOENBERNER, Gerhard: Der gelbe Stern. Hamburg 1960; Neuherausgabe München 1978.
SCHOLL, Inge: Die Weiße Rose. Frankfurt a. M. [10]1961 (Fischer Taschenbuch Bd. 88).
SCHUMANN, Ingeborg/KORFF, Hans-J./SCHUMANN, Michael: Sozialisation in Schule und Fabrik. Berlin 1976.
SEELHORST, Ursula: Zur Geschichte und Funktion des Kinderspielzeugs (unveröffentlichte Diplomarbeit) Berlin 1974 (s. hier: DESIGN-ZENTRUM).
SHORTER, Edward: Der Wandel der Mutter-Kind-Beziehungen zu Beginn der Moderne. In: Geschichte und Gesellschaft, Jg. 1 (1975), H. 2/3.
SOHNREY, Heinrich: Der Zug vom Lande und die soziale Revolution. Leipzig 1894.
SOMBART, Werner: Das Proletariat. Frankfurt a. M. 1906.
SPECK, Otto: Uneigentliche Sonderschüler. In: Unsere Jugend. München/Basel 1973.
STATISTISCHES BUNDESAMT (Hg.): Bevölkerung und Kultur, H. 11 (Volkszählung vom 27. Mai 1970): Bevölkerung in Anstalten.
Dass.: Bevölkerung und Wirtschaft 1872–1972, hg. anläßlich des 100jährigen Bestehens der zentralen amtlichen Statistik vom STATISTISCHEN BUNDESAMT WIESBADEN. Suttgart 1972.
Dass.: Bevölkerung und Erwerbstätigkeit. Reihe 3: Haushalte und Familien. Stuttgart 1977.
Dass.: Bildung und Kultur. Fachserie 11, Reihe 1.1: Schulen der allgemeinen Bildung. Stuttgart 1974.
Dass.: Bildung und Kultur. Fachserie 11, Reihe 1.1: Schulen der allgemeinen Ausbildung. Stuttgart 1974.
STATISTISCHES LANDESAMT BERLIN (Hg.): Berliner Statistik, Heft 3. Monatsschr. 1973, Teil 3: Kreuzberg.
SWIFT, Jonathan: Ausgewählte Werke. Frankfurt a. M. 1972, Bd. 2.
TAYLOR, Gordon R.: Kulturgeschichte der Sexualität. Frankfurt a. M. 1977 (Fischer Taschenbuch Bd. 1839).
TREUE, Wilhelm: Haus und Wohnung im 19. Jahrhundert. In: Städte-, Wohnungs- und Kleiderhygiene des 19. Jahrhunderts in Deutschland, hg. von ARZELT, W. u. a. Stuttgart 1969.
UNITED NATIONS: Erklärung der Rechte des Kindes. In: Der Überblick. Zeitschrift für ökumenische Zusammenarbeit und weltweite Begegnung, 10. Jg. (1974), H. 4.

VAN DER VEN, Frans: Sozialgeschichte der Arbeit. München 1972, Bd. 2.
WEHLER, Hans-Ulrich: Das Deutsche Kaiserreich 1871–1918. Göttingen 1973.
WULF, Joseph: Yiddish-Gedichte. Berlin 1964.
ZIETZ, Luise: Wie wir Kinder beim Brotverdienen helfen mußten (um 1875) [1919]. In: Proletarische Lebensläufe. Autobiographische Dokumente zur Entstehung der Zweiten Kultur in Deutschland, hg. von EMMERICH, Wolfgang. Bd. 1: Anfänge bis 1914. Reinbeck 1974.
ZIPFEL, Friedrich: In: Das Dritte Reich, hg. von ALEFF, Erich. Hannover 1970.
ZUNKEL, Friedrich: Industriebürgertum in Westdeutschland. In: Moderne deutsche Sozialgeschichte, hg. von WEHLER, Hans-Ulrich. Köln $^{2}$1968.
ZUPFGEIGENHANSEL Schallplatte. Volkslieder II. Beiheft. Noten- und Textedition von FRIZ, Thomas und SCHMECKENBECHER, Erich. Verlag Pläne, Dortmund 1977.

# Personenregister

# Sachregister

# Europäische Geschichte 1550–1779

Band 24

Herausgegeben und verfaßt von
Richard van Dülmen
Mit diesem Band legt der Saarbrücker Historiker Richard van Dülmen eine umfassende Strukturgeschichte der europäischen Gesellschaft in der frühen Neuzeit zwischen 1550 bis 1648 vor. Die Darstellung ist weniger an politischen Ereignissen und an den Einzelentwicklungen der verschiedenen Länder orientiert und interessiert, sondern mehr an Problemen, die die Strukturprozesse unter den Bedingungen der Vielfalt unterschiedlicher Entwicklungen der Neuzeit wesentlich begründeten.

Band 25

Herausgegeben und verfaßt von
Günter Barudio
Dieser Band behandelt den historischen Werdegang Europas zwischen 1648 und 1779 – das Zeitalter des Absolutismus und der Aufklärung. Der Leser wird anhand von sechs repräsentativen Fällen, denen noch ein Exkurs begegeben ist, in die Mechanismen einer Machtstruktur eingeführt, aus deren Wirkungen das entstanden sein soll, was noch immer häufig der »moderne Staat« genannt wird.

fi 35/1

**Fischer Taschenbuch Verlag**

# Das Zwanzigste Jahrhundert

**in 3 Bänden**

**Europa 1918–1945**
Fischer Weltgeschichte Band 34
Herausgegeben und verfaßt von R. A. C. Parker

Der Autor behandelt vor allem zwei Probleme, unter deren Nachwirkungen wir auch heute noch zu leiden haben: Aufstieg und Erscheinungsformen des Faschismus in Europa und Ursprung und Verlauf des Zweiten Weltkriegs. Unter diesem Blickwinkel werden Weltwirtschaftskrise und soziale Spannungen, nationale Rivalitäten und politische Radikalisierung geschildert; zugleich tritt ihre gegenseitige Verflechtung hervor, denn – so Parker – »wenigstens in der modernen Welt sind politische Veränderungen zugleich Ursachen und Folgen wirtschaftlicher und sozialer Veränderungen«.

**Europa nach dem Zweiten Weltkrieg**
Fischer Weltgeschichte Band 35
Herausgegeben von Wolfgang Benz und Hermann Graml

In diesem Band wird die europäische Geschichte von 1945 bis heute aufgearbeitet. Er beginnt mit einem Kapitel über die politischen Blockbildungen im Anschluß an den Zweiten Weltkrieg, an das sich je zwei Kapitel über die Entwicklungen in West- und Osteuropa anschließen und eines über den schwierigen Gang der europäischen Entspannung bis hin zur Krise dieser Politik.

**Weltprobleme zwischen den Machtblöcken**
Fischer Weltgeschichte Band 36
Herausgegeben von Wolfgang Benz und Hermann Graml

In diesem Band werden die wichtigsten zeitgenössischen Konfliktherde beschrieben und auf ihren strukturellen Zusammenhang hin untersucht. Die Spannweite reicht von Nordirland bis Kambodscha, vom Aufbruch der arabisch-islamischen Welt über die Befreiungsbewegungen in Afrika und Asien bis hin zur Entstehung der Volksrepublik China als neuem Machtfaktor in der Weltpolitik. Den Abschluß bilden Überlegungen zu Problemen der Entwicklungsländer, zur Entwicklungspolitik und zum Nord-Süd-Konflikt.

**Fischer Taschenbuch Verlag**

fi 313/1

Neil Postman

**Das Verschwinden der Kindheit**

*Aus dem Amerikanischen von Reinhard Kaiser*
*191 Seiten. Broschur*

Dieses Buch bricht den faulen Frieden, den die Erwachsenen mit der Gleichgültigkeit geschlossen haben, um die Welt bis in die Nischen hinein nach ihrem Bilde einzurichten. Es handelt von dem vielleicht folgenschwersten kulturellen Kolonisierungsunternehmen in der Gegenwart: der Zerstörung der Kindheit durch Mißachtung oder Destabilisierung ihrer Spielräume, ihrer inneren Geschichte und ihrer spezifischen Zeitrechnung. Brisant ist nicht nur Postmans (gut belegte) These, daß in der abendländischen Zivilisation die Idee der Kindheit im Verschwinden begriffen sei, sondern auch seine intelligente Analyse der elektronischen Medien, die er als die machtvollen Beschleuniger dieser Entwicklung bestimmt. Postmans Kritik gilt der Allianz von Kommerz, Ideologie und Gedankenlosigkeit gegen die Ansprüche der Kinder auf eine eigene, freie Lebenszeit: auf die Kindheit nicht als eine biologische, sondern vielmehr als eine kulturelle Erfahrung. Die Vorstellungs- und Empfindungswelt der Kindheit ist endgültig dann abgeschafft, wenn die Kinder und Jugendlichen nur noch zu Erwachsenen-Wünschen fähig sind.

**S. Fischer**

fi 318/1